증보 영유아교육과정

박은혜 · 김희진 · 성원경 · 이성희 · 박선혜

창지사

머리말

교사는 매일의 교육현장에서 무엇을 어떻게 가르칠지 고민하고 실천하는 사람이다. 교사의 교육적 실천은 교육과정의 운영을 통해 드러난다. 교사가 교실에서 교육과정을 어떻게 운영하는가는 유아가 무엇을 배우고 어떻게 성장해 가는가와 직결된다. 이것이 교사의 교육과정 운영에 대한 전문성이 매우 중요한 이유이다. 최근 누리과정이 개정되면서 그 어느 때보다 교사의 교육과정에 대한 전문성이 요구되고 있다. 국가수준 교육과정이 대강화되면서 교육과정을 상세하게 안내하기보다는 교사의 자율성을 더 많이 강조하고 있기 때문이다. 교사의 자율성은 교육과정을 잘 이해하고 실천할 수 있을 때 발휘될 수 있다.

그러나 국가수준 교육과정의 대강화는 교사가 교실에서 교육과정을 어떻게 운영해야 하는가에 대한 많은 불안과 고민으로 이어지고 있다. 교사는 '놀이, 배움, 가르침' 앞에서 정확히 무엇을 어떻게 해야 하는지 혼란스러워하고 있다. 교육과정을 계획해도 되는가? 놀이를 어떻게 교육과정의 계획과 연계할까? 놀이에 개입해도 되는가? 활동을 해도 되는가? 무엇을 관찰해야 하는가? 오늘 관찰한 것을 다 지원해야 하는가? 잘 놀게만 지원하면 5개 영역은 저절로 경험되는가? 그것을 어떻게 알 수 있을까? 무엇을 어떻게 평가하고, 기록해야 하는가? 교사는 매 순간 끊임없이 '이게 맞나?' 하며 교육과정을 고민하고 답을 찾기 위한 노력을 하고 있다.

본서는 교사가 교육과정을 이해하고 실천할 수 있는 전문성을 지원하기 위한 고민에서 출발했다. 국가수준의 교육과정이 개정될 때마다 교사들은 교육과정 지식이 부족하다고 느끼며 전문성 향상을 위한 지원 노력을 요구해 왔다. 이는 실제 교사의 교육과정 전문성이 부족하기보다는 교육과정에 대해 아는 것을 자신의 교육과정 실천으로 체화하는 데 서툴기 때문이라고 볼 수 있다. 교사는 교육과정을 해석하고, 자신만의 교육과정틀로 재구성해 영유아와 함께 상호주체성을 갖고 교육과정을 편성 · 운영하는 교육과정 문해력을 가지고 있어야 한다. 교사는 자신이 가지고 있는 교육과정 전문성만큼 교실 현장에서 실제 자율성을 실현할 수 있다.

본서는 유치원과 어린이집에서 영유아를 위한 교실수준의 교육과정을 개발하고 운영하는 현직 교사와 대학에서 교육과정 문해력을 배워야 하는 예비교사를 지원하는 데 목적을 두었다. 이를 위해 제1부에서는 교육과정의 이해에 초점을 둔다. 영유아교육과정의 정의와 기초, 세계의 영유아교육과정과 프로그램, 우리나라 영유아교육과정의 변천, 영유아교육과정의 범위와 구성요소를 다루고 있다. 제2부에서는 교사의 교실수준 교육과정의 실천에 초점을 둔다. 교육과정 읽고 해석하기, 교실수준 교육과정 구성하기, 영유아의 소리 듣고 이해하기, 교실수준 교육과정 편성 · 운영하기, 교실수준 교육과정 평가하기, 교육 공동체와 협력적 관계 맺기를 다루고 있다. 본서가 오늘 바로 교실 현장에서 유아와 함께 교육과정을 구현해 가는 교사들에게 든든한 바탕이 되고, 교육과정 운영의 전문성을 기르기 위한 기초를 다지는 데 도움이 될 수 있기를 바라며, 기획과 편집에 수고해 준 창지사에 감사를 드린다.

2021년 8월

저자 일동

차례

제2부 교실수준 교육과정 실천하기

제1부

영유아교육과정의 이론적 기초

제 01 장

영유아교육과정의 이해

학·습·목·표

1. 영유아교육과정을 생애 단계, 교육적 맥락, 공식화의 측면에서 정의한다.
2. 영유아교육과정을 해석하거나 개발하고 운영할 때 기초가 되는 철학적 개념과 이론을 이해한다.
3. 영유아교육과정을 해석하거나 개발하고 운영할 때 기초가 되는 사회적 개념과 이론을 이해한다.
4. 영유아교육과정을 해석하거나 개발하고 운영할 때 기초가 되는 심리적 개념과 이론을 이해한다.

지금 세계 여러 나라는 자국민의 역량을 키우기 위해 교육에 많은 투자를 하고 있다. 생애학습의 관점에서 교육을 광범위하게 정의한다면 한 사람이 태어나서 죽을 때까지 일생 동안 배우고 영향을 받는 모든 것이다. 사회에는 교육이라는 분야를 담당하는 특별한 기관이 있는데 우리는 이를 '학교'라고 부른다. 교육을 학교라는 기관으로 한정해 본다면, 교육은 '사회 속 학습자의 잠재력을 찾아내 더 나은 배움과 더 나은 삶을 열어 주기 위한 교수자의 활동과 배려'이다(홍후조, 2016, p. 32). 교육과정은 사회 안에 있는 학교에서 구체적으로 구현하고자 하는 학습을 위해 계획을 세우고, 학습자와 교수자가 상호작용을 하고, 이를 통해 학습자에게 최종적으로 길러지는 결과를 확인하는 일련의 과정이라고 할 수 있다. 교육과정은 과거 · 현재 · 미래의 시간적 흐름 속에서 사회문화와 서로 상호작용하기 때문에 교육과정을 개발하고 운영하기 위해서는 철학과 사회를 총체적으로 이해할 필요가 있다. 본 장에서는 영유아를 위한 교육과정에 대한 정의를 살펴보고, 이어서 영유아교육과정을 구성하는 근거와 기반이 되는 기초를 살펴보고자 한다.

1. 영유아교육과정의 정의

유치원과 어린이집에는 영유아의 교육을 위한 교육과정이 존재하는데, 영유아교육과정은 영유아나 교육과정을 어떤 관점에서 볼 것인가에 따라 다양하게 정의할 수 있다. 교육과정은 생애 단계적 측면에서 영유아기를 언제로 구분하는지, 맥락적 측면에서 교육이 발생하는 기관은 어디인지, 공식화 측면에서 영유아를 위한 교육과정은 어떤 모습으로 발현되는지에 따라 정의가 달라진다. 이를 구체적으로 살펴보면 다음과 같다.

1) 생애 단계의 측면

한 사람의 생애는 일반적으로 태어나서 만 2세까지의 영아기, 만 5세까지의 유아기, 만 13세까지의 아동기, 만 18세까지의 청소년기, 만 24세까지의 청년기, 그리고 대략 60세까지의 성인기와 그 이후의 노년기로 크게 구분할 수 있다(Arnett, Chapin, & Brownlow, 2018; Berk, 2004). 전 생애 발달과정을 보편적인 연령 범위에 따라 시기를 구분해 보면, 태어나서 만 5세까지는 영유아기에 해당한다. 영유아 교육과정은 생애 단계의 측면에서 보았을 때 영아기와 유아기의 어린이를 대상으로 하는 교육을 계획하고 구현하는 교육과정이다.

2) 교육의 맥락적 측면

평생학습 사회에서 교육은 가정, 학교, 종교기관, 박물관, 도서관 등 사회의 모든 기관에서 일어날 수 있다. 이 가운데 공교육기관에 해당하는 학교는 아동기에는 초등학교, 청소년기에는 중 · 고등학교, 청년기에는 대학교, 성인기에는 직업교육이나 평생교육기관이 담당한다. 본서의 대상이 되는 영아기와 유아기의 어린이를 위한 기관에는 어린이집이나 유치원이 있다. 영유아교육과정은 유치원이나 어린이집에서 사용하는 교육과정을 의미한다.

3) 공식화의 측면

교육과정은 공식화의 정도에 따라 공식적 교육과정, 잠재적 교육과정, 영 교육과정으로 구분된다.

(1) 공식적 교육과정

공식적 교육과정은 학습자의 배움이 일어날 수 있도록 내용, 방법, 평가 등을 체계적 · 종합적 · 형식적으로 구성한 문서와 이를 구현하는 과정을 의미한다. 교육과정이 구현되면 결과적으로 학습자는 의도적 지식, 기술, 태도, 가치를 알거나(knowledge, what, product), 이를 삶 속에서 할 줄 아는 능력(knowing, how, process)을 얻게 된다. 공식적 교육과정은 국가수준의 교육과정, 시 · 도교육청의 교육과정 지침, 기관 차원의 운영계획, 교실 차원의 수업계획과 같이 의도가 분명히 명시되고, 법 혹은 문서로 공식화되며, 모든 사람에게 가시적으로 보이는 교육과정을 의미한다. 예를 들어, 3~5세 어린이를 위한 누리과정은 동일한 내용을 교육부와 보건복지부가 각각 고시하는데, 공식적으로 유치원은 「유아교육법」 제13조제2항에 따라 교육부 '고시 제2019-189호'로 고시된 교육과정을 사용하고, 어린이집은 「영유아보육법」 제29조와 「영유아보육법 시행규칙」 제30조에 의거하여 보건복지부 '고시 제2020-75호'로 고시된 교육과정을 사용한다. 3~5세를 위한 교육과정의 정식 명칭은 '2019 개정 누리과정'이며, 어린이집에서 3세 미만의 어린이를 위해 사용하는 국가수준 교육과정의 명칭은 '제4차 어린이집 표준보육과정'이다.

(2) 잠재적 교육과정

잠재적 교육과정은 물리적인 환경, 교사와의 상호작용, 또래와의 관계, 교사나 유아의 개인적인 성향 등으로 인해 공식적인 교육과정에서 의도하지 않았으나 '결과적'으로 얻게 되는 지식, 가치, 태도 등을 의미한다(김대현, 김석우, 2020). 잠재적 교육과정은 일반적으로 지식보다는 가치나 태도 등의 정의적 영역에 더 많은 영향을 미치며, 긍정적인 효과와 부정적인 효과를 모두 가지고 있다. 예를 들어, 혼합연령 반에 다니는 5세 유아는 4세 유아를 도와주면서 자연스럽게 리더십을 기를 수 있다. 반면에 쌓기놀이 영역에 특정 시간 동안 한정된 수의 어린이만 놀이할 수 있는 규칙을 정하면, 유아의 자율성이 낮아지거나 놀이의 수준이 낮아질 수도 있다. 특히, 교사가 각 유아를 대하는 태도는 유아가 경험하는 잠재적 교육과정에 가장 큰 영향을 주는 요인이다. 잠재적 교육과정은 공식적 교육과정의 그림자와도 같아서, 교사는 항상 자신의 수업이 만들어 낼 수 있는 예상치 못한 잠재적 교육과정에 대해 의식적으로 인식하고 있어야 한다.

(3) 영 교육과정

교육은 한 사회의 정치적 · 사회적 · 경제적 · 종교적인 체제나 관습과 직 · 간접적으로 연결된다. 교육과정의 이러한 가치지향적인 성격 때문에 공식적인 교육과정에서 의도적으로 포함시키지 않거나 소홀히 여기는 교육과정을 영(null) 교육과정이라고 부른다(김진영, 이진욱, 2015). 영 교육과정은 국가수준에서 보면 사회적으로 부모들의 요구가 높지만, 학자들이 판단하기에 영유아의 발달에 맞지 않기 때문에 처음부터 의도적으로 포함시키지 않는 글쓰기나 셈하기, 혹은 외국어교육 등을 들 수 있다. 영 교육과정은 이처럼 국가수준에서 처음부터 배제될 수도 있지만, 교사가 수업을 진행하는 과정에서 소홀히 하는 것도 있을 수 있다. 예를 들어, 교사가 자신은 노래 부르기에 자신이 없어서 국가수준 교육과정에는 포함되어 있으나 유아들에게 노래 부르는 경험을 거의 주지 않는다면, 이는 교사가 특정 영역의 교육과정을 영 교육과정으로 만드는 것이다.

2. 영유아교육과정의 기초

교육과정의 기초는 '누가, 무엇을, 어떻게, 왜 가르치고 배우는가'라는 질문과 연관된다. 누가, 무엇을, 어떻게, 왜 가르치고 배우는가는 철학, 사회학, 심리학 등의 인접 학문을 통해 깊이 이해할 수 있다. 교육과정의 철학적 · 사회적 · 심리적 기초는 교육과정 지식의 경계를 정해 주고, 교육과정의 이론 · 원리 · 아이디어를 도출하는 출처가 된다(Ornstein & Hunkins, 2018). 교육과정의 철학적 기초는 인간이 지식을 획득하는 과정과 결과에 대해 생각하는 지식론 혹은 인식론과 관련이 있고, 사회적 기초는 교육이 일어나는 사회적 맥락과 배경과 관련이 있다. 또한, 심리적 기초는 학습자의 성장과 발달과 관련된 질문에 답을 제공해 준다(홍후조, 2016). 이 장에서는 교육과정의 근간이 되는 철학적 · 사회적 · 심리적 기초에 대해 구체적으로 살펴보고자 한다.

1) 철학적 기초

영유아가 꼭 배워야 하는 것이 무엇인지, 그것이 의미 있고 가치 있는 것인지에 대한 생각은 교육현장에서 일어나는 많은 의사결정에 영향을 준다. 만약, 영유아교육기관의 원장과 교사가 영유아의 예술성을 기르는 것이 중요하고, 영유아가 악기를 연주하는 기회를 통해 가장 쉽게 예술적 경험을 할 수 있다고 생각한다면 특정한 악기를 다루는 특성화 프로그램을 선택할 가능성이 크다. 또한, 교사가 읽기, 쓰기, 셈하기가 영유아의 발달과 학습에 적합하지 않다고 생각한다면 부모들이 읽기, 쓰기, 셈하기 중심의 초등학습 준비를 요구할 때 부모들에게 충분히 설명하고 설득할 것이다.

철학은 교육과정에 대한 관점과 태도를 의미하는 것으로, 교육목표와 내용, 방법 및 평가에 이르는 과정을 안내하는 구체적인 틀을 제공해 준다(권낙원, 민용성, 한희정, 최화숙, 이재철, 2011). 각 기관이나 교사가 가지는 철학적 관점에 따라 교육목적, 교육목표, 교육내용, 교수 · 학습 방법, 자료 선정과 활용, 평가 방법 및 활용, 유치원과 어린이집이 강조해야 할 경험 등이 달라질 수 있다. 철학은 교육에 대한 가치 선택의 기준이나 성향을 이해하는 것과 관련이 되기 때문에(이성호, 2013), 철학은 기관 차원뿐 아니라 교사 차원의 개인적 신념과 가치가 교육과정에 미치는 영향도 파악할 수 있게 돕는다(Ornstein & Hunkins, 2018). 철학은 교사가 교육현장에서 발생하는 문제들을 분석하고, 해결 방법을 탐색하는 생각의 기반이 되며, 교사의 행동을 안내한다. 철학은 교실 상황에서 무엇이 문제이고, 무엇을 선택하며, 어떻게 결정할 것인가를 끊임없이 탐구하고 성찰하게 한다. 따라서 교육과정의 철학적 기초를 탐구함으로써 다양한 영유아교육과정의 철학적 배경을 이해하고 예비교사 자신의 현재와 미래의 영유아교육과정에 대한 관점을 검토하고 발전시켜 갈 수 있다.

영유아교육과정의 철학적 기초는 영유아가 배워야 하는 지식(혹은 진리)이 개인의 내부와 외부 중 어디에 존재하는지, 존재하는 지식은 불변하는지 혹은 시대와 상황에 따라 변화하는지 등에 따라 크게 두 가지 범주로 구분해 볼 수 있다. 이를 이주한(2013), Ornstein과 Hunkins(2018)의 철학적 기초의 개념을 토대로 정리하면 다음과 같다. 첫째, 세상에는 절대적으로 불변하는 보편적인 지식이 존재하고, 객관적인 원리나 법칙을 통해 지식을 알 수 있다고 보는 관점에서는 영유아가 배워야 하는 지식이 정해진다. 절대적이고 변화하지 않는 객관적 지식의 실체를 체계적으로 정리해 놓은 것이 교과이며, 교과에 담긴 지식은 모든 사람에게 전달되고 가르쳐져야 한다고 생각한다. 따라서 교육내용의 동일성, 보편적인 지식 습득, 인간 이성을 토대로 합리성을 발달시키는 지적 훈련과 학습을 강조한다. 이러한 관점은 항존주의(Perennialism) 또는 본질주의(Essentialism)로 대표되며, 항존주의나 본실수의는 아동의 자유나 흥미보다는 교사에 의한 교사의 권위가 강조되고 지적 훈련, 개념적 학습이 강조된다(서울대학교 교육연구소, 1999).

모두에게 동일하게 전달되어야 하는 객관적인 지식의 범위가 있기 때문에, 교사는 교실에서 정해진 교과목과 교육과정을 모든 학생에게 대집단으로 동일하게 제공한다. 학생은 고정된 시간표와 일정에 따라 교사가 전달하는 교육과정을 선택 없이 수동적으로 수용하며 일정 수준의 성취를 요구받는다. 이러한 철학의 영향을 받은 교육과정은 교사중심의 교육과정 설계, 교육내용의 계열화, 읽고 쓰고 셈하기 중심의 학습준비도, 인지활동에 초점을 둔 실제 등을 강조한다(Orstein & Hunkins, 2018). 교사가 음악 교과에서 체계적으로 정리한 내용을 따라 영유아에게 음악을 가르치고자 일정한 시간, 방법, 집단을 계획해 제공한다면 교사는 이러한 철학을 따른다고 볼 수 있다.

둘째, 지식이나 진리를 영원불변하는 본질 세계가 아니라 지속적으로 변화하는 실체로 생각하며, 인간이 직접 보고 만지고 느끼고 생각하며 살아가는 경험적 세계가 실재라고 보는 관점이 있다. 세계는 계속 변화하므로 지식은 지속적으로 수정되어야 하며, 지식의 가치는 실제 삶에서 얼마나 효율적으로 활용될 수 있는가로 판단한다. 이러한 철학적 관점을 진보주의(Progressivism)라고 한다(Olivia, 2014). 진보주의는 지식을 실재를 반영하는 진리가 아니라 생활을 보다 지적·효율적으로 개선하기 위한 도구로 보기 때문에 고정된 지식을 강조하는 교과중심 교육과정이 아니라 생활과 관련하여 교육내용을 선정하고 질적으로 심화하는 방식으로 조직하는 것을 강조한다(이주한, 2013). 학습자는 실제 생활 속에서 다양한 환경과 상호작용하면서 경험을 형성하기 때문에 교육과정은 실제 생활경험으로 구성되어야 하며, 경험의 해석과 재구성의 과정을 포함해야 한다.

진보주의는 교사가 교과지식을 일방적으로 전달하는 수동적 학습보다는 학습자의 활동을 통한 능동적 학습을 강조한다. 학습은 학습자의 흥미와 필요에 따라 결정되고, 교사는 학습자가 문제를 해결하기 위해 스스로 탐색하고 실험하면서 학습과정에 직접적이고 자율적으로 참여할 수 있도록 안내하고 지원하는 역할을 한다. 진보주의는 교사보다는 학습자, 교과보다는 활동과 경험, 개별 학습보다는 협력적 학습활동, 생활 자체의 교육, 학습자의 흥미를 중시하는 학습, 문제해결방법의 학습, 안내자로서의 교사 등을 강조한다(Orstein & Hunkins, 2018). 따라서 교사가 음악 교과의 내용과 순서에 따라 영유아를 가르치기보다 영유아가 생활 주변에서 발견하는 자연의 소리에 흥미와 관심을 보일 때 음악적 경험으로 발전시킬 수 있는 기회를 제공한다면 교사는 이러한 철학을 따른다고 볼 수 있다.

진보주의적인 관점을 확대하여 지식은 상대적이고 주관적일 뿐만 아니라 사회구조의 관계 속에서 구성되고 변화한다고 보는 관점으로 포스트모더니즘(post-modernism)이 있다(홍후조, 2016). 이러한 철학적 관점은 지식은 학습자가 지닌 가치와 학습자를 둘러싼 사회문화적 맥락 속에서 재구성의 과정을 거치기 때문에 학습자중심의 주체성을 강조한다. 학습자는 교사와 또래 등 사회적 환경과의 상호작용을 통해 지식과 문화를 구성해 나가므로 삶과 학습이 형성되는 학습 공동체에 관심이 있다. 교사와 학생은 교수 · 학습에 있어 동반자적인 관계를 가지며, 학생의 관심과 흥미를 반영해 교육과정을 함께 생성할 수 있다고 본다. 포스트모더니즘은 교육과정에서 다루는 지식을 비판적으로 바라봄으로써 그동안 배제되어 왔던 내용을 폭넓게 다룰 수 있도록 하였으나, 극단적인 상대주의적 관점으로 인해 교육내용으로 어떤 지식을 선택하고 가르칠 것인가에 대한 방향성을 제시하지 못하는 한계를 보인다(김대영, 우옥희, 2016).

포스트모더니즘은 다양한 유형의 교육과정 시도, 유아 주체성, 교사의 자율성, 교육과정의 생성, 대안적 평가 등의 영유아교육과정 관련 이슈에서 확인할 수 있다. 교사가 의도하지 않았으나 영유아 자신이 또는 또래들과 함께 직접 소리를 탐색하고 만들어 음악적으로 소통하는 과정에서 영유아가 학습하고 있음을 인정하는 교사는 이러한 철학적 관점을 따른다고 볼 수 있다. 종합하면, 영유아교육과정의 철학적 기초는 영유아가 무엇을 왜 배워야 하는가와 관련된 지식의 문제를 바라보는 관점으로, 다양하고 복잡한 교육과정의 실제와 연결이 된다. 따라서 절대주의적 지식관 대 상대주의적 지식관, 항존주의 · 본질주의 대 포스트모더니즘으로 이분화하여 특정한 하나의 관점으로 접근하기보다는 영유아교육과정의 주체적인 참여자로서 다양한 철학적 기초를 비판적으로 탐구하면서 균형 있게 접근할 수 있어야 한다(Ornstein & Hunkins, 2018).

2) 사회적 기초

교육과정의 사회적 기초는 직접적 혹은 간접적으로 교육과정에 영향을 미치는 사회적 · 경제적 · 정치적 배경과 특성을 다룬다. 영유아는 빈 공간에서 살아가는 것이 아니라 자신이 속한 한 사회와 문화 속에서 살아가기 때문에 영유아를 위한 교육과정은 필수적으로 사회의 여러 가지 이슈와 직 · 간접적으로 연결된다. 최근 들어 현대 사회의 가족구조 변화, 저출산으로 인한 형제 및 또래관계의 변화, 사교육의 문제, 유아교육과 보육 관련 정책, 유엔과 경제협력개발기구(OECD)의 방향 등은 영유아교육과정에 영향을 미치는 주요한 사회적 요인이다. 이를 차례로 살펴보면 다음과 같다.

첫째, 영유아교육과정에 영향을 미치는 가족구조의 변화와 취원율 증가를 살펴볼 수 있다. 부모를 포함한 가족은 영유아를 둘러싼 가장 가까운 체계이다. 전통적으로 가족은 가족 구성원의 재생산과 사회화를 담당하고 경제생활 및 유대관계를 통한 공동체의 기능을 가진다(Kostenberger & Jones, 2004). 역사적으로 근현대적인 사회 변화에 따라 전통적인 가족의 역할과 기능은 사회로 많이 대체되었다. 농업 중심의 가족 경제활동은 확대가족을 필요로 하였으나 산업화가 이루어지면서 다양한 생산 활동이 가능해짐에 따라 핵가족화가 되었다. 대가족 시대에는 여러 세

대가 함께 어울려 살며 경제생활을 공동으로 해결하고 어린 세대에 대한 돌봄과 사회화가 가능했으나 핵가족이 되면서 자녀 돌봄, 사회화, 대인관계 등 새로운 요구가 생겨났다.

또한, 근현대화 과정을 거치면서 여성의 교육기회와 경제활동 참여가 확대되었고 자연스럽게 취업모가 증가하였다. 취학 전의 어린 자녀를 둔 여성의 취업률 증가는 경제활동의 주된 역할을 아버지가 담당하고 어린 자녀의 양육과 돌봄을 어머니가 주로 담당했던 전통적인 역할 분담에 근본적인 변화를 요구하게 되었다. 이는 결과적으로 부부와 자녀 중심의 핵가족 구조 내에서 경제활동과 양육에 대한 가족 가치관의 변화뿐 아니라 가족 구성원의 역할 변화 및 자녀 양육과 돌봄을 대체할 사회 체계를 필요로 하게 되었다. 현대 가족에게는 부모를 대신하여 자녀를 교육하고 돌볼 수 있는 영유아교육기관이 필요할 뿐 아니라, 점차 많은 영유아가 오랜 시간 기관에 머무르게 되면서 질 높은 영유아교육과 돌봄에 대한 요구가 함께 증가하였다. 다음은 지난 10년간 유치원과 어린이집에 취원하는 영유아의 비율을 보여 주는 그림이다. 기관에 취원하는 어린이가 점차 증가하고 있으며, 특히 만 0~2세 어린이의 취원율 증가가 매우 높다는 것을 알 수 있다.

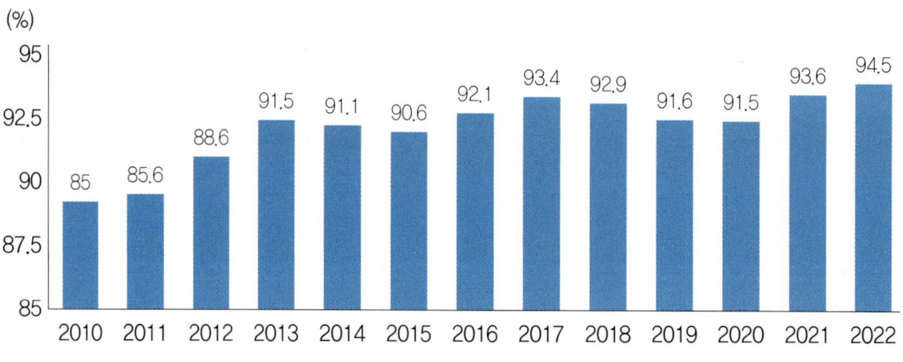

[그림 1-1] 유아교육 취원률

출처: 국가지표체계, 유아교육취원률, http://www.index.go.kr.

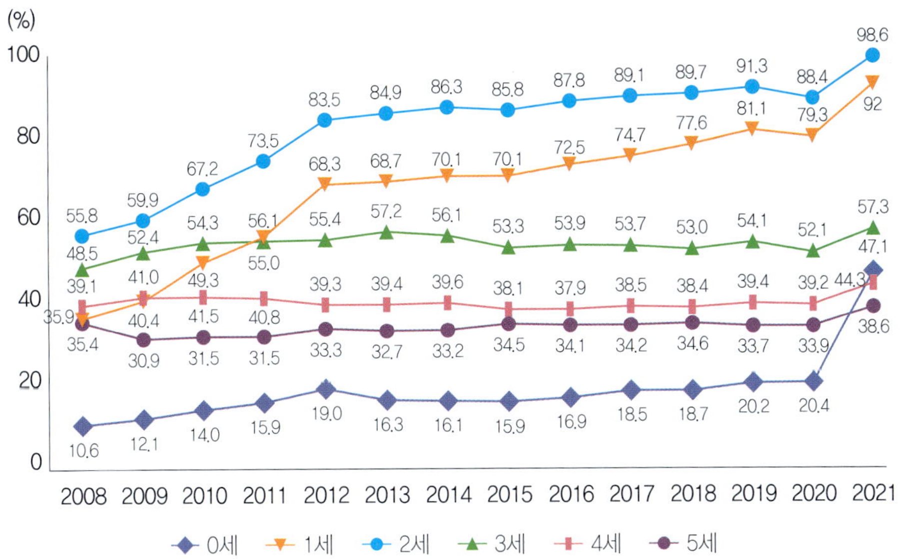

[그림 1-2] 연도별 · 연령별 어린이집 이용률

출처: 육아정책연구소(2021). 2021 영유아주요통계, p.29

여기에 더하여 이혼이나 경제적인 문제 등으로 양부모 중심의 핵가족 형태의 가정에도 변화가 오기 시작하였고 돌봄의 대체 인력으로 조부모가 주 양육자가 되는 경우가 점차 늘어나고 있다. 국제결혼의 증가로 인한 다문화 가정도 급격하게 늘어나고 있어 기관에서 가정과의 의사소통에 여러 가지 어려움을 겪고 있다.

둘째, 영유아교육과정에 영향을 미치는 '저출산'의 문제를 살펴볼 수 있다. 정부는 합계출산율이 1.21이던 2006년부터 매 5년간 4차례에 걸친 저출산 종합대책을 수립해 왔으나, 2010년 1.23명에서 2019년 0.92명으로 감소하고 있으며, 2021년의 경우 0.80명으로 매우 심각하게 인구가 감소하는 경향을 보인다(통계청, 2021). 이러한 수치는 한편으로는 절대인구의 감소라는 결과와 함께 태어나는 대부분의 아이들이 외동이라는 특성을 가지게 한다. 합계출산율이 4.53이던 1970년에는 매해 100만 명이 넘는 아이들이 태어났으나, 2021년에는 약 26만 명의 어린이만이 태어났다.

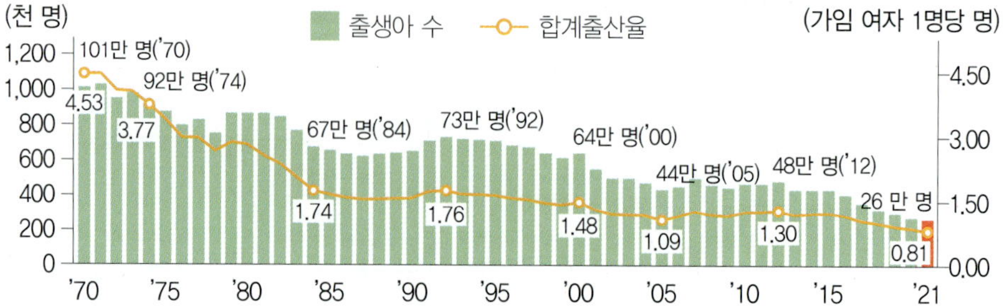

[그림 1-3] 합계출산율의 변화

출처: 통계청(2021). 2021년 출생통계. 통계청 보도자료, p.4.

우리나라의 저출산 문제는 노동 시장 격차와 불안정 고용 증가, 교육에서의 경쟁 심화와 결혼 · 출산 실현을 가로막는 주택 가격, 성차별적 노동 시장과 돌봄 공백, 일 · 가정 양립이 어려운 사회적인 문화, 혼인 및 출산 기피 등 다양한 차원의 요인이 복합된 것이다(저출산 · 고령사회위원회, 2020). 저출산은 정부 차원에서도 심각한 문제로 간주되어 다양한 보육정책을 양산하고 있고, 영유아교육기관 측면에서 보면 신입 원아의 확보라는 측면에서 어려움을 겪는다. 특히, 민간어린이집이나 사립유치원은 치열한 원아모집 경쟁으로 인하여 소비자인 학부모의 요구를 좀 더 많이 수용하는 쪽으로 교육과정을 운영할 수밖에 없다. 유치원과 어린이집이 부모가 선택하는 상품이 되는 순간 영유아교육 기관교육보다는 시장 논리를 따를 가능성이 높다(오욱환, 2017).

저출산이 영유아에게 미치는 영향을 살펴보면, 대부분의 영유아가 가정에서 외동으로 자라기 때문에 형제 관계를 통해 배울 수 있는 사회적 관계를 경험하지 못한다는 것이다. 연령이 다른 형제와의 관계에서 얻어지는 사회적 역량은 같은 연령의 또래관계와는 다른 질적 특성을 가진다. 예전에는 가정에서 자연스럽게 경험하고 배웠던 관계를 이제 기관에서 배워야 하므로, 기관에서는 영유아들이 지금보다 더 적극적으로 다른 연령과의 관계를 맺을 수 있도록 학급을 편성하거나 교육과정을 운영할 필요가 있다.

셋째, 영유아교육과정에 영향을 미치는 영유아 사교육 상황을 들 수 있다. 우리나라의 교육열은 하나의 학문적인 용어로 등장할 만큼 유명하고, OECD 통계를 보면 다른 어느 나라보다 자녀교육에 지출하는 가정의 사적 재정 부담 비율이 가장 높다(OECD, 2019). 초등이나 중등학교급에서는 사교육이 향후 대학 진학이나 취업에 미치는 영향에 대한 연구가 상당히 진행되었고, 사교육이 바로 출발점 불평등의 시작이라는 지적이 지속적으로 이루어졌다(오욱환, 2017). 초·중등에 비해 영유아를 대상으로 하는 사교육에 대해서는 많은 관심을 받고 있지 않으나, 실제로 영유아를 대상으로 하는 사교육의 규모는 초·중등과 비교할 때 결코 작지 않다. 영유아를 대상으로 하는 사교육은 가정에서 개별적으로 실시하는 사교육과 유치원이나 어린이집에서 실시하는 특별활동으로 구분된다.

'영유아 사교육 실태와 개선방안(Ⅲ)'에 따르면, 유치원과 어린이집에 다니는 영유아의 경우 평균 2.2개의 사교육 프로그램을 이용하며, 주당 1.7회, 회당 평균 52분을 이용한다(김은영, 김근진, 윤지연 외, 2017). 사교육 프로그램의 유형을 보면, 주로 미술, 체육, 모국어를 사설학원과 가정 학습을 통해 이용하며, 가구소득이 높을수록 외국어 프로그램을 상대적으로 많이 이용한다. 또한, 기관에서 이루어지는 정규 교육·보육과정에 추가하여 실시되는 특별활동 이용률을 살펴보면, 유치원과 어린이집에 다니는 영유아의 경우 평균 2.8개의 특성화 및 특별활동 프로그램을 주당 1.4회, 회당 평균 26분 이용하고 있다.

〈표 1-1〉 한국 영유아의 주당 사교육 이용 프로그램 수 및 이용 횟수

구분		평균이용 프로그램 수	수	주당평균 이용횟수	프로그램 수
전체		2.2	191	1.7	412
기관	유치원	2.1	77	1.7	164
	어린이집	2.2	114	1.7	248
반/학급	2세반/학급	1.8	37	1.3	48
	3세반/학급	1.7	46	1.4	80
	4세반/학급	2.4	55	1.8	133
	5세반/학급	2.4	63	1.9	151

출처: 김은영 외 (2017). p. 101.

〈표 1-2〉 5개국 영유아의 주당 사교육 이용 프로그램 및 이용 횟수

구분	평균이용 프로그램 수	수	주당평균 이용횟수	프로그램 수
한국	2.2	191	1.7	412
일본	1.5	123	1.3	180
대만	1.3	322	1.3	227
미국	1.6	64	1.1	101
핀란드	1.4	50	1.0	25

출처: 김은영 외 (2017). p. 101.

영유아를 대상으로 이루어지는 사교육은 우리나라에만 존재하는 현상으로, 학부모의 보상심리와 경쟁에 대한 불안으로 인해 심각한 상태이다. 영유아기의 사교육 의존이 점차 높아지는 것과 관련하여 유엔아동권리위원회는 우려를 표명하였다(이중삼, 최규화, 2020). 영유아가 발달 특성에 맞게 하루 일과를 균형 있게 보내고 충분한 놀이와 쉼의 여유를 갖는 것은 영유아의 건강한 성장과 발달, 삶의 질에 있어 매우 중요한 요소이다(육아정책연구소, 2016). 영유아를 가장 우선적으로 고려하지 못하고 학부모와 시장의 경제논리에 따르는 교육이 된다면 영유아교육은 상품이 될 것이며, 교실에서 교사에 의해 이루어지는 교육이 아니라 외부에 떠넘기는 서비스가 된다. 따라서 영유아를 둘러싼 다양한 교육 현실을 성찰하며, 영유아의 삶의 질을 개선하고 출발점 평등 실현을 위한 영유아 교육과 돌봄의 공적 책무를 강화하는 요구는 영유아교육과정의 중요한 사회적 기초가 된다.

넷째, 영유아교육과정의 사회적 기초로 우리나라의 영유아 관련 정책을 들 수 있다. 양질의 교육 및 보육에 대한 사회의 요구와 모든 영유아의 평등한 출발선을 보장해야 하는 책무가 늘어나면서, 정부는 영유아를 위한 재정을 투입하기 시작하였다. 가장 대표적인 예로 누리과정을 들 수 있다. 2021년 기준 국공립유치원을 다니는 어린이는 유아 1인당 유아 학비 월 8만 원, 사립유치원과 어린이집을 다니는 어린이는 유아 1인당 유아 학비 및 보육료 월 26만 원을 지원받는다. 여기에 더해 공립유치원과 사립유치원의 방과후과정반에 다니는 어린이는 각각 5만 원과 7만 원, 어린이집은 누리과정 운영비로 7만 원을 추가로 지원받는다(교육부, 2020). 누리과정비는 표준교육비나 표준보육비에는 미치지 못하지만, 영유아 자녀를 교육하는 부모들의 학비 부담을 덜어 주어 영유아의 취원율 증가에 가장 크게 기여하는 요인 가운데 하나로 평가받는다.

정부 차원에서 시행하는 정책 중 유치원과 어린이집 교육과정 운영에 가장 큰 영향을 미치는 것은 종합계획인데, 다음 차시의 교육과정 개정을 위한 방향이 제시되기 때문이다. 유치원의 경우 2009년 '유아교육 선진화계획'(교육과학기술부, 2009)을 시작으로 2013년 '제1차 유아교육발전 5개년 계획(2013~2017)'(교육과학기술부, 2013), 2018년 '제2차 유아교육발전 5개년 계획(2018~2022)'을 수립하였다(교육복지정책국 유아교육정책과, 2018). 유아교육은「유아교육법」제3조제2항에 따라 매 5년마다 종합계획을 수립하도록 되어 있다. '유아교육 선진화계획'에는 '미래지향적 교육과정 운영' 영역에 5개의 과제가 제시되었는데, 기존의 반일제와 종일제로 되어 있던 일과 및 교육과정을 기본과정과 방과후의 개념으로 수정하면서 초등과 동일한 구조를 가지게 되었다. 또한, 특성화 프로그램 개발 및 인증제는 사립유치원이 특성화를 폭발적으로 도입하는 데 영향을 미쳤다. '제1차 유아교육발전 5개년 계획'에는 '교육과정 및 방과후과정 내실화' 영역이 있었으며, 누리과정을 몇 시간 운영해야 하는가가 큰 이슈가 되기도 하였다. '제2차 유아교육발전 5개년 계획'에는 '유아중심의 교육문화 조성: 교육과정 운영 혁신' 영역이 있었고, 2019년에 놀이중심으로 교육과정이 개정되는 근거를 제시하였다.

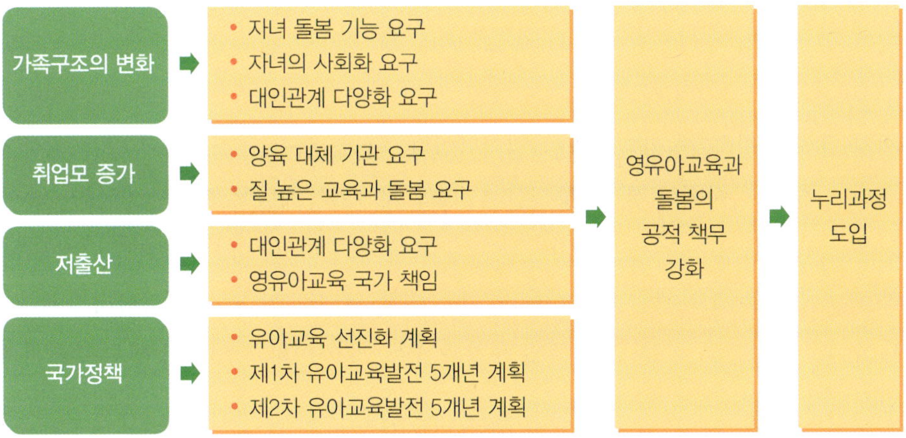

[그림 1-4] 사회적 요구와 영유아교육

마지막으로, 영유아교육과정을 위한 사회적 기초로 국제기구의 연구와 정책을 들 수 있다. 한 나라의 주요 정책이나 국정 과제는 관련 국제기구의 영향을 많이 받는다. 교육의 경우 유엔 산하의 유네스코나 경제협력개발기구(OECD)의 방향성과 맞닿아 있는 경우가 많다. 유엔의 경우 아동권리협약과 지속가능발전목표(Sustainable Development Goals)가 영향을 미쳤고, OECD의 경우 제도적인 측면에서는 Starting Strong 시리즈가, 교육과정 측면에서는 핵심역량이 크게 영향을 미쳤다.

1989년에 제정되고 1990년부터 효력이 발생한 유엔의 아동권리협약(UN Childrens rights)은 어린이의 권리 보호에 대한 국가적 책임을 강조하기 때문에 각 국가는 아동권리 인식 개선 및 권리 보호를 위한 정책을 구현할 것을 요구받는다. 아동권리협약에서는 전 세계의 모든 아동이 누려야 하는 권리를 생존권, 보호권, 발달권, 참여권의 4가지 영역으로 구분한다(https://www.unicef.or.kr/child-rights/outline.asp). 이 가운데 생존권과 보호권은 복지적인 성격이 강하고 발달권과 참여권은 교육과의 연관성이 높다. 특히, 전 세계의 모든 어린이는 적절한 교육을 받을 권리가 있고, 자신과 관련된 문제에서 적극적으로 참여할 권리가 있다. 일반적으로 참여권은 정치적인 것으로 해석되지만, 영유아기의 참여권은 놀이와 학습에서 주도권을 가지는 것으로 이해된다. 이러한 유아의 주체적인 참여능력은 영유아교육과정에서 철학적 심리적 기초를 통해 충분히 지원받고 있으며, 2019 개정 누리과정에서도 강조되고 있다.

유엔은 2015년 총회를 통해 지속가능한 세상을 위한 지구 공동의 노력으로 2030년까지 달성할 지속가능개발목표를 결의하였다. 단 한 사람도 소외되지 않는 세상을 위해 인류가 나아가야 할 방향성을 17개의 지속가능개발목표에 담았는데, 특히 교육과 관련하여 모두를 위한 질 높은 교육을 표방하고 있다(지속가능발전포털, 2020). 질 높은 교육은 지속가능한 발전을 위한 토대로 삶의 질을 향상시킬 뿐 아니라 지속가능한 사회를 위한 문제 해결을 하는 데 기여하기 때문에 매우 중요하게 인식된다.

지속가능개발목표 가운데 영유아의 교육과 직접적으로 관련되는 것은 세부목표 4.2이다. "모든 아동에게 양질의 영유아보육 및 교육서비스의 이용기회를 보장하여 초등교육에 대비한다."로 명시된 이 세부목표 아래 신체적 건강 · 학습 · 심리사회적 안녕(well-being) 측면에서 정상적으로 발달하는 5세 이하 남녀 비율, 초등학교 입학 전 체계적인 유아교육 및 보육서비스 이용률, 국공립유치원과 어린이집 이용률 등 3가지를 질 높은 영유아교육을 위한 이행지표로 점검한다. 지속가능개발목표 4.2의 양질의 영유아교육을 위한 국제적 이행지표는 지속적인 모니터링을 통한 국내 이행의 책무성을 강화함으로써 영유아의 건강하고 행복한 성장 발달을 지원하고자 한다. 또한, 세부목표 4.7은 "지속가능발전, 인권, 성평등, 평화 및 비폭력 문화 확산, 세계시민의식, 문화 다양성 존중을 위한 교육을 통해 지속가능발전을 증진하기 위한 지식과 기술을 습득할 수 있게 한다."라고 제시되어 있는데 이는 유 · 초 · 중등의 범교과에서 '지속가능발전교육 및 세계시민교육' 교육을 포함한 것의 근거가 되었다(지속가능발전포털, 2020).

OECD는 21세기가 시작되면서 미래 사회에 필요한 핵심역량을 규명하고자 DeSeCo(Defining and Selecting Competencies) 프로젝트를 시작하였다(한국교육개발원, 2019a). 핵심역량은 총 9개의 세부역량을 제시하였는데, 우리나라 초 · 중등의 2015 교육과정은 바로 이 개념에 근거하여 역량중심으로 개정된 바 있다. OECD는 2015년 개정된 핵심역량을 "OECD 교육 2030"이라고 명명하고, 학습자가 적극적인 참여를 통해 보다 나은 영향을 미치려는 책임의식을 갖고 삶의 웰빙을 추구하고자 하는 학습자 주체성(student agency)을 강조하고 있다(한국교육개발원, 2019b). OECD 교육 2030 프로젝트에서 제시하는 미래지향적 교육정책 및 교육과정의 방향성은 핵심역량, 역량성취를 위한 교육과정과 교수 · 학습 방법, 학습자 주체성 등의 개념으로 영유아교육에도 영향을 미치고 있다.

3) 심리적 기초

교육과정의 심리적 기초는 인간이 어떻게 배우는가와 관한 것으로, 주로 교육의 시기나 방법과 관련하여 인간에 대한 근본적인 이해를 다룬다. 학습자가 무언가를 배우고 성장하는 과정이 어떻게 일어나는가에 대한 심리적 이해는 교사가 효과적으로 교육과정을 계획하고 실천하는 데 정보를 준다. 또한, 심리적 기초는 학습경험을 선정하고 조직하는 준거를 제시해 주며, 어떠한 학습환경을 제공할지에 대한 정보를 제공함으로써 학습자의 배움과 성장을 지원할 수 있다.

가르치는 것과 배우는 것은 서로 관련되어 있기 때문에 교육과정의 심리적 기초는 교수 · 학습과정의 통합 요소가 되며, 다양한 측면에서 교육과정 개발과 운영을 위한 의사결정에 많은 영향을 미친다. 영유아는 오감을 활용하여 구체적인 사물을 조작하고 탐색하거나 흥미를 가진 놀이를 하면서 또래와 상호작용할 때 더 많은 학습을 한다. 그러므로 교사는 구체적인 사물과 또래와 놀이하는 시간을 충분히 제공하는 것이 중요하다. 또한, 교사는 보편적인 발달 수준에 따라 연령별로 교육과정의 내용을 차별화하여 설계할 수 있다. 예를 들어, 1세 영아는 소근육이 충분히 발달하지 않았기 때문에 가위질을 하거나 색연필로 그리는 활동을 하기 어렵지만, 5세 유아는 색연필로 모양을 그리고 가위로 오릴 수 있다.

역사적으로 영유아를 위한 교육과정은 학습자가 영아와 유아라는 특성으로 인해 심리적 기초에 많은 영향을 받았다. 영유아교육과정에 영향을 주로 미친 심리적 기초는 행동주의적 접근, 인지심리학적 접근으로 구분하여 살펴볼 수 있다. 행동주의(Behaviorism)는 인간을 자극에 따라 반응하는 존재이며, 학습은 인간이 바람직한 행동을 할 수 있도록 적절한 자극을 주고, 자극에 대한 반응을 강화시키는 것으로 보는 접근이다. 행동주의는 인간의 발달을 생물학적 성숙에 따른 것으로 이해하기보다는 학습이 누적되면 그 결과로 나타나는 것으로 이해한다. 행동주의학자 손다이크(Thorndike)와 스키너(Skinner)는 자극과 반응의 연합을 통해 행동을 조건화하고 학습자의 반응을 유도하기 위해 환경을 변화시키며, 강화를 활용해 학습을 향상시키는 것을 강조한다(권낙원, 김민환, 한승록, 추광재, 2011).

행동주의 관점에서 교육과정을 설명한 가장 대표적인 학자로 타일러(Tyler)와 타바(Taba)를 들 수 있다(Ornstein & Hunkins, 2018). 타일러의 행동주의는 논리적 · 규범적이고, 기술 및 과학적 원칙에 의존하며 교육과정을 구성하기 위한 패러다임, 모델 및 단계별 전략을 포함한다. 타일러의 관점은 보통 문서라고 불리는 계획에 근거를 두고, 목적과 목표가 명시되고, 내용과 활동이 목표와 일치하도록 계열화되며, 학습 결과는 목적과 목표와 관련하여 평가된다. 즉, 행동주의 관점에서는 발달의 개인차보다 학습속도의 개인차에 주목하므로, 학습내용을 위계화하여 이를 순서대로 따라가는 방식으로 교육과정을 구성한다. 계열화된 학습의 내용은 직접적 교수, 반복되는 연습, 단계별 목표의 달성 여부를 확인하는 평가의 과정을 반복한다. 20세기 행동주의는 많은 변화가 있었지만, 타일러와 타바의 행동주의적 학습 관점은 지금까지 교육과정의 계획과 운영에 있어 효율성을 갖는 수단이라는 점에서 교육과정에서 가장 오래 지배적인 영향을 미치고 있다(Ornstein & Hunkins, 2018).

행동주의에 영향을 받은 영유아교육 프로그램으로 1960년대와 1970년대 개발된 버라이터-잉겔만-베커 프로그램(Bereiter-Engleman-Beker program)에서 발전된 디스타 프로그램(DISTAR Program, Direct Instructional System for Teaching Acceleration Remediation)이 있다. 디스타 프로그램은 학문적 기초를 형성하기 위해 언어, 읽기, 셈하기를 주요 내용으로 교사가 유아의 능력 수준으로 소집단을 구성해 직접적이고 지시적인 교수를 하며, 강화와 보상을 활용한다(서울대학교 교육연구소, 1999). 현재 영유아교육기관에서 디스타 프로그램은 활용되지 않으나, 교육과정의 운영 실제에서 보상과 강화라는 행동주의 학습 전략은 많이 활용되어 왔다. 교사는 이야기를 나누는 동안 바르게 앉아 집중을 잘하는 유아에게 발표할 기회를 주어 주의 집중을 더 잘하게 하거나 정리정돈을 열심히 하는 유아의 이름을 노래로 불러 주며 칭찬함으로써 정리정돈을 더 많이 하도록 지도하기도 한다.

다음으로 인지심리학적 접근은 1920년대 아동연구운동을 통해 시작된 발달적 접근과 인지적 접근을 모두 포함한다. 발달심리학자는 인간 학습의 발달적 특면에 더 관심을 가지며, 인지심리학자는 학습내용을 구조화하는 방식에 더 관심을 갖는다(Ornstein & Hunkins, 2018). 첫째, 학습의 발달적 측면을 강조한 발달적 접근은 홀(Hall)과 게젤(Gesell)의 성숙주의에 기초한다. 성숙주의는 발달의 가장 중요한 힘은 개인 내부의 성숙기제로부터 나온다고 가정하며, 인간발달의 보편성에 관심을 둔다. 성숙주의에 기반을 둔 발달적 적합성은 1960년대 이후 피아제(Piaget)의 인지발달이론을 통해 더욱 강화되어 영유아를 위한 교육과정의 주요 원리가 되었다. 피아제는 인간이 환경에 반응하고 적응하는 과정에 관심을 가졌으며, 특히 보편적인 인지발달 특성이 변화하는 4가지 단계에 따라 인지발달을 설명하였다. 피아제는 학습자가 특정한 인지발달 단계에 다다르지 않으면 학습도 그만큼 제한된다고 보았기 때문에 영유아의 인지수준에 적합한 교육활동과 학습을 강조하였다(Brainerd, 2003). 1970년대 이후 발달이론에 기초하여 영유아를 위한 구체적인 프로그램이 개발되었다. 피아제의 인지발달이론에 기초하여 전조작기 유아를 구체적

조작기 단계로 끌어올리고자 개발된 라바텔리(Lavatelli) 프로그램을 시작으로, 성숙주의와 프로이트(Freud), 에릭슨(Erikson), 피아제 등의 발달이론에 기초한 뱅크스트리트(Bank Street) 프로그램 등이 있다(서울대학교 교육연구소, 1999).

1990년대에 전미유아교육연합회(National Association of Education for Young Children: NAEYC)는 인지발달 단계에 초점을 둔 발달적 접근에 기초하여 발달에 적합한 실제(Developmentally appropriate practice: DAP)를 개념화하고 영유아교육과정의 기본 가정으로 수용하였다. 발달에 적합한 실제(DAP)는 영유아의 발달과 학습을 촉진하기 위한 보편적인 실제를 규정해 놓은 지침으로, 연령의 적합성과 개별적 적합성을 강조하였다. 이후 비고츠키(Vygotsky) 등의 사회인지이론의 영향으로 비판을 받아, 개인의 발달을 넘어 사회문화적인 맥락의 중요성을 강조하고 영아 · 초등교육까지 그 범위를 확장하였다(NAEYC, 2021).

학습준비도, 발달의 적합성, 연령별 적합성, 발달의 보편성 등을 강조하는 발달적 접근법은 한국 영유아교육과정의 교수 · 학습 원리 전반에 상당한 영향을 미쳤다. 발달적 접근법은 교수 · 학습 원리 이외에도 수준별 교육과정에 영향을 미쳤다. 발달의 적합성은 연령별 보편성을 인정하면서 개별 영유아의 수준을 함께 고려한다. 동일 연령 영유아의 발달적 보편성에 개인차를 고려한 수준별 교육과정은 5차 유치원 교육과정부터 2007 개정 유치원 교육과정까지 적용되었다. 수준별 교육과정은 발달의 개인차를 반영할 수 있는 장점에도 불구하고, 개별화된 교육과정을 운영하기 어려운 현실적 어려움으로 인해 연령별 교육과정으로 대체되거나 적용되지 못하는 한계가 있었다. 유치원 교육과정과 표준보육과정이 2011년에 만 5세와 2012년 만 3~4세 누리과정으로 통합되면서 수준별 교육과정은 연령별 교육과정으로 변화하였다.

둘째, 인지적 접근은 인간이 지식을 생성 · 조직 · 저장 · 사용하는 방법 등 인간이 새로운 지식을 학습하며 구성해 가는 인지적 활동과정에 관심을 갖는다. 인지적 접근의 대표적인 학자로 피아제와 비고츠키를 들 수 있다. 피아제는 인지발달 단계의 보편성을 강조했기 때문에 발달적 측면에서 학습에 대한 이해에 많은 영향력을 미치기도 하였으나, 인지구조의 변화를 통해 지식을 구성해 가는 과정을 강조함으로써 인지심리학적 측면에서 타일러, 타바, 브루너(Bruner) 등의 교육과정의 학습 경험 조직에 영향을 미쳤다(권낙원 외, 2011).

피아제는 개인이 지식을 구성해 가는 과정에 초점을 두며, 지식은 학습자가 기존에 가지고 있는 지식을 기초로 사회적 상황에 따라 형성되므로, 학습이란 기존 지식을 재구조화하는 능동적 구성과정이라고 설명한다. 피아제는 인지발달을 개인이 환경에 적응해 가는 과정으로 보고, 인지의 구조와 기능은 환경과 상호작용을 통해 변화하는 것으로 이해하였다. 피아제에 따르면 인간은 환경에 효과적으로 적응하기 위해 기존의 시적 구조를 새로운 시적 구조로 통합시키는 동화와 소절의 과정을 거쳐 인지발달을 이루어간다. 피아제에 영향을 받은 교육과정은 학습자가 환경과의 상호작용을 통해 어떻게 발달하는지에 관심을 갖고 능동적인 활동을 통한 개인 내의 지식 구성 과정을 강조한다(Schunk, 2016). 이에 반하여 비고츠키는 사회적 상호작용을 통한 지식의 사회적 구성을 강조하며, 지식은 학습자가 사회적으로 공동 구성하는 것으로 학습자들의 능동적인 참여를 통한 사회적 상호작용의 결과로 학습이 이루어진다고 설명한다. 비고츠키는 지식은 사회적으로 협력적으로 구성되기 때문에 영유아는 사회적 관계 내에서 성인이나 유능한 또래와 상호작용을 통해 성장하고 발달한다고 설명한다. 사회적 상호작용은 대화를 통한 지식의 공유와 구성이 요구되기 때문에 언어가 매우 중요하다(Schunk, 2016). 이러한 관점에 따라 영유아교육과정에서는 영유아가 새로운 능력을 형성하도록 지원해 주는 비계 설정을 강조하고, 협동학습과 같은 능동적인 상호작용의 기회를 제공한다.

피아제의 인지발달이론은 1970년대에 유아교육 프로그램의 개발 및 적용에 영향을 미쳤다. 저소득층 유아를 대상으로 피아제의 인지발달이론에 기초하여 교육활동이 개발된 까미-드브리스(Kamii-DeVeris) 프로그램, 영유아의 자연스러운 발달에 교육적 기초를 두며, 인지발달이론에서 중시하는 문제해결력과 사고력을 강조하는 하이스코프(High-Scope) 프로그램 등이 그 예이다(서울대학교 교육연구소, 1999). 인지심리학적 접근은 심리학적 기초로서 발달의 적합성이라고 하는 영유아 교육과정의 근간이 되고 있으며, 교사와 또래 및 환경 등 유아가 능동적으로 지식을 구성할 수 있는 교육과정의 자원에 대한 이해를 제공하고 있다. 또한, 진보주의적 철학과 맞물려 아동중심 교육과정, 교사–유아–교재교구와의 상호작용, 능동적이고 협력적인 교수 · 학습 등 영유아교육과정 교수 · 학습 방법의 중요한 심리적 기초를 제공해 주고 있다.

까미–드브리스(Kamii–DeVeris) 교육과정의 예

하이스코프(High–Scope) 프로그램

인지적인 접근 외에도 정의적 특성 또한 학습에 영향을 미친다. 학습자의 정의적 특성은 그 개념과 범위가 광범위하고 모호하며 복잡하다. 정의적 특성의 예로 학습자의 흥미, 태도, 신념, 가치, 학습동기, 자아개념, 자기효능감, 자기조절, 사회정서역량 등이 있다. 영유아의 정의적 특성은 인지적 특성과 분리되기보다는 통합된다. 영유아는 자신이 흥미를 가지는 것에 주의를 기울이며, 생각을 집중하고 진지하게 행동하며, 적극적으로 탐색하면서 세상에 대한 지식을 구성해 간다. 영유아의 내부에서 일어나는 욕구와 동기는 자발성과 주도성의 원동력이 되므로 영유아가 스스로 탐구하면서 지식과 기술을 쌓아 긍정적인 자아감을 형성하도록 이끈다. 또한, 영유아가 자신의 목표를 성취하기 위해 스스로 생각과 정서 및 행동을 조절하고 결정해 나가는 자기조절은 영유아의 학습에 중요한 영향을 미친다. 최근 이러한 정의적 특성은 사회정서역량(social and emotional skills)으로 강조된다. 사회정서역량은 비인지적 역량으로 과제수행(책임감, 자기통제, 끈기), 정서관리(스트레스 관리, 긍정성, 정서통제), 협력(공감, 신뢰, 협동), 개방성(호기심, 관용, 창의성), 타인관계(사회성, 자기주장, 활력), 복합능력(자기효능감, 비판적 사고 및 독립성, 자기성찰 및 상위인지) 등 효과적인 학습을 이끌어 내는 중요한 역량이라고

볼 수 있다(김미숙, 서예원, 안해정, 이쌍철, 이호준, 2019). 이러한 정의적 특성은 어린 학습자인 영유아가 학습하는 과정과 기술로서 중요하게 여겨지고 있으며(Sylva, Ereky-Stevens, Pastori, Slot & Lerkkanen, 2016), 영유아교육과정의 구성과 방향에 미치는 영향을 이해하는 데 도움이 된다. 이상의 내용을 정리해 보면 다음의 〈표 1-3〉과 같다.

〈표 1-3〉 심리학적 기초와 교육과정 이슈

<table>
<tr><th colspan="2">구분</th><th>발달</th><th>학습</th><th>개인차 · 연령별 보편성</th><th>교수 · 학습 방법</th></tr>
<tr><td colspan="2">행동주의적 접근</td><td>• 학습 결과가 누적되어 발달로 이어짐
• 사실, 기술, 개념의 습득, 경험과 연습을 통해 발달이 일어남</td><td>• 학습은 자극과 반응의 관계로 설명되며, 학습은 행동의 변화 과정임
• 외부(환경)로부터 학습 동기 유발
• 결과중심의 접근</td><td>• 발달의 개인차가 아닌 학습속도의 개인차가 중요함
• 학습내용은 위계화되며, 단계에 따라 직접적으로 제공하여 똑같은 학습을 기대함
• 단일화된 연령 집단 구성의 기초가 됨</td><td>• 행동변화를 위해 보상체제를 활용함
• 직접적 교수, 개별화된 교수계획 강조
• 교과를 습득하는 교육과정 강조
• 준거지향 평가가 이루어짐</td></tr>
<tr><td rowspan="2">인지심리학적 접근</td><td>발달적 접근</td><td>• 생물학적 기제에 따라 자연스럽게 발달함
• 인간발달은 보편적인 단계를 가짐</td><td>• 발달은 학습의 출발점이며, 특정한 발달 수준이 되어야 특정한 학습이 가능함
• 연령 적합성뿐만 아니라 개별, 문화적 적합성에 대한 고려도 이루어짐</td><td>• 연령별로 발달 단계의 보편성 강조
• 개인과 문화에 따른 발달의 차이를 인정함</td><td>• 발달 수준에 적합한 활동 제공
• 교사 개입 최소화
• 발달 수준이 유사한 연령별 교육과정 강조</td></tr>
<tr><td>인지적 접근</td><td>• 생물학적으로 한계가 정해지지만 환경과 유아의 상호작용을 통하여 발달
• 발달은 인지구조의 변형이 일어나는 것을 의미</td><td>• 기존의 사고를 재구조화하는 능동적이고 독립적인 사고과정 강조
• 사회적 · 문화적 상호작용을 통한 지식 구성
• 학습이 발달을 주도</td><td>• 보편적인 인지발달 단계 인정
• 개별적인 경험과 이해수준, 사회문화적 상호작용에 따른 지식 구성의 차이 인정</td><td>• 발견학습, 협동학습, 문제해결학습
• 활동중심 · 학습자중심 교육과정
• 과정중심, 수행평가</td></tr>
</table>

활 · 동

* 영유아교육과정은 사회적 기초와 배경에 따라 달라질 수 있다. 최근 1년 사이의 신문 기사를 탐색해 보고 영유아교육과정에 영향을 미칠 수 있는 사회적 사건이나 현상을 찾아보고 분석해 보자. (웹사이트: 신문기사 검색 사이트 빅카인즈 https://www.bigkinds.or.kr/ 참고)

제 02 장

세계의 영유아교육과정

학·습·목·표

1. 세계 여러 나라의 국가수준 교육과정의 특성을 목표, 내용 및 영역, 실행 및 지원, 평가 측면에서 이해하고 각 국가 간 공통점과 차이점을 비교할 수 있다.
2. 영유아를 위한 프로그램의 특성을 이해하고 각 프로그램 간의 공통점과 차이점을 비교할 수 있다.

영유아를 위한 교육과정은 사회적 · 역사적 산물로, 유아교육의 철학적 · 사회적 · 심리적 기초를 토대로 개발된다. 이를 기초로 국가수준에서 공통의 교육목표와 내용을 제시하기 위한 국가수준 교육과정을 개발하기도 하고 고유한 특성을 가진 유아교육 프로그램을 개발하기도 한다. 세계의 각 나라는 사회적 목표에 기반을 둔 국가수준의 교육과정을 구축하고 있는 추세이며, 국가수준의 교육과정을 통해 국가 차원에서 모든 영유아를 위한 교육목표와 내용에 기초한 학습방향을 제시한다(OECD, 2004). 유아교육 프로그램은 학자 및 단체가 특정한 목적과 내용으로 교육과정을 정형화된 형태로 개발한 것으로, 일반적인 교육과정의 개념과 차이가 있다. 유아교육과정의 한 모델로 개발된 프로그램은 교육과정의 체계를 갖추었다는 점에서 프로그램과 교육과정의 용어를 혼용하여 사용하기도 한다. 앞서 1장에서는 영유아교육과정의 기초를 살펴보았는데, 본 장에서는 미국 · 영국 · 호주 · 뉴질랜드 · 스웨덴 등 5개 국가의 교육과정과 몬테소리 프로그램, 레지오 에밀리아 접근법, 발도르프 프로그램, 하이스코프 교육과정, 크리에이티브 교육과정 등 5개의 프로그램을 살펴보고자 한다.

1. 세계 여러 나라의 국가수준 영유아교육과정

우리나라와 마찬가지로 국가수준 교육과정 또는 주별 교육과정(연방제 국가의 경우)을 살펴보는 것은 각 국가가 영유아 교육을 위해 국가수준에서 어떤 청사진을 제시하는지 이해하는 데 도움이 된다. 또한, 우리나라와의 공통점과 차이점에 대한 이해를 기초로 우리나라의 교육과정 개선을 위한 방향을 설정하는 데도 도움이 된다.

먼저, 국가별 교육과정의 개요를 명칭, 관장부서, 연령, 교육목표를 중심으로 살펴보면 다음의 〈표 2-1〉과 같다. 국가수준 교육과정의 명칭은 크게 두 가지로 대별된다. 첫째는 우리나라의 '누리과정'처럼 국가수준 교육과정의 명칭이 있는 경우로, 호주와 뉴질랜드가 대표적이다. 두 나라는 교육과정 명칭에 교육과정의 목표 또는 교육과정의 특성을 반영했는데, 호주는 "belonging, being, becoming"이라는 교육의 일반목표를 교육과정 명칭에 포함하였고, 뉴질랜드는 원주민과 이민자로 구성된 국가의 정체성을 반영하는 "Te Whāriki(짜여진 매트)"를 교육과정 명칭에 포함하였다. 둘째는 국가수준 교육과정의 의미만 담긴 명칭을 쓰면서 강조하는 단어를 포함시킨 경우로, 미국, 영국, 스웨덴이 대표적이다. 미국의 각 주는 주별 교육과정을 가지고 있고, 명칭(예: 펜실베이니아 주와 뉴욕 주– learning standards, 인디애나 주– early learning foundations, 캘리포니아 주– preschool learning foundations)도 다양하게 사용하고 있다. 예를 들어, 몬태나 주는 learning standards라는 명칭을 사용함으로써 교육과정이 학습의 표준을 제시함을 강조했고, 영국은 foundation stage라는 명칭을 사용함으로써 기초 단계의 교육임을 강조했고, 스웨덴은 교육과정이라는 보편적인 명칭을 사용하였다.

아래의 〈표 2–1〉에 제시된 국가의 경우 교육과 교육과정의 제정 및 개정은 교육과 관련된 부서에서 관장하고 있다. 과거에는 영유아의 연령에 따라 교육을 관장하는 부서가 다른 나라도 있었으나, 이러한 경향은 감소해 대부분의 국가에서 영유아의 연령에 관계없이 한 부서에서 통합해 교육을 담당하고 있다.

〈표 2–1〉 국가별 교육과정 개요: 국가수준의 교육과정

국가	명칭(최신 개정 년도)	관장부서	연령(통합)
미국(몬태나 주)	Montana early learning standards(2014)	Montana Office of Public Instruction	0~5
영국	Statutory framework for the early years foundation stage(2017)	Department for Education	0~5
호주	The early years learning framework for Austrailia: Belonging, Being and Becoming(2018)	Australian Government Department of Education and Training	0~5
뉴질랜드	Te Whāriki – Early childhood curriculum(2017)	Ministry of Education	0~5
스웨덴	Curriculum for the Preschool, Lpfö18 (2019)	Swedish National Agency for Education	1~5

1) 미국(몬태나 주)

미국은 만 5세 유치원의 유아부터 12학년 학생(K-12)에 이르기까지 공통 핵심 국가 표준(Common Core State Standards: CCSS)을 국가수준 교육과정으로 설정하였다. 미국은 50개의 주가 독립적으로 운영되므로 CCSS를 기초로 하여 교과의 수직적 체계를 중시하는 표준(standards)하에 0~5세를 위한 영유아교육과정을 주별로 운영하고 있다. 유능한 학습자로서의 영유아를 지원하기 위해 체계적인 영유아교육과정을 마련한 미국 몬태나 주의 사례를 교육과정의 구성 요소 측면에서 살펴보고자 한다(Montana office of public instruction, 2018).

(1) 목표

미국 몬태나 주는 "learning standards"라는 명칭을 사용함으로써 교육과정이 학습의 기준을 제시함을 강조하였다. 일반적 교육목표는 학습에서의 성공에 필요한 기술과 지식 습득, 삶의 가능성에 최대한 도달하는 것이다.

(2) 내용 및 영역

교육과정 영역의 구성은 핵심 영역(core domain)-하위 영역(subdomain)-표준(standard)의 3단계이다. 교육과정 영역은 정서/사회, 신체, 의사소통, 인지의 4가지 영역으로 구성되는데, 우리나라 2차 유치원 교육과정(1979)과 같이 정서와 사회를 통합된 영역으로 제시한다.

(3) 실행 및 지원

교사 대 유아의 비율을 살펴보면 교사는 영유아의 연령이 어릴수록 더 적은 수의 유아를 지도해야 하며, 교사 1명당 최대 유아 10명까지 지도할 수 있다. 교사가 2명일 경우에는 18명까지 지도할 수 있도록 상한선을 마련해 놓았다. 운영 시간은 반일제 4시간, 종일제 6시간 이상이다. 교수 · 학습 측면에서는 교수 원리와 교수 핵심을 제시하고 있는데, 교수 원리는 표준을 수평적이고 수직적인 배열로 체계적으로 운영하는 것을 원칙으로 한다. 교수 핵심은 교사의 교수 의도를 강조하는 의도성과 개별 유아의 고유성에 기반한 교수를 강조하는 개별화 교육을 지향한다.

〈표 2-2〉 미국 몬태나 주 교사 대 아동 비율

연령 \ 학급규모	12명	14명	16명	17명	20명
36~48개월	1:6	1:7	1:8	1:9	
48~60개월			1:8	1:9	1:10
60개월~K 학년			1:8	1:9	1:10

출처: NAEYC Early Childhood Program Accreditation Criteria 10.B.12.

(4) 평가

평가는 유아 평가와 프로그램 평가로 구분되며, 유아의 발달과 학습 성과를 체계적으로 개선하기 위한 과정으로 구성되어 있다. 교육과정의 지속적인 개선 환류를 위해서 체계적이고 잘 갖추어진 평가를 통해 프로그램의 질을 향상시킨다. [그

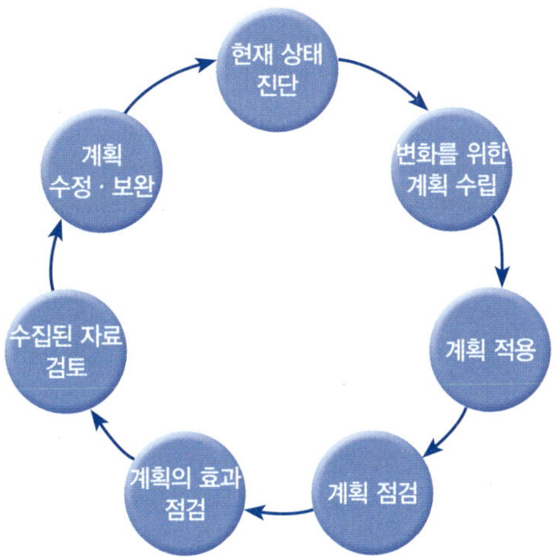

[그림 2-1] 미국 몬태나 주 영유아교육과정 평가 체계
출처: Montana office of public instruction(2018). p. 5.

림 2-1]에 제시된 바와 같이 현재 상태 진단→변화를 위한 계획 수립→계획 적용→계획 점검→계획의 효과 점검→수집된 자료 검토→계획 수정·보완→현재 상태 진단의 환류를 적용한다. 프로그램의 질을 확인하고 개선하기 위해 리더십과 행정, 학습 표준(Early Learning Content Standards), 교육과정, 교수방법, 평가, 물리적 환경, 유아 안내, 가족과 지역사회 연계 항목에 대해 평가한다.

2) 영국

영국의 영유아교육과정은 Early Years Foundation Stage(EYFS)를 마련하여 유아가 학습과 발달에 뒤처지지 않고, 모든 유아가 개별 수준에서 좋은 성과를 내도록 지원하는 것을 목표로 한다. EYFS는 질 높은 유아교육 프로그램을 일관성 있게 제공하고, 개별 유아의 요구와 흥미에 적합한 계획을 수립하며, 정기적인 평가와 점검을 요구한다. 활동과 경험으로 구성된 교육적인 프로그램을 제공하고, 유아가 지식, 기술, 이해를 바탕으로 학습목표를 달성하도록 지원한다. 성취 정도를 측정하기 위한 평가를 실시하여 학부모에게 보고하고, 이러한 과정을 종합하여 유아의 학습, 발달, 복지를 증진시키고자 한다. 교육과정의 구성 요소에 따라 살펴보면 다음과 같다(Department for education, 2017).

(1) 목표

EYFS는 출생부터 5세 사이의 영유아기 경험이 미래의 삶에 큰 영향을 미치며, 초기에 빠르게 발달한다는 측면에 주목하여 잠재력을 발휘할 수 있도록 지원하는 것을 목적으로 한다. 모든 유아교육기관이 교육과정을 운영할 때는 영유아의 발달과 학습을 지원하고, 건강하고 안전하게 성장할 수 있도록 EYFS를 고려해야 한다. 영국 영유아교육과정의 일반적 교육목표는 영유아가 성공적인 학습자가 되도록 조력하고, 능력 있고 창의적인 개인으로 성장하여 적극적인 시민으로서의 지식과 태도를 갖춘 미래 사회의 일원이 되도록 지원한다.

(2) 내용 및 영역

영국의 영유아교육과정은 기초 영역(prime areas)과 구체적 영역(specific areas)으로 나누어 구성하는데, 기초 영역에는 발달의 초기에 기초가 마련되어야 하는 영역(예: 의사소통과 언어, 신체 발달, 개인, 사회 · 정서 발달)을, 구체적 영역에는 기초가 마련된 후 학습해도 되는 교과와 관련된 영역을 배치한다.

〈표 2-3〉 영국 영유아교육과정 영역 및 내용

교육과정 영역	내용	
기초 영역	1. 의사소통과 언어 2. 신체 발달	3. 개인, 사회 · 정서 발달
구체적 영역	1. 문해 2. 수학	3. 세상에 대한 이해 4. 표현예술과 디자인

(3) 실행 및 지원

교사 대 유아 비율은 2세 미만은 1:3, 2세는 1:4, 3세 이상은 1:13으로 구성되며, 교육종사자의 자격에 따라 달라진다. Preschool은 오전 9시부터 오후 3시까지 운영하여 종일제와 유사한 시간을 보낸다. 3~4세 아동은 무료 교육을 받을 수 있는 연간 시간을 570시간으로 제한함으로써 가정에서 부모와의 시간도 중요함을 강조한다.

효율적인 교수와 학습을 지향하여 영유아가 놀이와 탐색을 자유롭게 할 수 있도록 지원하고, 적극적으로 학습할 수 있도록 환경을 제공한다. 더불어 창조와 비판적 사고를 위한 교육과정을 구성하는 교수 · 학습 방법을 사용한다.

(4) 평가

영국은 연령에 따라 평가의 초점을 달리하도록 권고한다. 2세 때는 발달하는 과정 중이고 유아교육기관에 재원 중이므로 진보의 경향만 점검한다(progress check). 반면에 5세 때는 초등학교에 입학하기 전이므로 공식적인 프로파일(Early Years Foundation Stage profile: EYFSP)을 작성하고, 정상적으로 발달하고 있는지를 평가해서 학부모와 상담하고 초등학교 교사에게 송부한다.

3) 호주

호주는 영유아를 위한 교육과정의 명칭을 추구하는 목표인 "belonging, being, becoming"으로 정하였다. 영유아의 학습을 최적화하는 교육과정의 핵심을 learning outcomes(교육의 목표이면서 교육과정 영역), principles(교육의 기초원리), 그리고 practices(교수의 핵심)의 세 가지 측면에서 강조하고 이를 [그림 2-2]와 같은 도표로 나타내었다. 영유아교육과정은 EYLF(Early Years Leaning Framwork), 즉 조기학습 체계를 구성하여 영유아를 위해 중요하고 시의적절한 지원을 할 수 있도록 한다. 호주의 역사적 · 지역적 특성을 반영하여 원주민과의 화합과 교육 격차를 해소하기 위해 노력하며, 영유아의 학습 및 복지, 언어 지원, 교육과정 계획-촉진-평가, 환경 질 향상, 문화적 안전성, 가족과 지역사회를 포함하는 교육과정을 지향한다(Australian Government Department of Education, 2010).

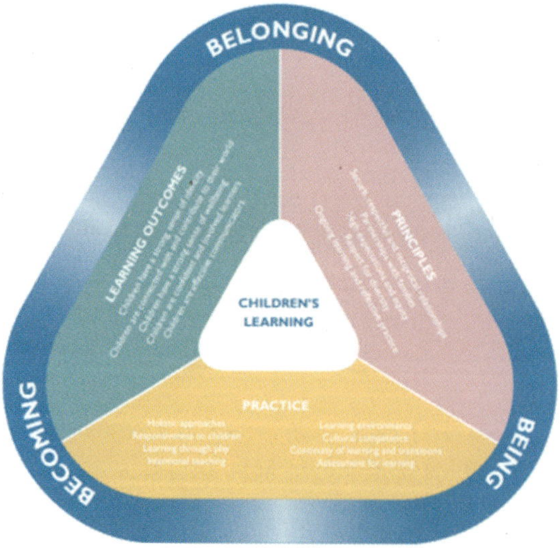

원칙(principles)
- 안정적이고, 존중하며, 상호 적 관계
- 가족과의 파트너십
- 높은 기대와 평등
- 다양성 존중
- 지속적 학습과 반성적 실제

학습 성취(learning outcomes)
- 영유아는 자아에 대한 강한 정체성을 가지고 있다.
- 영유아는 세상과 연결되고, 세상에 기여한다.
- 영유아는 웰빙에 대한 의지를 가지고 있다.
- 영유아는 자신감 있고, 학습자로서의 자질을 가지고 있다.
- 영유아는 효과적인 의사소통을 할 수 있다.

실제(practice)
- 총체적 접근
- 영유아에 대해 반응적으로 상호작용하기
- 놀이를 통한 학습
- 의도적 교수
- 학습을 촉진하는 물리적 · 사회적 환경
- 영유아와 가족의 문화적 · 사회적 맥락 고려
- 학습과 전이 간의 연속성
- 학습을 위한 평가

[그림 2-2] 호주 영유아교육과정

출처: Australian Government Department of Education(2010). p.5.

(1) 목표

호주의 영유아교육과정 목표는 “belonging, being, becoming”으로 대표된다. belonging은 어디에 누구와 속해 있는지 알기, being은 영유아 현재 삶의 중요성 인식하기, becoming은 사회에 충분히, 적극적으로 참여하기를 의미한다.

교육과정 구성 원칙은 교사와 영유아가 상호 관계 속에서 서로 존중하고, 교사는 안정적인 상호작용을 하는 것이다. 그러므로 영유아를 공평하게 대하고 평등에 대해 인식할 수 있도록 지도하는 것에 중점을 둔다. 또한, 영유아의 성취를 기대하고, 지속적인 학습과 반성적 사고과정을 위해 끊임없이 시도하는 것을 격려하며, 다양성을 존중하고 가족과의 파트너십을 통한 교육과정 운영을 지지한다.

(2) 내용 및 영역

호주의 영유아교육과정은 5가지 영역의 학습 성취(learning outcomes)를 제시하는데, 이는 교육과정 운영과 관찰의 기준이 된다. 5가지 영역의 학습 성취는 다음과 같다. 첫째, 영유아는 자아에 대한 강한 정체성을 가지고 있다. 둘째, 영유아는 세상과 연결되고, 세상에 기여한다. 셋째, 영유아는 웰빙에 대한 의지를 가지고 있다. 넷째, 영유아는 자신감 있고, 학습자로서의 자질을 가지고 있다. 다섯째, 영유아는 효과적인 의사소통을 할 수 있다.

(3) 실행 및 지원

호주의 교사 대 아동 비율은 지역마다 다르지만 가장 많은 지역에서 적용하고 있는 기준은 2세 미만 1:4, 2세 1:5, 3세 이상 1:10이다. 운영 시간은 오전 9시에서 오후 3시까지가 가장 많고, 오전 7시에서 오후 6시까지 연장하여 운영하는 곳도 있다. 또한, 종일제와 유사한 시간을 운영하면서 연장제를 추가적으로 운영한다. 일반적 운영 시간 전과 후까지 기관에 머무를 경우 연장 운영 시간에 포함한다. 초등학교 입학 전 1년 동안은 모든 유아에게 보편 교육을 제공하는데, 무상으로 제공되는 시간은 주당 15시간 또는 연간 600시간이다.

교수 · 학습을 위한 실제에서 강조할 사항은 총체적(holistic) 접근, 영유아에 대해 반응적(responsive)으로 상호작용하기, 놀이를 통한 학습, 의도적 교수, 학습을 촉진하는 물리적 · 사회적 환경, 영유아와 가족의 문화적 · 사회적 맥락 고려, 학습과 전이(transitions) 간의 연속성, 학습을 위한 평가이다.

(4) 평가

교육과정을 계획하고 학습을 지원하기 위해 형성평가를 강조한다. 또한, 가족과 관련 전문가와 함께 시간의 경과에 따른 영유아의 학습과 진보 경향을 공유한다. 교육과정의 원리와 일관성 있는 평가를 하며, 5개 학습 성취에 기반을 둔 평가를 실시한다. 지속적으로 평가하는 것과 영유아의 문화와 언어 또는 신체적/지적 능력에 적합한 평가를 하는 것을 강조한다. 평가에는 영유아, 가족, 기관, 교사가 모두 참여한다.

4) 뉴질랜드

뉴질랜드는 영유아를 위한 교육과정의 명칭을 "Te Whāriki(woven mat 짜여진 매트)"로 명명함으로써 마오이 원주민과 세계 여러 나라의 이주민으로 구성된 국가의 정체성을 강조한다. 영유아를 위한 교육과정을 운영할 때 각 기관의 맥락적 특성을 고려하는 것을 강조하기 위해 교육과정을 'whānau(짠다의 의미)'로 표현한 것이다. 이는 가정과 파트너십을 형성해서 교육의 원리와 교육과정의 영역(strand)을 그 기관에 다니는 어린이에 적합하게 구성한다는 의미이다. 영유아의 학습을 최적화하는 교육과정의 핵심을 교육의 기초 원리인 principles와 교육의 목표이자 영역인 strands로 구분하고 다음과 같은 그림으로 상징한다.

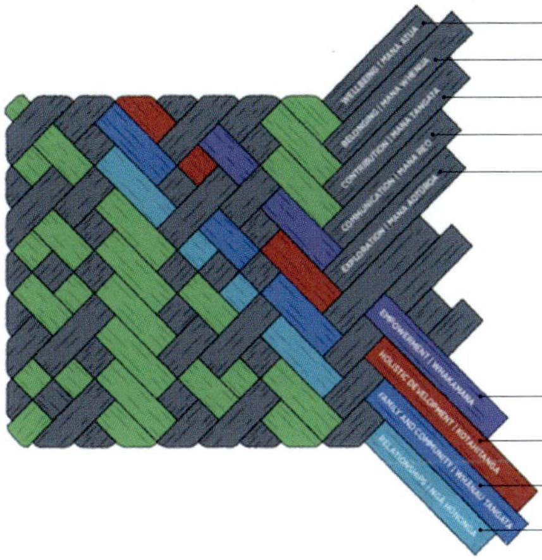

[그림 2-3] 뉴질랜드 영유아교육과정
출처: Ministry of Education, New Zealand (2017). p.11.

(1) 목표

뉴질랜드 영유아교육과정은 영역(strands)-목표(goals)-학습 결과(learning outcomes)의 3단계로 구성되어 있고, 유능하고 자신감 있는 학습자/의사소통자, 몸과 마음과 정신의 건강, 소속감, 사회에 가치 있고 기여할 수 있는 지식을 갖추는 것을 목표로 하고 있다.

(2) 내용 및 영역

뉴질랜드 영유아교육과정은 목표와 기관의 지원을 포함하는 5개의 영역(strands)으로 구성된다. 첫째, 웰빙은 영유아의 건강과 웰빙을 위해서 보호와 양육을 제공한다. 둘째, 소속(belonging)은 영유아와 가족이 소속감을 느끼도록 지원하는 것을 의미한다. 셋째, 기여(contribution)는 학습을 위한 기회가 공정하고 교육의 과정에서 각 영유아가 기여하는 것을 가치롭게 여기는 것이다. 넷째, 의사소통(communication)은 개인과 문화에 따른 고유한 언어와 상징을 보호하고, 사용하도록 격려하는 것을 의미한다. 다섯째, 탐구(exploration)는 영유아가 환경에 대한 활발한 탐색을 통해 배운다는 의미이다.

(3) 실행 및 지원

뉴질랜드의 교사 대 유아 비율은 최선 · 최소 · 법적 기준을 나누어 제시하고 있다. 2세 미만 영아의 경우에는 1:1(최선 기준), 1:5(최소 기준), 1:1~5(법적 기준)이고, 2세 이상은 1:1(최선 기준), 1:6(최소 기준), 1:1~6(법적 기준)이다. 운영 시간 측면에서는 기본적으로 4시간 이하의 시간 동안 기관에 머무르게 하고, 추가 시간이 필요한 경우는 4시간 이상 종일제를 이용한다. 6세가 될 때까지 하루 6시간(주당 최대 30시간)까지 국가 지원금을 받을 수 있으며, 95%의 영유아가 주당 20~22시간 동안 영유아교육기관에 다닌다. 이처럼 뉴질랜드는 영유아가 가능하면 가정에서 지낼 수 있는 시간을 보장하는 정책을 실천하고 있다.

교수 · 학습을 위한 기초 원리는 다음과 같다.

- Empowerment: 영유아의 학습과 성장을 위해 영유아에게 권한을 부여한다.
- Holistic development: 영유아의 학습과 성장을 위해 포괄적인 방법으로 지원하고, 영유아교육과정에서 반영한다.
- Family and community: 가족과 지역사회는 영유아교육과정에서 중요한 부분이다.
- Relationships: 영유아는 사람, 공간, 사물과의 상호작용과 상호 존중을 통하여 배운다.

(4) 평가

뉴질랜드 영유아교육과정에서 평가는 영유아가 무엇을 알고, 무엇을 할 수 있는지, 관심이 무엇인지, 어떻게 진행되고 있는지, 새로운 학습이 무엇인지 파악하는 데 목적이 있다. 교육과정의 목표와 연계된 학습 결과의 달성 여부를 평가하도록 강조하고 있는데, 교육과정 영역별 목표와 연계된 학습 성취 기준(learning outcome)에 근거한 평가가 이루어진다.

5) 스웨덴

스웨덴은 국가수준 교육과정에서 교육과정 영역을 분리해서 제시하는 국가들과는 달리, 교육과정을 우리의 총론에 해당하는 7가지의 가치(fundamental values and task of preschool)와 해설서에 해당하는 8가지의 지침(goals and guidelines)의 두 부분으로 나눈다. 스웨덴 교육과정의 특징 가운데 하나는 교육과정 영역뿐만 아니라 영유아를 대상으로 하는 교육에서 중요하다고 생각하는 가치를 설명하는 것이다. 예를 들어, 교사뿐만 아니라 기관에 속해 있는 모든 교직원의 역할을 상세하게 설명하고 이것이 영유아의 학습과 발달에 어떠한 영향을 주는지를 설명한다(Skolverket, 2019).

(1) 목표

스웨덴 영유아교육과정의 목표는 8개의 '지침'으로 표현되는데, 총론에 해당하는 7가지의 '가치'를 구현하기 위해 무엇을 목표로 삼거나 실천해야 하는지를 기술하였다. '가치'와 '지침'에 반영된 목표는 1:1로 연계되는 것도 있지만 포괄적으로 연계된 것이 더 많다. 〈표 2-4〉에 제시된 바와 같이 '가치'에 포함되는 '기본 가치'는 '지침'에 '규준과 가치'로 1:1 대응을 이루어 표현되었지만, '가치'의 '공정한 교육'은 '지침'의 8개 모두를 달성해야 이루어지기 때문에 포괄적으로 연계되는 방식으로 표현되었다.

〈표 2-4〉 스웨덴 교육과정의 구성

가치(기본 가치와 과업)	지침(목표와 안내)
• 기본 가치 • 보호, 발달, 학습 • 타인 이해와 연민 • 객관성과 포괄성 • 공정한 교육 • 유치원의 과업 • 각 유치원의 발달	• 규준과 가치 • 보호, 발달, 학습 • 영유아의 참여와 영향 • 유치원과 가정 • 전이와 협업 • 후속 조치, 평가와 발달 • 교수에 있어 유치원 교사의 책임감 • 운영자의 책임감

(2) 내용 및 영역

교육과정 영역이라는 용어를 사용하지 않고 가치(기본 가치와 과업)와 지침(목표와 안내)으로 나누어 제시하고 있다. 상세 영역은 (1) 목표와 동일하다.

(3) 실행 및 지원

스웨덴 영유아교육과정의 운영에서 교사 대 유아 비율은 국가 기준이 마련되어 있지 않고, 각 주별로 상이하다. 유치원(preschool)이나 보육시설(family day care)의 경우 1:5~6이 일반적이다. 스웨덴은 의무 교육을 7세부터 시작한다. 교수 · 학습에 관한 내용은 교육과정의 영역과 유사한 성격을 가진 유치원 과업(task of preschool)에 포함되어 서술되어 있다. 일부 발췌하여 내용을 소개하면, “총체적 관점(holistic view)에서 지도하도록 하고, 발달 · 학습 · 웰빙의 기본으로서의 놀이를 활용하며, 보호, 발달, 학습이 연계될 수 있도록 한다.”이다.

(4) 평가

평가 역시 목표와 안내(goals and guidelines)에 포괄적으로 기술되어 있다. 일부 발췌하여 내용을 소개하면 다음과 같다. “스웨덴 영유아교육과정 평가는 지속적이고 체계적이며 주기적으로 평가하고 기록하는 것을 원칙으로 한다. 교육과정의 목표에 기반을 둔 평가를 시행하며, 교육과정의 기본 가치 및 의도와의 일관성을 유지한다. 궁극적으로 평가는 교육의 향상을 위해 활용한다.”

이상 5개 국가의 영유아교육과정에 대해 목표(일반 목표 및 구성 방침), 내용 및 영역(영역별 목표 및 내용), 실행 및 지원(편성, 운영, 교수 · 학습), 평가를 기준으로 살펴본 결과를 다음과 같이 정리할 수 있다. 첫째, 교육의 일반적인 목표는 국가의 사회적 가치를 반영하는 것으로, 5개 국가의 교육과정은 교육과정 영역과 교육목표를 1:1로 연계하는 방식을 지양한다. 예를 들어, 건강 영역에 건강과 관련된 목표만을 제시하는 것이 아니라 다른 영역과 통합적으로 목표를 달성하도록 한다. 국가별로 제시한 2~4개의 일반적 교육목표는 모두 그 사회의 현시점뿐만 아니라 미래에도 성공적인 시민으로 살아가는 데 핵심적인 목표로 구성되어 있다.

둘째, 교육과정 영역이 구성되는 방식은 국가마다 다양하다. 미국의 몬태나 주와 뉴질랜드는 영역-내용 범주-내용의 3단계로 구성된 우리나라의 교육과정 영역과 유사하다. 미국 몬태나 주는 핵심 영역-하위영역-표준의 3단계로, 뉴질랜드는 영역-목표-학습 결과의 3단계로 구성되어 있다. 그 외 다른 나라의 교육과정 영역은 세부 수준을 가지고 있지 않다. 스웨덴의 경우 교육과정 영역이라는 용어를 사용하지 않고 '기본 가치와 과업'과 '목표와 안내'로 나눈다. 영국은 기초 영역과 구체적 영역으로 나누어 구성하는데, 기초 영역에는 발달의 초기에 기초가 마련되어야 하는 영역(예: 의사소통과 언어, 신체 발달, 개인, 사회, 정서 발달)을, 구체적 영역에는 기초가 마련된 후 학습해도 되는 교과와 관련된 영역을 배치한다. 호주, 뉴질랜드, 스웨덴의 경우 일반적 교육목표와 연결되면서 사회에서 강조하는 가치가 반영된 영역으로 구성되어 있다.

셋째, 실행 및 지원(편성, 운영, 교수·학습)에 대해 교사 대 유아 비율과 운영시간, 교수·학습 측면에서 살펴보았다. 먼저, 교사 대 유아 비율은 교육의 질을 보장하는 필수적인 조건이므로 모든 국가에서 교사 대 유아의 비율을 제시한다. 교사 대 유아 비율은 모든 국가에서 연령별로 다르게 제시하고 있지만, 학습자의 연령이 어릴수록 교사 대 유아의 비율이 낮다는 것이 공통적이다. 이에 더해 교육종사자의 자격(예: 영국), 지역 특성(예: 호주, 스웨덴)에 따라 다른 기준을 제시하기도 하고, 뉴질랜드와 같이 최선·최소·법적 기준을 구분한 경우도 있다. 이는 이상과 현실 사이의 조화를 찾으려는 각 나라의 노력으로 볼 수 있다.

운영 시간은 나라별로 상이하다. 미국 몬태나 주는 반일제와 종일제로 구분하여 운영하고 있고, 영국은 종일제(예: 오전 9시~오후 3시)에 가까운 시간으로 운영한다. 호주는 일반적으로 종일제와 유사한 시간을 운영하면서 연장제를 추가적으로 운영하기도 한다. 뉴질랜드와 영국은 가장 짧은 시간 동안 교육과정을 운영하여, 유아가 가능한 한 가정에서 보내는 시간을 늘리려는 정책을 사용한다.

교수 · 학습과 관련해서는 교수 원리, 교수 핵심, 기초 원리 등의 다양한 용어를 사용하는 것을 볼 수 있다. 우리나라와 유사하게 교수 · 학습에 관한 내용이 하나의 영역으로 독립되어 있는 경우도 있고, 여러 부분으로 나눠서 제시하는 경우도 있다. 스웨덴은 교육과정의 영역과 유사한 성격을 가진 'task of preschool'에 교수 · 학습에 관한 내용을 포함해서 서술하기도 한다. 각 나라별 교수 · 학습 원리는 유아교육에서 전통적으로 강조해 온 놀이에 대한 강조, 개인의 특성에 대한 고려 강조, 연령 또는 발달을 고려한 교수, 교육과정 영역 간의 상호 연계 또는 통합을 강조한다는 측면에서 공통점이 있다. 동시에 교수자의 의도성, 학습자에 대한 최대한의 권한 부여, 학습을 촉진하는 물리적/사회적 환경, 학습자에 대한 높은 기대, 반성적 사고, 보호/발달/학습의 연계 강조와 같이 현대 유아교육에서 특히 강조하는 교수 · 학습의 원리도 공통적으로 포함되어 있다.

넷째, 국가별 교육과정에서 평가는 표준을 제시하는 경우와 기본 원리만 제시하는 경우로 구분할 수 있다. 그러나 전자의 경우라 하더라도 모든 어린이가 표준에 도달하도록 교육하는 것은 아니다. 미국 몬태나 주의 경우 유아 평가와 프로그램 평가를 하도록 규정하고 있고, 영국은 연령에 따라 평가의 초점을 달리하도록 제안한다. 호주와 스웨덴의 경우 평가의 기본 원칙만 제시한다. 스웨덴은 교육과정의 영역과 유사한 성격을 가진 '지침(목표와 안내)'의 일부분에 포함되어 있다. 뉴질랜드는 교육과정의 목표와 연계된 학습 결과가 달성되었는지를 평가하도록 강조하고 있는데, 이는 호주의 교육과정에서도 언급된 5개의 결과에 기반을 둔 평가와 유사하다.

2. 영유아를 위한 프로그램

영유아를 위한 교육과정이나 프로그램은 국가별 맥락과 필요 등 사회적 기초에 따라 결정되기도 하고, 특정 유아교육 사상가 및 발달심리학자의 이론적 관점이 근거가 되기도 한다. 철학적 기초가 같더라도 심리학적 기초에서 어떤 관점을 강조하는가에 따라 교수 · 학습 방법이나 환경 및 교사의 역할이 차별화되기도 한다. 영유아교육과정의 프로그램은 철학적 · 사회적 · 심리적 기초를 중심으로 다양하고 복합적인 양상을 보일 수 있다. 하나의 프로그램 안에 다양한 철학적 · 사회적 · 심리적 기초가 포함될 수도 있고, 공통된 철학적 · 심리적 기초를 가지고 있다 하더라도 사회적 맥락에 따라 다양한 형태를 가질 수 있다. 각 프로그램은 고유한 특성을 가지지만 〈표 2-5〉와 같이 공통적인 유아교육 원리를 지향하기도 한다. 가령 레지오 에밀리아 접근법과 크리에이티브 교육과정에서는 프로젝트 접근법을 활용하는 공통점을 가지나, 교사의 역할 측면에서는 다소 차이점을 보인다. 본 장에서는 교육과정의 기초를 중심으로 다음의 5가지 프로그램에 대해 살펴보고자 한다. 전통적으로 우수성을 인정받아 온 몬테소리 프로그램 및 발도르프 접근법과 OECD가 선정한 5가지 유아교육과정 중 하이스코프 교육과정과 레지오 에밀리아 접근법에 대해 알아본 후, 유아교육의 총체적 원리를 반영한 크리에이티브 교육과정에 대해 마지막으로 살펴보고자 한다.

〈표 2-5〉 영유아교육 프로그램의 특성

특성 프로그램	영유아를 보는 관점	물리적 · 사회적 환경	교수 · 학습 방법	교사의 역할
몬테소리 프로그램	• 아동중심	• 준비된 환경 • 개별 공간과 학습	• 작업활동 • 감각교육	• 관찰자, 안내자
레지오 에밀리아 접근법	• 아동중심	• 아틀리에 • 교사-부모-지역사회 파트너십	• 교사-유아 협력적 교육과정 • 놀이와 흥미에 반응 • 프로젝트 접근법	• 교육적 기록 작업 • 관찰자로서의 교사
발도르프 접근법	• 아동중심	• 보호적 환경 • 개방적 자연물 제공	• 발달 단계에 따른 교육 • 또래 협력과 놀이 감각 • 모방의 원리	• 교사의 본보기와 모범
하이스코프 교육과정	• 능동적 학습자인 영유아	• 자유선택적인 능동적 학습환경	• 놀이 • 능동적 학습	• 파트너로서의 교사 지원 • 유아 관찰, 기록을 통한 발달 평가
크리에이티브 교육과정	• 전인아동 • 개인차 존중 • 개별 학습	• 발달 목표, 전략, 단계별 과업 제시	• 놀이 • 자기 선택활동 • 프로젝트 접근법	• 발달 단계에 맞는 교사 지원

1) 몬테소리 프로그램(Hyson, 2008; Montessori, 2013)

(1) 배경

마리아 몬테소리(Maria Montessori)는 1907년 이탈리아 로마에서 빈민 유아를 대상으로 어린이의 집(Casa dei bambini)을 창설하였고, 정신지체아를 대상으로 하는 프로그램을 개발하였다. 몬테소리 프로그램은 1900년대 초기에 미국으로 전파되어 교구와 교육철학 측면에 있어서 유아교육 분야에 영향을 미치게 되었다.

몬테소리 프로그램은 전통적인 기술적 · 과학적 · 실증주의적 철학적 관점보다는 비기술적 · 비과학적 · 영유아를 중심으로 한 철학을 기초로 한다. 몬테소리는 영유아를 스스로 성장하고자 하는 내적 생명력을 가지고 있는 자유로운 존재로 인정하고, 영유아는 내부에 잠재된 흡수 정신을 통해 환경과 상호작용하여 스스로 경험하는 특성이 있으며, 특정 행동과 기술을 가장 잘 배울 수 있는 민감기를 가진다고 설명한다.

몬테소리 프로그램은 학습자인 영유아를 스스로 발달해 갈 수 있는 능동적인 존재로 인식한다는 점에서 아동중심적인 철학에 기초하고 있다고 볼 수 있다. 감각을 사용하는 인지 활동과 교구와 상호작용하는 자기활동을 통해 발달하고 학습한다는 점에서 인지주의적 심리학에 기초하고 있다고 볼 수 있다.

(2) 목표

몬테소리 프로그램의 교육목표는 영유아의 최적의 발달이 이루어지는 정상화에 두며, 교육내용은 일상생활훈련, 감각교육, 수학교육, 언어교육, 문화교육을 포함한다. 감각은 인지과정의 시작이자 통로로 사물을 비교하거나 통합하는 훈련을 통해 수학적 · 언어적 · 물리적 특성을 학습할 수 있게 된다.

(3) 교육과정

몬테소리의 철학은 고등학교 시기에 이르기까지 아동발달의 전체를 다루었지만,

특히 영유아 시기는 이후 시기를 준비할 수 있는 것뿐만 아니라 그 자체로 매우 중요하다고 보았다. 영유아기는 특별히 열망하고 열정이 가득한 시기이며 발달 과업을 마스터할 수 있는 '민감기(sensitive periods)'이므로 영유아의 존엄성을 인식하고 자발적인 활동을 통해 발달할 수 있도록 지원해야 한다고 주장하였다(Crain, 2011; Rathunde, 2001).

몬테소리는 놀이가 아닌 작업 활동을 통한 자동교육으로 스스로 배울 수 있기 때문에 준비된 환경 속에서 영유아가 자유롭게 선택한 교구를 가지고 스스로 자기 속도에 맞춰 작업 활동을 해 나감으로써 성장 · 발달한다고 보았다. 따라서 영유아는 몬테소리가 고안한 스스로 실수나 오류를 수정할 수 있는 교구를 교사가 준비한 환경 속에서 교구, 교사, 유아와 상호작용하는 방법을 통해 학습한다. 몬테소리 프로그램에서 교사는 탐색, 선택, 독립적인 학습을 할 수 있는 준비된 환경을 통해 영유아를 안내할 수 있어야 하기 때문에 환경을 준비하고, 관찰하며, 안내할 수 있는 역할이 강조된다.

(4) 평가

몬테소리 프로그램에서는 각 영유아의 고유한 특성을 인정하고 능력과 기술을 평가하는 교사의 역할을 중시한다. 교사 관찰, 개별 영유아 포트폴리오, 작품 해석 등 신체적이고 정신적인 기술을 개발할 수 있는 매체를 사용하여 영유아의 반응을 경청한다(DeLuca & Hughes, 2014).

2) 레지오 에밀리아 접근법(Edward, Gandini, & Forman, 2012)

(1) 배경

레지오 에밀리아 접근법(Reggio Emilia Approach)(또는 레지오 접근법)은 제2차 세계대전 이후 이탈리아 북부에 위치한 레지오 에밀리아 시에서 로리스 말라구치(Loris Malaguzzi)(1920~1994)의 주도로 시작해서 지금까지 이어지고 있는 교육 공동체이다. 레지오 에밀리아 시는 시민 공동체 의식이 매우 높은 곳으로, 사회적 연대, 호혜주의, 협력을 중시하는데, 이런 분위기가 레지오 에밀리아 접근법에도 스며들어 있다. 레지오 에밀리아 접근법은 1981년부터 시작된 '어린이들의 수많은 언어' 전시회와 1991년 『뉴스위크』지에 최고의 세계 10대 프로그램으로 선정된 이후 전 세계의 주목을 받기 시작했다.

레지오 접근법은 사회복지와 교육의 개념이 결합한 것으로 다양한 사회경제적 · 문화적 · 교육적 배경 또는 장애를 가진 영유아가 완전통합교육에 참여하고 있다. 레지오 에밀리아 시는 예산의 14% 이상을 책정하여 4개월~2세 영아가 다니는 영유아센터와 3~6세 유아가 다니는 유아학교 30여 개의 기관을 운영하고 있다.

(2) 목표

레지오 에밀리아 접근법의 주요 목표는 다음과 같다. 첫째, 교육과정에서 영유아의 권리와 가치에 중점을 둔 학습경험을 수행하는 것이다. 유능하고, 비판적이고, 활동적인 영유아의 비전을 가지고 풍요롭고 지지적인 환경에서 주변 세계를 만지고, 움직이고, 듣고, 보고, 맛보고, 발견하고, 탐험할 수 있도록 환경을 조성한다 (Edwards, Gandini, & Forman, 2012). 둘째, 교사는 지식이 풍부하고 전문적인 연구가(researcher)로서 이론과 실천을 학습, 실행, 반성하는 적극적인 역할을 수행한다(Olsson, 2009). 셋째, 교사, 영유아, 학부모 및 지역사회가 학습 프로그램에 동등한 참여자가 되는 교육 파트너십에 초점을 맞춘다. 레지오 에밀리아 기관은 공동문화 공간으로 개방되어 있고, 학부모 및 지역사회 구성원은 주요 의사결정에 함께 참여하고 지역 의회에 보고하는 자치위원회에 속해 있을 정도로 온 마을이 영유아의 교육과 성장을 위해 시간과 공간을 공유하고 있다(Edwards, 2003).

(3) 교육과정

진보주의 교육이념이 높은 수준에서 구현되었다고 평가받는 이 접근법은 다음과 같은 특징을 가지고 있다. 첫째, 유능한 어린이에 대한 이미지이다. 레지오 에밀리아 접근법에서 어린이는 능력이 있고, 발달 속도, 기질, 관심 분야, 인지적 스타일과 전략 등에서 개인적인 특성이 다르며, 주도적으로 학습하고, 협력과 호혜적 상호작용이 가능한 존재이다. 둘째, 부모-기관-지역사회는 피상적이거나 표면적인 협력이 아닌 시스템에 녹아 있는 협력을 한다. 셋째, 교사는 영유아와 공동으로 지식을 구성하고, 놀이를 이해하고 촉진하며, 유능한 유아를 지원하고, 유아를 관찰해서 기록하는 연구자의 역할을 한다. 넷째, 페다고지스타(pedagogista)로 불리는 교육조정관은 시의 전체 유아교육 서비스의 질을 보장하고 일관되게 유지하는 역할과 교사의 전문성 발달을 촉진하는 역할을 한다. 다섯째, 예술을 전공한 전문가인 아틀리에리스타(atelierista)는 아틀리에(atelier)라는 공간에서 어린이가 다양한 자료와 재료를 사용해서 자신의 생각을 상징적으로 표상하도록 도와준다. 여섯째, 교육적 기록작업(pedagogical documentation)은 교육적인 과정을 관찰하고 가시화해서 대화, 해석, 논쟁, 변형, 발전하게 하는 작업이다. 일곱째, 제3의 교사로서의 환경은 단순한 물리적 환경이 아니라 영유아에게 분위기, 의도, 가능성 등을 전달하는 교사의 역할을 한다. 마지막으로 관심 있는 영유아가 참여하여 장단기로 탐구하는 과정인 프로젝트를 적극적으로 활용하는 것이 다른 교육적 접근법과 구별된다.

(4) 평가

레지오 에밀리아 접근법에서는 프로젝트 접근법(project method)을 활용한다. 교사는 영유아의 프로젝트 과정에 대해 관찰하고 기록한 다음 읽고 해석한다. 영유아가 교사와 함께 만든 포트폴리오는 학교 시스템을 통해 기록되고 학부모 및 지역사회에 공유된다. 이 과정에서 영유아의 작품은 발달의 기록물이자 교사의 해석이 포함된 평가 결과물로 전시된다.

3) 발도르프 접근법(김훈태, 2016; 정윤경, 2004)

(1) 배경

발도르프 접근법(Waldorf approach)은 1919년 독일 슈투트가르트에서 루돌프 슈타이너(R. Steiner)라는 철학자에 의해 시작되었다. 슈투트가르트의 독일 월도프-아스토리아 담배 공장의 노동자들은 슈타이너와 협력하여 자연환경을 탐험하면서 자연스러운 발달을 지향하는 '자유 학교(The Free Waldorf School)'를 만들었다(Nordlund, 2013). 발도르프 접근법은 점점 더 기계화되고 있는 세계에서 인간의 잠재력을 개발할 수 있는 기회를 제공하며, 인류의 과학과 어린이들의 영적 본질에 초점을 둔다. 또한, 유치원에서 고등학교에 이르기까지 연계되어 운영된다(Edwards, 2002).

(2) 목표

발도르프 프로그램은 슈타이너의 인지학(anthroposophy)을 바탕으로 하고 있으며, 신체-정신-영혼의 조화로운 교육을 강조하고, 자연과 감각학습 및 상상력의 연결이 중요한 특징이 된다. 발도르프 접근법은 아동중심의 철학을 바탕으로 영유아를 신체 · 영혼 · 정신의 통합체로 이해하여 전인 교육을 목적으로 신체와 정신이 조화롭고 균형 잡힌 발달을 실현하는 것을 강조한다.

(3) 교육과정

발도르프 접근법은 인간의 발달을 점진적인 것으로 보며, 유아기(출생~7세), 아동기(7~14세), 청년기(14~21세) 등 3단계로 구분한다. 발도르프 접근법은 각 발달단계에서 아동이 직면하는 신체적 · 정서적 · 지적 발달 과제를 지원하는 것을 중요하게 여긴다. 출생부터 7세까지의 유아기에는 감각기관으로서의 몸과 몸에 의한 모방과 시범을 통한 교육을 강조한다. 유아기의 교육 원리는 감각의 원리, 기질의 원리, 모방의 원리, 리듬과 질서의 원리를 포함한다. 감각의 원리란, 영유아가 자신의 신체 감각을 통해 받아들인 지각에 의존하여 모방하고 학습함을 의미하며, 기질의 원리란, 같은 기질을 가진 영유아들끼리 집단을 구성하여 활동하는 것으로 교사는 영유아의 기질을 고려하여 교육하는 것을 의미한다. 모방의 원리는 영유아가 출생부터 가지고 태어나는 모방을 통한 학습능력을 의미하는 것으로, 성인과의 관계 속에서 성인의 행위와 존재를 감각체험을 통해 영향을 받으므로 교사는 의미 있는 행동을 실천하여 모델링을 하는 것이 중요하다. 리듬과 질서의 원리란, 인간의 삶은 신체적 · 정신적 리듬을 포함하며 영유아는 규칙적인 리듬을 통해 삶의 원리를 배운다는 의미로, 영유아를 위한 공간적 · 시간적 측면에서 정리된 환경과 일관성 있는 패턴을 가진 일과를 제공하는 것이 중요하다.

발도르프 접근법의 내용은 신체와 정신 및 영혼의 조화를 통한 전인교육을 위해 다양한 예술교육, 스토리텔링, 집단 활동을 포함한다. 발도르프 접근법은 영유아를 존중하고 개별적 이해를 위해 노력하며, 상상하고 조작하며 놀이할 수 있는 개방적이고 자연적인 자료와 심미적인 환경, 또래와 사회적 상호작용을 경험할 수 있는 놀이와 작업 기회, 경험을 통한 교육과 주기적인 일상 활동, 영유아기 동안 혼합연령학급 연속 담임제 등의 구체적인 내용을 담고 있다. 발도르프 접근법은 개별 영유아의 성장과 요구에 귀를 기울이는 아동중심의 철학적 기초를, 슈타이너의 인지학적 이해를 적용하여 발달 단계에 따른 성장과 학습을 강조하는 발달적 접근과 또래와의 놀이를 통한 협력적 기회를 강조하는 구성주의 심리적 기초를, 20세기 초 제1차 세계대전 이후 사회 복구가 절실하고 노동자 자녀를 위해 대안교육을 할 수 있는 학교가 필요했던 독일의 시대 · 상황적 맥락과 같은 사회적 기초를 반영한다고 볼 수 있다.

(4) 평가

발도르프 접근법에서의 유아 평가 및 교육과정 평가는 관찰을 통해 이루어진다. 발도르프 교사는 밀접하고 세심하게 개별 영유아를 관찰하며, 전체적(holistic) 관점에서 평가한다. 영유아를 집중적으로 관찰한 뒤 '도움의 질문(helping question)'을 통해 영유아의 관점과 생각을 파악하고 해석할 수 있다. 발도르프 접근법의 평가는 문서 작업을 넘어서는 물리적이고, 대화를 통해 문답하고, 놀이 기반으로 이루어지는 생생한 평가이다. 평가를 통해 교사의 교수(instruction)와 영유아의 학습(learning)을 개별적으로 지원할 수 있다는 측면에서 의의를 갖는다(DeLuca & Hughes, 2014).

4) 하이스코프 교육과정(OECD, 2004; Highscope, 2021)

(1) 배경

하이스코프 교육과정(HighScope curriculum)은 1960년대 페리 유아원 프로젝트(Perry preschool project)를 위해 개발된 교육과정으로 유아의 자연스러운 발달에 교육적 기초를 둔 모델이다. 심리학자인 와이카트(David Weikart)의 연구와 Perry 학교 교장의 지원에 따라 학교에서 실패할 위험 요인이 있는 123명의 미취학 유아를 무작위로 두 집단으로 분류하였고, 실험집단은 하이스코프 교육과정을 적용하여 질 높은 유아교육 프로그램에 참여하게 하였다. 이후 하이스코프 교육연구재단(HighScope Education Research Foundation)은 유아교육을 받지 않은 비교집단과 실험집단을 비교하여 종단 연구를 지속하였는데, 미취학 유아였던 참여자들이 40세에 이르기까지 장기적인 추적 연구를 실시한 결과 양질의 유아교육에 투자하는 것이 유아와 가족에게 긍정적인 결과를 낳는다는 것을 검증하였다.

(2) 목표

하이스코프 교육과정은 유아의 강점에 초점을 맞추는 능동적 학습(active learning)을 지향하는 교육과정으로, 피아제의 발달이론에 기초하여 개발되었다. 유아중심, 놀이중심 연구에 기반하여 교육과정이 구성되어 있으며, 유아는 유목적적 놀이를 통해 탐색 및 상호작용을 원활히 하고 창의적인 상상력을 기를 수 있다. 교사는 각 유아의 발달 단계에 맞게 학습을 지원하고 확장시켜 줌에 따라 유아의 참여를 독려하고 준비도를 향상시킬 수 있다. 유아가 능동적 학습을 할 수 있도록 기관은 부모 및 다른 가족 구성원과 협력하여 교육과정을 운영한다. 교육과정 운영에 대해 가족에게 안내하여 유치원에서의 학습이 가정으로 연계될 수 있도록 권장하며, 부모 및 가족 참여가 활발히 이루어질 수 있도록 지원한다. 유아기 발달을 돕기 위하여 창의적 표상, 언어와 문해, 주도성과 사회적 관계, 동작과 음악, 논리적 추론의 5가지 범주에 따라 58개의 핵심 경험과 전략을 제공한다. 이를 토대로 교사는 하루 일과를 계획-실행-평가 주기(plan-do-review sequence) 구성하며, 유아가 적극적으로 학습하고 놀이할 수 있도록 지원한다. 교사의 역할은 관리자나 감독자가 아닌 파트너로서 유아의 활동에 참여하며, 무엇보다 유아를 존중하는 태도로 대하는 것이 중요하다.

(3) 교육과정

하이스코프 교육과정은 영아교육과정(infant-toddler curriculum)과 유아교육과정(preschool curriculum)으로 구성된다. 먼저, 영아를 위한 교육과정은 교사가 영아와 맺는 신뢰가 깊은 관계를 중시한다. 교사는 영아가 주변 세계를 탐색하고 스스로 발견할 수 있도록 풍부한 환경을 제공하고 모든 영역에서 최적의 발달을 지원하도록 설계된 경험을 제공하며, 교사-영아 상호작용 측면에서 영아의 개별적 요구 및 기질을 바탕으로 민감한 보육을 제공한다. 교사는 언어적 · 비언어적 의사소통을 통해 온정적인 상호작용을 제공하며, 영아의 선택을 존중하고 격려하여 스스로 발달할 수 있도록 놀이와 활동에 참여시킨다. 또한, 안전하고 편안한 물리적 공간을 제공하고 변화하는 발달 요구와 관심을 유연하게 반영하여 환경을 구성한다. 더불어 영아 스스로의 방식으로 접근하고 탐색하며 놀이할 수 있도록 다양한 감각운동 자료를 갖춘다. 개별 영아의 자연스러운 리듬과 기질을 수용하기 위하여 규칙적인 일과를 계획하고 유연하게 운영한다. 반복적인 일상생활을 통해 교사-영아의 신뢰 관계를 강화하고, 영아가 독립적으로 타인 및 환경과 상호작용할 수 있도록 돕는다. 하이스코프 교육과정에서는 지속적으로 영아와 프로그램에 대해 평가하는 것을 중시한다. 객관적인 관찰을 통해 교사는 유연하게 학습을 확장하고, 영아가 알고 있는 것을 파악한 뒤 지원함으로써 개별/집단 영아의 관심사를 반영하고 적합한 비계 설정을 할 수 있다.

다음으로 유아교육과정은 학습자 스스로 결정을 내리고 역량을 키우는 과정을 통해 사회적 · 정서적으로 발전하고 공동체의 일원으로 참여할 수 있도록 지원하는 것에 중점을 둔다. 능동적 학습은 놀이, 활동, 상호작용에서 자연스럽게 이루어지고 이 과정에서 유아는 지식을 습득할 수 있다. 교사는 교사-유아 상호작용 측면에서 유아의 학습을 촉진하기 위해 언어 및 비언어적으로 소통하며 파트너 역할을 수행한다. 교사는 주도적으로 문제를 해결할 수 있도록 의사결정 과정에 참여시키고, 놀이를 촉진하고 확장할 수 있는 적절한 비계 설정을 제공하며, 유아가 예측 가능하고 적극적으로 탐색할 수 있는 환경을 제공하기 위해 교사는 다양하고 개방적 자료를 준비해 주어야 한다. 또한, 능동적 학습을 촉진할 수 있는 공간을 구성하고 놀잇감을 배치하여 주도적으로 놀이할 수 있도록 지원하고 하루 일과 내에서 다양한 경험과 학습 기회가 균형 있게 제공될 수 있도록 고려한다. 규칙적이고 일관된 체제로 구성된 일과에서 유아는 개별 놀이와 또래 간 놀이, 대 · 소집단 활동, 정리정돈, 식사, 자조 기술 발달, 대 · 소근육 활동 등에 참여한다. 하이스코프 교육과정 일과 운영의 핵심은 계획-실행-평가 주기로, 유아가 스스로 무엇을 할 것인지에 대한 결정을 내리고 수행하며 이 과정에서 성인 및 또래 유아들과 함께 활동을 하도록 격려한다. 이러한 높은 수준의 사고 능력은 향후 학교와 생활에서 성공하는 데 필요한 능력을 향상시켜 준다. 교사는 유아가 자연스럽게 놀이하는 상황에서 일화 기록을 통하여 객관적인 자료를 수집한다. 유아가 어떻게 학습하고 놀이하는지 평가하고 의미 있는 학습경험을 계획하는 데 활용한다.

(4) 평가

유아 관찰 기록(Preschool Child Observation Record: COR)을 활용하여 유아의 발달적 성장을 평가하고 기관에서는 프로그램 평가를 실시하여 주기적으로 질을 검증한다.

5) 크리에이티브 커리큘럼(Teaching Strategies, 2011; 2021)

(1) 배경

크리에이티브 커리큘럼은 1988년 Teaching Strategies(2011)에서 유아교육 전문가들의 연구를 통해 개발되었다. 유아교육 전문가들은 영유아가 어떻게 해야 가장 잘 배울 수 있을지, 교사가 잘 가르치기 위해 알아야 할 것은 무엇인지 지속적으로 연구하였고, 현재 미국 전역 유아교육기관에서 가장 많이 활용되는 교육과정 중 하나이다. 영유아 관련 심층적 연구에 기반하고, 지속적으로 현장의 사례를 수집하여 연구를 통해 효과를 실증하고 있다. 특히, 교육과정을 운영하는 방법과 교수 · 학습 전략을 매우 체계적이고 구체적으로 제시하고 있어 교사가 사용하기 쉽다는 장점을 가지고 있다.

(2) 목표

영유아의 발달과 학습을 효과적인 방법으로 증진하고자 하는 데 목표를 두고 있다. 영유아 전체 시기에서 사회 · 정서, 신체, 언어, 인지, 문해, 수학, 과학과 기술, 사회 학습, 예술 등 영역에서 성장과 진보를 위해 노력한다.

(3) 교육과정

크리에이티브 커리큘럼은 사회 · 정서 발달, 신체 발달, 언어 발달, 인지 발달에 각 목표와 전략 및 단계별 과업을 제시하여 교사가 유아의 현재 단계를 진단하고 지원할 수 있도록 구성되어 있다. 또한, 사회, 과학, 문해, 예술 등 각 교과에서의 목표와 전략 및 연구결과에 기반한 다양한 사례를 제시하여 교사의 이해를 돕는다.

크리에이티브 커리큘럼에서는 유아는 모두 다 다르고, 다르게 배우는 특성을 가지고 있다고 인정한다. 유아는 탐구하고, 탐색하며, 놀이할 때 진정으로 배움이 이루어지므로 교사는 유아의 효과적 학습을 위해 적극적으로 지원해야 한다는 교육 철학을 가지고 있다.

2세 이하 영유아를 위한 교육과정에서는 영아의 일상생활이 규칙적이고 적합하게 이루어질 수 있도록 교사의 지원을 강조하며, 영아기에 맞는 의미 있는 학습경험이 이루어지도록 교사가 현재 영아의 발달 단계를 파악하고 지원하는 방법을 제시한다. 예를 들어, 0~1세의 영아는 성인과 안정적인 애착을 나타내는 것이 중요한 과업으로, 친숙한 성인이 위로해 주면 쉽게 달래지고 안정되는 모습을 보인다. 교사가 지속적으로 신뢰를 주고 애착 형성을 위해 노력한다면 새로운 사물이나 공간을 탐색할 때 격려받기 위해 교사를 쳐다보는 행동을 보이며 점차 관계를 공고하게 형성할 수 있다.

3~4세 유아를 위한 교육과정에서는 향후 학교생활과 앞으로 성인으로서의 삶을 준비할 수 있도록 사회·정서 발달, 신체 발달, 인지 발달, 언어 발달의 모든 영역이 조화롭게 균형을 맞추며 발달적으로 적합한 전인아동 교육을 지향하고 있다. 5세 유아를 위한 교육과정에서는 깊이 있는 탐구를 위해 프로젝트 접근법을 활용한다. 교사는 프로젝트를 통해 유아가 비판적으로 생각하고, 문제를 해결하고, 여러 생각들을 연결하도록 격려하고, 일상생활 속에서 통합시키도록 지원하는 역할을 한다.

(4) 평가

크리에이티브 커리큘럼에서 평가는 자연스러운 상황에서 관찰하고 의미 있는 순간(moment)을 포착하여 발달적으로 적합한 단계(Developmentally Appropriate Milestones)를 기반으로 개별 유아의 필요와 요구를 파악한다. 평가 결과를 교육과정에 반영하여 영유아를 지원하고, 가정과 연계하여 교사의 지원 영역이 강화될 수 있도록 노력한다. 다음의 〈표 2-6〉은 '사회극놀이 속에 참여하기' 사례를 제시한 것으로, 각 연령별로 과도기 영역을 표시하여 영유아의 발달 속도에 차이가 있음을 강조한다. 4세 유아(파란색)가 사회극놀이를 위해 시나리오를 구상하고 소품을 사용하기 시작했다면, 교사는 유아들과 협의하여 놀이가 확장되고 시나리오가 정교화될 수 있도록 환경 구성과 소품을 추가할 수 있다.

〈표 2-6〉 사회극놀이 속에 참여하기

단계	0	1	2	3	4	5	6	7	8	9
수준별 내용			• 놀이하는 동안 다른 사람들의 행동을 모방한다. • 소품을 진짜 물건처럼 사용한다. – 장난감 전화기를 귀에 댄다. – 인형을 담요로 감싼 후 흔든다.		• 친숙하거나 상상적인 시나리오를 연출한다. • 어떤 것을 표상하기 위해 소품을 사용할 수 있다. – 머핀 통에 구슬을 넣고 오븐에 통을 놓아두고 "누구 컵케이크 먹을 사람?"이라고 질문한다. – 짧은 밧줄을 소방호스처럼 사용한다.		• 가장놀이 동안 두 명 이상의 아이들이 상호작용을 한다. • 역할을 맡기거나 가정하고 행동에 대해 논의한다. • 10분까지 놀이 시나리오를 유지한다. – 버스 운전자인 척한다. "너는 승객이 될 수 있어. 네 티켓을 나에게 줘. 거스름돈 줄게."라고 다른 아이들에게 말한다.		• 계획하고 복잡한 역할놀이에 참여하며 협상한다(negotiates): 역할과 행동에 대한 세부적인 대화에 참여하고 놀이를 며칠 이상 확장할 수 있다. – 수의사에게 개를 데려가는 구체적인 놀이에 참여하고, 역할을 맡기고, 역할을 바꾸고, 소품을 만들고, 매일 놀이를 변화시켜 나간다.	

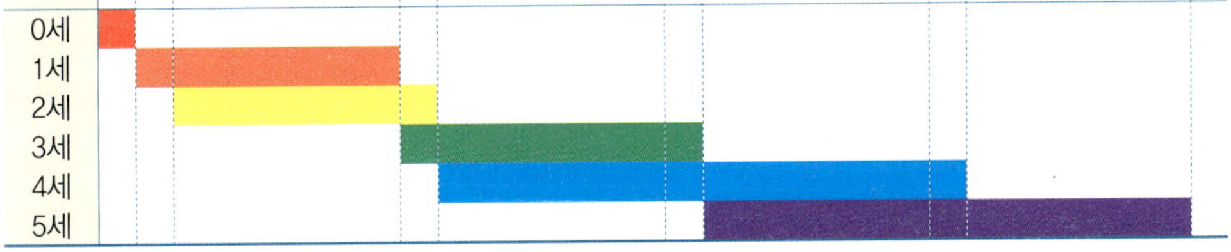

활 · 동

* 세계 여러 나라의 국가수준 교육과정과 우리나라의 2019 개정 누리과정을 목표, 내용 및 영역, 실행 및 지원, 평가 측면에서 비교해 보자. 우리나라와 가장 유사한 또는 가장 상이한 국가의 교육과정은 무엇인가?
* 영유아를 위한 프로그램 중 우리나라의 2019 개정 누리과정과 가장 유사한 또는 가장 상이한 프로그램은 무엇인지 생각해 보고, 그 이유에 대해 설명해 보자.

제 03 장

우리나라의 영유아교육과정

학·습·목·표

1. 유치원 교육과정의 변천을 다양한 측면에서 이해하고, 1차부터 현재의 교육과정 간 공통점과 차이점을 찾아볼 수 있다.
2. 유치원 교육과정이 다양한 측면에서 변화한 이유를 이해하고 역사를 관통하는 흐름을 파악할 수 있다.
3. 어린이집 표준보육과정의 변천을 다양한 측면에서 이해하고, 1차부터 현재까지 표준보육과정 간 공통점과 차이점을 찾아볼 수 있다.
4. 어린이집 표준보육과정이 다양한 측면에서 변화한 이유를 이해하고 역사를 관통하는 흐름을 파악할 수 있다.
5. 유치원 교육과정과 어린이집 표준보육과정 간 공통점과 차이점을 이해할 수 있다.

우리나라 영유아교육과정은 1969년 처음 제정된 '국가수준 유치원 교육과정'과 2007년 처음으로 고시된 '어린이집 표준보육과정'으로 대표할 수 있다. 제1차 유치원 교육과정은 우리나라에 유치원이 설립된 지 70여 년이 지나고, 1949년 「교육법」이 제정된 지 20여 년이 지난 1969년에 처음으로 제정되었고, 9차례 개정이 이루어져 현재는 2019 개정 누리과정이 적용되고 있다. 영유아교육과정의 개정은 철학적 · 사회적 · 심리적 변화에 따라 이루어졌는데, 유아교육 분야의 이론에 영향을 받거나 정치적인 이유 또는 초등교육과정 개정에 발맞추어 이루어지기도 하였다. Beyer와 Apple(1998)은 교육과정 구성 시 고려할 사항으로 사회문화적 맥락, 정책적 검토, 경제적 요소, 이데올로기적 가치, 윤리 · 도덕적인 정당성, 그리고 역사적인 고찰이 필요하다고 하였다. 특히, 역사적인 고찰은 과거 교육과정을 돌아보고 반성하여 차후 교육과정 구성을 위한 주춧돌이 될 수 있어 필수적이라고 강조하였다. 따라서 본 장에서는 영유아교육과정의 변천과 역사를 유치원 교육과정과 어린이집 표준보육과정 측면에서 살펴보고자 한다.

1. 유치원 교육과정의 변천

우리나라 국가수준의 유치원 교육과정은 줄곧 '전인아동'을 궁극적인 교육의 목표로 삼고 유아의 건강한 발달과 유익한 변화를 위해 여러 연구기관에서 개정을 담당해 왔다. 1차와 2차는 문교부 편수관이 개발 및 개정하였고, 3차와 4차는 한국교육개발원에서 개정을 주도하였으며, 5차와 6차는 한국유아교육학회 주도하에 개정하는 등 점차로 유아교육 전문성을 강화하고자 노력하였다. 먼저, 유치원 교육과정의 전반적인 역사에 대해 알아보고, 다음으로 목표, 영역, 실행 및 지원, 평가의 각 체계별 변천에 대해 살펴보겠다.

1) 유치원 교육과정의 역사

우리나라 유치원 교육과정은 1969년 처음 제정된 이후 9번의 개정이 이루어졌다.

유치원 교육과정 역사의 개요를 명칭, 자료 구성, 주요 특성의 세 가지 측면에서 요약하면 다음의 〈표 3-1〉과 같다.

〈표 3-1〉 유치원 교육과정의 변천 개요

<table>
<tr><th>차수(연도)</th><th>공식 명칭</th><th>자료 구성</th><th>주요 특성 및 배경</th></tr>
<tr><td>1차(1969)</td><td rowspan="6">유치원 교육과정</td><td rowspan="2">총론</td><td>• 최초의 유치원 교육과정</td></tr>
<tr><td>2차(1979)</td><td></td></tr>
<tr><td>3차(1981)</td><td rowspan="4">해설서
지도서(총론/교사용)</td><td>• 처음 외부 기관 위탁(행동과학연구소)
• 처음 상급학교 개정과의 연계성 확보 노력
• 「유아교육진흥법」(1982년)</td></tr>
<tr><td>4차(1987)</td><td></td></tr>
<tr><td>5차(1992)</td><td>• 3세 유아 취원 가능: 3세 유아 교육지침 제공(1991. 12. 31. 「교육법」 개정)
• 종일반 운영 시작
• 수준별 교육내용 제시 시작
• 생활기록부 장부화(1994년)</td></tr>
<tr><td>6차(1998)</td><td>• 「유아교육법」 제정(2004년)</td></tr>
<tr><td>(7차) 2007</td><td>(2007 개정)
유치원 교육과정</td><td>해설서(총론)
지도서(총론/교사용)</td><td>• 1주기 유치원 평가 시작</td></tr>
<tr><td>(8차) 2011</td><td>5세 누리과정
유치원 교육과정</td><td>해설서(총론)
5세 지도서(교사용)
5세 누리과정 지침서(교사용)</td><td>• 5세 누리과정
(유치원/어린이집 공통 과정)
• 유치원 교육과정(3-4세 교육과정)</td></tr>
<tr><td>(9차)
2012/2015</td><td>3-5세 연령별
누리과정</td><td>해설서(총론)
3-5세 지도서(교사용)
3-5세 연령별 누리과정 지침서(교사용)</td><td>• 3-5세 유치원/어린이집 공통 과정
• 2012: 3-4세 누리과정 추가
• 교육과정이 연령별로 제시됨
• 2015: 운영 시간만 변경
(3~4시간 → 4~5시간)</td></tr>
<tr><td>(10차)2019</td><td>2019 개정
누리과정</td><td>해설서
놀이이해자료
놀이실행자료</td><td>• 3-5세 모두 유치원/어린이집 공통
• 국가수준 교육과정</td></tr>
</table>

※ 교육과정 제정 및 개정을 주관한 부서 명칭: 1~4차 유치원 교육과정: 문교부 / 5~6차 유치원 교육과정: 교육부 / 2007 개정 유치원 교육과정: 교육인적자원부 / 5세 누리과정: 교육과학기술부 / 3~5세 누리과정 이후: 교육부

※ 자료 구성: 3차 유치원 교육과정의 경우 지도 자료 3월에 총론이 포함되어 있고, 4~6차 유치원 교육과정은 지도 자료 중 1권이 총론으로 되어 있음

※ 국가수준 유치원 교육과정의 공식 명칭은 '유치원 교육과정'으로 표기함

첫째, 명칭을 살펴보면 공식 명칭은 '유치원 교육과정'이지만 1차부터 6차까지는 구분의 편의를 위해 개정 차수를 붙여 불렀고(예: '2차 유치원 교육과정'), 그 이후는 개정 사유가 생기면 수시로 개정했기 때문에 연도(예: '2007 개정 유치원 교육과정')를 붙여 부르기 시작했다.

2011년부터는 유치원과 어린이집에 재원하는 유아를 위한 공통 과정으로 개정하였기 때문에 '누리과정'을 공식 명칭으로 사용하기 시작하였다. 2011년에는 유치원과 어린이집에 재원하는 5세 유아를 위한 공통 과정이 만들어져 '5세 누리과정'이라 칭했고, 3~4세 유아를 위한 유치원 교육과정은 '2007 개정 유치원 교육과정'이 그대로 적용되었으므로 고시문도 '5세 누리과정'과 '3-4세 교육과정'으로 나뉘어 서술되었다. 2012년에는 유치원과 어린이집에 재원하는 3~4세 유아를 위한 공통 과정이 추가되어 '3-5세 연령별 누리과정'이라 칭했다. 2012년 개정과 2015년 개정을 일반적으로 함께 제시하는 것은 운영 시간이 3~4시간에서 4~5시간으로 수정된 것 이외에는 두 개의 교육과정이 동일하기 때문이다. 가장 최근 개정된 것은 2019년으로, 공식적으로 '2019 개정 누리과정'이라고 칭하는데, 이전의 교육과정과 여러 측면(예: 인간상 제시, 국가수준 공통 교육과정, 유아중심 · 놀이중심 교육과정, 생활주제를 중심으로 하는 교사용 지도서 제외 등)에서 차이가 있다.

둘째, 자료 구성 측면에서 살펴보면 다음과 같다. 교육과정의 자료는 교육과정의 핵심을 간략히 제시한 총론, 총론의 내용을 상세히 설명하는 해설서, 그리고 교사를 위한 지도서로 구성되어 있다. 교육과정이 제정되고 처음 개정된 '2차 유치원 교육과정' 때까지도 유치원 교육의 큰 틀만 제시했으나, '3차 유치원 교육과정'부터는 상세한 해설서를 집필하였다. '2007 개정 유치원 교육과정'부터는 총론을 해설서에 포함하기 시작하였고, 그 이후에는 교사용 지침서를 포함하였고 놀이를 강조하는 '2019 개정 누리과정'부터는 해설서 외에 놀이의 중요성과 의미를 강조하는 '놀이이해자료'와 교사가 유아의 놀이를 지원하는 데 도움을 주기 위한 '놀이실행자료'를 제작하였다.

'3차 유치원 교육과정'부터는 상세한 해설서와 유치원 교육과정을 실천하는 데 도움을 주기 위해 교육과정 내용에 맞추어 유치원 교사용 지도서를 보급하기 시작했다. 초등학교 이상의 상급학교 학생들과 달리 유아는 교과서를 사용하지 않기 때문에 교사용 지도서를 상세히 만들어 보급하였다. 교사용 지도서는 유아들이 일상에서 경험할 것으로 생각되는 다양한 주제(예: 동물, 교통기관)를 중심으로 제작하기 시작하여 '2019 개정 누리과정'이 개정되기 직전까지 40년 가까이 사용되었다. '2019 개정 누리과정'에서는 '미리 계획'하는 교육과정을 지양하고 유아의 자발적 놀이에 맞춰 '구성해 가는' 교육과정을 지향하기 위해 교사용 지도서 대신 '놀이이해자료'와 '놀이실행자료'를 보급하였다.

셋째, 고시문 또는 해설서의 제정 취지, 기본 방침, 구성 방향 등에 제시된 각 교육과정의 주요 특성을 살펴보면 다음과 같다. '3차 유치원 교육과정'은 처음으로 외부 전문가에게 위탁한 교육과정이고 상급학교(예: 초 · 중 · 고등학교) 교육과정 개정과의 연계를 염두에 두고 개정한 교육과정이다. '5차 유치원 교육과정'은 3세 유아가 유치원에 취원할 수 있는 제도가 만들어진 것을 반영하여 3세 유아를 교육할 수 있는 지침을 마련하였고, 3~5세 유아의 발달 차를 고려하여 지도하도록 수준별 교육내용을 교육과정에 제시하였으며, 여성 취업이라는 사회의 변화를 반영하여 종일반 운영 지침을 제시한 특징이 있다. '5세 누리과정'(2011)부터 '2019 개정 누리과정'의 주요 특성은 교육과정의 명칭 변화에 대한 설명에 포함되었으므로 생략한다.

〈표 3-2〉 국가수준 교육과정 문서와 지원자료

시기	고시문	해설서	지원자료	
			교사용 지도서	기타
1차 유치원 교육과정	○	·	·	·
2차 유치원 교육과정	○	·	·	·
3차 유치원 교육과정	○	○	○	·
4차 유치원 교육과정	○	○	○	·
5차 유치원 교육과정	○	○	○	·
6차 유치원 교육과정	○	○	○	·
2007 개정 유치원 교육과정	○	○	○	·
2011 5세 누리과정	○	○	○	○
3-5세 연령별 누리과정 (2015 유치원 교육과정)	○	○	○	○
2019 개정 누리과정	○	○	·	○

1	1차 유치원 교육과정(1969)	
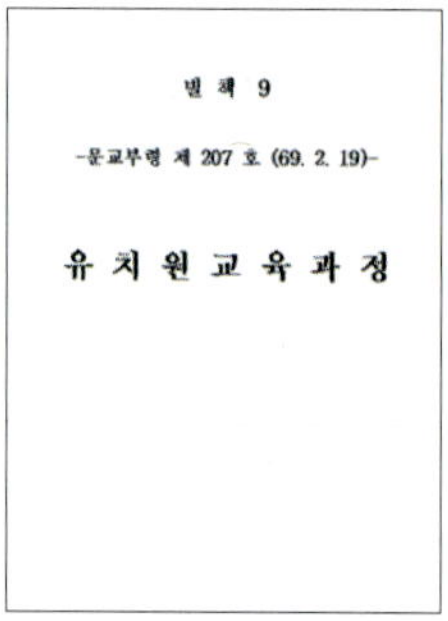 별 책 9 -문교부령 제 207 호 (69. 2. 19)- 유 치 원 교 육 과 정	 제 1 부 총 론 1. 교육 과정 제정의 취지	 제 2 부 각 론 1. 건 강

2	2차 유치원 교육과정(1979)	
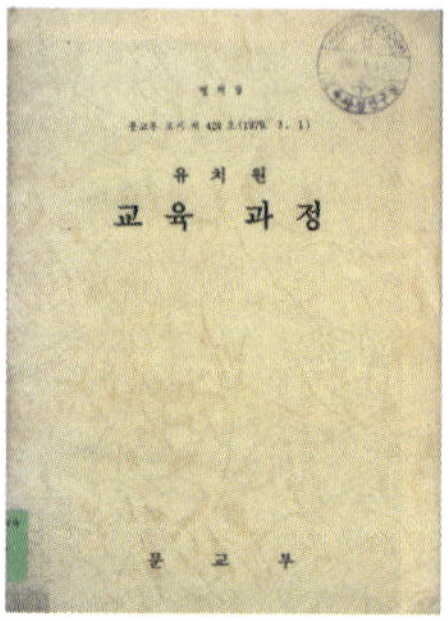 유 치 원 교 육 과 정 문 교 부	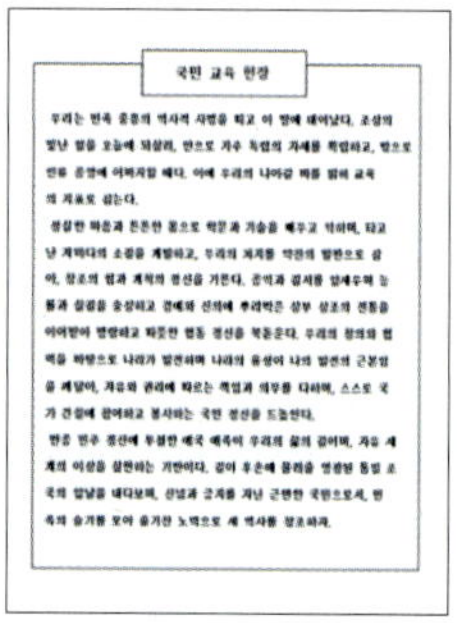 국민 교육 헌장	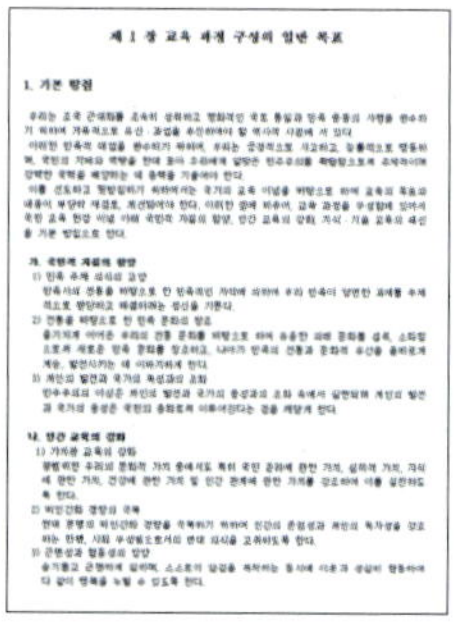 제 1 장 교육 과정 구성의 일반 목표 I. 기본 방침

3	3차 유치원 교육과정(1981)
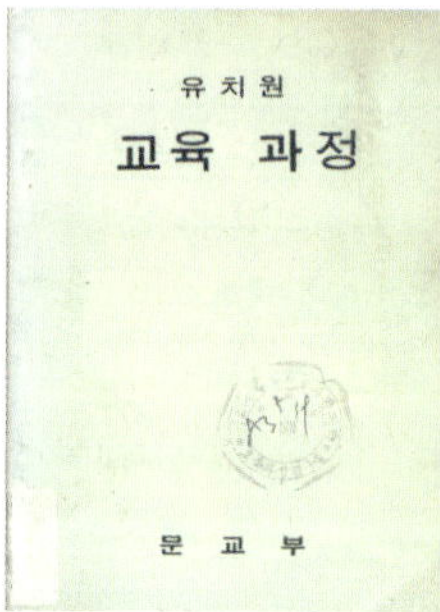 유 치 원 교육 과 정 문 교 부	 사회성 발달 영역 문 교 부
고시문	해설서

4 4차 유치원 교육과정(1987)

고시문

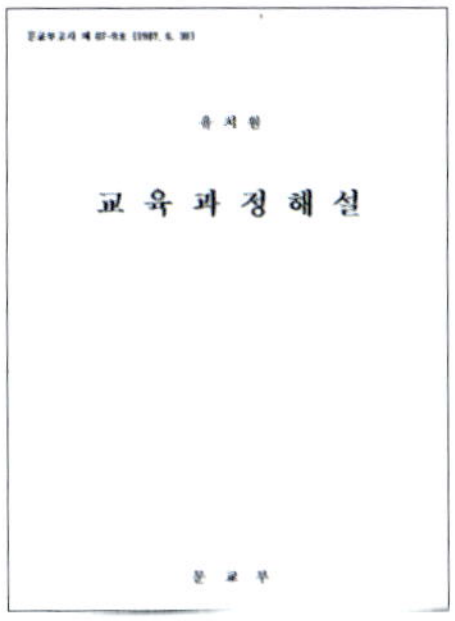

해설서

※ 1987년 유치원 교육과정은 네 번째로 개정되었지만, 당시 문교부 행정가들이 1987년도 유치원 교육과정을 제5차 유치원 교육과정으로 부르기로 결정함. 1998년도 한국유아교육학회에서 개정 작업을 할 때 교육부에서 1998년도 국가수준 유치원 교육과정을 제6차로 인정함으로 수정됨(이원영, 2009)

5 5차 유치원 교육과정(1992)

고시문

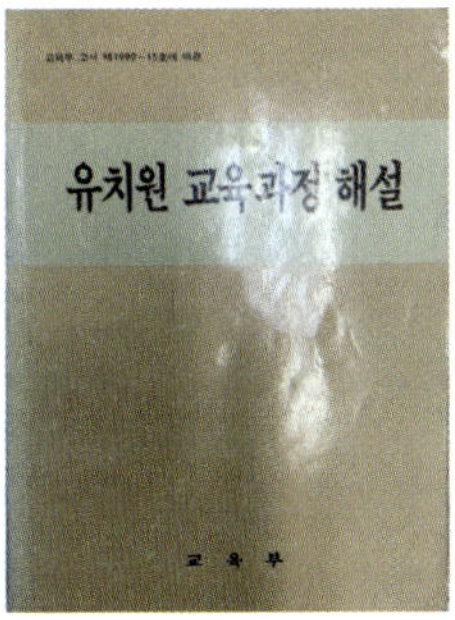

해설서

유치원 교육 활동 지도 자료

6 6차 유치원 교육과정(1998)

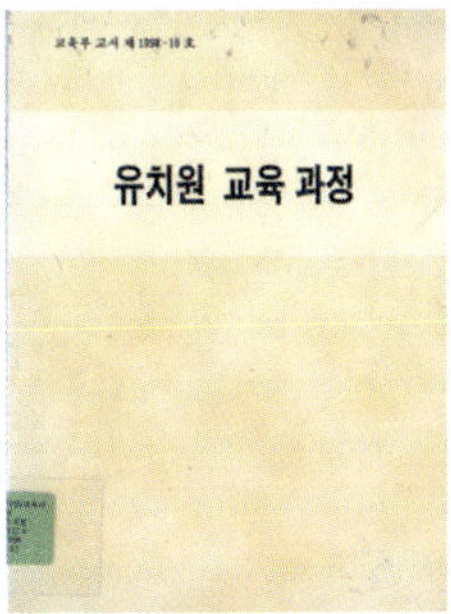

고시문

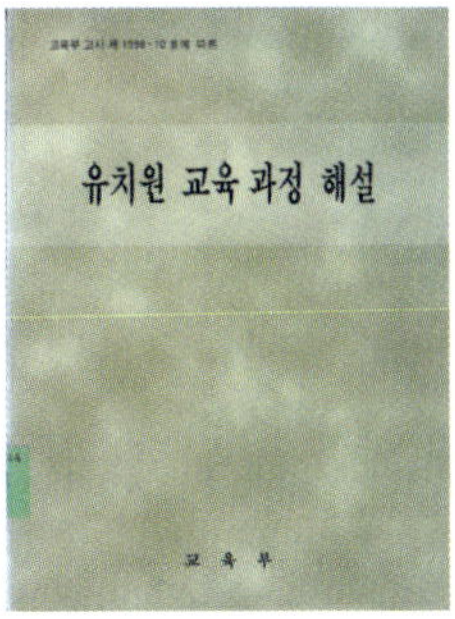

해설서

유치원 교육 활동 지도 자료

7 (2007 개정) 유치원 교육과정

고시문

해설서-총론

2009 유치원 교육활동 지도서

8 (2011) 5세 누리과정

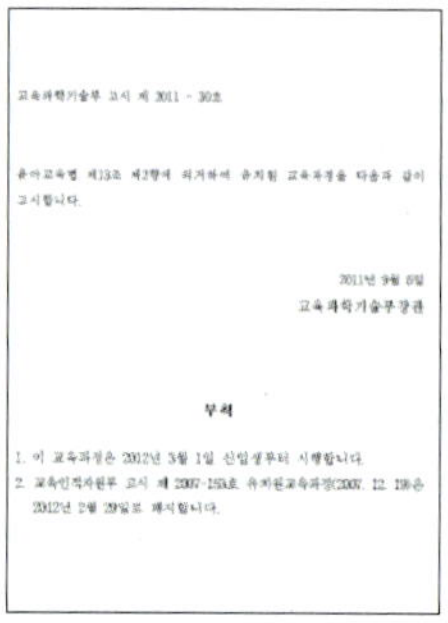

고시문

해설서

교사용 지침서

9 2012 3-5세 연령별 누리과정

고시문

해설서

3세 교사용 지도서 총론

10 2015 3-5세 연령별 누리과정

고시문

해설서

교사용 지침서

11 2019 개정 누리과정

고시문

해설서

놀이이해자료

놀이실행자료

2) 유치원 교육과정 요소의 변천

교육과정의 총론에는 일반적으로 1) 교육의 방향과 목적[성격, 비전(사회상, 인간상, 교육상), 총괄 목적, 영역별 목표]과 2) 유치원 교육과정 각론[일반 목표, 영역, 실행 및 지원(편성과 운영, 교수 · 학습 지침), 평가(개선, 질 관리 지침)]에 관한 내용이 제시된다(홍후조, 2016). '1차 유치원 교육과정'부터 '2019 개정 누리과정'까지 유치원 교육과정의 체계가 어떻게 변화하고 확립되어 왔는지 살펴봄으로써 교육과정의 틀이 어떻게 체계화되었는지 이해할 수 있다. 분석을 위해 총론이 있는 1~6차 유치원 교육과정은 총론의 내용을 기반으로 하였고, 해설서만으로 구성된 2007 개정 유치원 교육과정 이후의 교육과정은 해설서의 내용을 기반으로 분석하였다. 이 가운데 성격과 비전은 교육과정 일반으로서 성격과 비전뿐만 아니라 유치원 교육과정으로서의 성격과 비전도 포함하여 분석하였다. 각 유치원 교육과정이 〈표 3-3〉의 범주 체계대로 제시된 것은 아니지만 총론 또는 해설서의 내용을 바탕으로 분석하면 다음과 같다.

〈표 3-3〉 유치원 교육과정의 체계

	교육의 방향과 목적				유치원 교육과정					
					일반목표	영역	실행 및 지원			평가
	성격 (일반/유치원)	비전 (일반/유치원)	총괄 목적 (일반 목표)	영역별 목표 (일반영역 목표)	일반목표	영역별 목표 및 내용	편성	운영	교수·학습	
1차(1969) 유치원 교육과정	△	△	·	·	○	○	○	○	△	·
2차(1979) 유치원 교육과정	○	△	○	○	○	○	○	○	△	·
3차(1981) 유치원 교육과정	△	△	△	○	○	○	○	○	△	○
4차(1987) 유치원 교육과정	△	○	·	○	○	○	○	○	△	○
5차(1992) 유치원 교육과정	○	○	·	·	○	○	○	○	△	○
6차(1998) 유치원 교육과정	○	○	·	·	○	○	○	○	○	○
(2007 개정) 유치원 교육과정	○	○	·	·	○	○	○	○	○	○
(2011) 5세 누리과정 (3-4세 교육과정)	○	○	·	·	○	○	○	○	○	○
(2012/2015) 3-5세 누리과정	○	△	·	·	○	○	○	○	○	○
2019 개정 누리과정	○	○	·	·	○	○	○	○	○	○

○: 목차나 내용에서 분명히 서술된 경우

△: 목차나 내용에 서술되어 있으나, 명확하지 않거나 다른 내용이 많은 경우
(예: 1차 유치원 교육과정에는 유아기의 중요성과 유아기의 특성을 서술한 부분에서 유추 가능)

·: 목차나 내용에 전혀 서술되지 않은 경우

* 부록 1: 유치원 교육과정의 목차를 통해 〈표 3-3〉의 내용을 잘 이해할 수 있음

먼저, 교육의 방향과 목적은 교육 일반(즉, 우리나라 교육)의 방향과 목적을 제시하는 것이나 유치원 교육과정에 국한하여 제시한 경우가 더 많았다. 대부분의 교육과정이 성격과 비전은 유치원 교육과정에 초점을 두었고, 2차 유치원 교육과정만 교육 일반 측면에서의 총괄 목적과 영역별 목표를 제시하였다. 그러므로 교육과정의 구성 체계에 가장 부합하게 서술된 교육과정은 2차 유치원 교육과정이라 할 수 있다. 그 외에는 부분 서술하거나 전혀 서술하지 않았는데, 교육의 일반보다는 유치원 교육과정에만 초점을 두어 유치원 교육과정에서 일반 목표와 영역별 목표/내용을 상세히 제시했기 때문으로 보인다. 특히, 2011년의 5세 누리과정과 2012/2015년의 3–5세 누리과정에는 교육의 방향과 목적에 관한 내용이 없이 유치원 교육과정에 해당하는 것만 제시하였다. 그러나 교육과정의 구성을 체계적으로 수립한다는 측면과 유치원 교육을 넘어 초 · 중등교육과 맥을 같이하는 교육의 방향을 수립한다는 측면에서는 개선의 필요가 있다는 지적이 계속해서 있었고, 2019 개정 누리과정에서 보완되었다. 이러한 현상은 각 유치원 교육과정의 다양한 목차 구성(부록 1 참조)에서도 나타난다. 시대의 변화를 반영하기 위해 새로운 목차를 추가한 경우보다는 각 유치원 교육과정마다 체계 구성이나 그 변화에 대한 해설 없이 특정 목차(예: 편성과 운영)가 다양한 위치에 자리 잡고 있다. 유치원 교육과정의 교육과정으로서의 위상 수립이나 각 교육과정 간의 연계 수립(참고: 2007 유치원 교육과정에는 1차 유치원 교육과정부터의 변천이 요약 제시됨)을 위해서도 유치원 교육과정의 구성 체계를 일관되게 유지하는 작업이 필요하다.

(1) 교육의 방향과 목적

교육의 방향과 목적은 교육 일반으로서의 성격, 비전, 총괄 목적, 영역별 목표를 제시한다. 그러나 우리나라 유치원 교육과정의 경우, 교육과정 일반과 유치원 교육과정을 분리해서 제시하기보다는 위에 언급한 바와 같이 교육과정 일반과 유치원 교육과정을 혼합해서 제시하거나 유치원 교육과정만 제시하거나 중복해서 제시하는 경우가 많았다. 따라서 유치원 교육과정에는 제시되지 않은 성격과 비전만 제시하고 교육 일반과 관련 있는 총괄 목표와 영역별 목표는 생략하고자 한다.

❶ 유치원 교육과정의 성격과 비전

유치원 교육과정의 구성 체계 중 1차부터 현재까지의 모든 교육과정에서 공통으로 제시된 유치원 교육과정의 성격과 비전을 먼저 살펴보면 다음과 같다. 성격과 비전의 내용에는 유치원 교육과정의 철학적 · 사회적 · 심리적 기초에 해당되는 내용이 반영된다(1장 영유아교육과정의 이해 참조). 성격은 유치원 교육과정이 제정 또는 개정된 배경이나 특징을 주로 서술하고 있고, 비전은 교육과정을 통해 기르고자 하는 인간상을 주로 서술하고 있다. 총론 또는 해설서의 제정 및 개정 취지, 성격, 기본 방침, 구성 방향 등에 서술된 내용을 기반으로 유치원 교육과정 개정에 영향을 미친 철학적 · 사회적 · 심리적 근거에 대해 살펴보면 다음과 같다.

〈표 3-4〉 유치원 교육과정의 성격

교육과정	상세 내용
1차(1969) 유치원 교육과정	• 6세 이전 초기 경험의 중요성에 기반한 유치원 교육의 필요
2차(1979) 유치원 교육과정	• 국민교육헌장을 구현
3차(1981) 유치원 교육과정	• 유치원, 초등학교, 중학교, 고등학교 교육과정에 대한 전반적인 개정 필요 • 민주, 복지, 정의 사회 건설에 이바지할 자주적이고 창의적인 국민 양성 필요
4차(1987) 유치원 교육과정	• 주기적인 교육과정 개정과 보조 맞출 필요 • 시대적/사회적 변화에 따른 교육과정 개정 필요(참고: 구체적 변화의 내용은 명시되지 않음) • 제3차 교육과정 내용의 미비점 보완 필요
5차(1992) 유치원 교육과정	• 교육현장의 요구에 따른 필요 – 발달 영역별 생활경험 내용 선정 – 사회적 관계 강조에 따른 필요(특히 기본 생활 교육) – 유치원 교수 · 학습 방법에 대한 지침 제시 필요(유아중심, 개별화, 통합 운영) • 학부모 요구에 따른 필요 – 읽기 · 쓰기에 관심 가지기 추가 – 3세 유아 교육 지침 제공 • 사회적 요구에 따른 필요(취업모 증가에 따른 종일반 운영)

교육과정	상세 내용
6차(1998) 유치원 교육과정	• 사회적 요구에 따른 필요 – 세계화 · 정보화 · 다양화를 지향하는 교육 체제의 필요 – 사회, 과학 기술 및 학문의 급속한 변화 – 경제 · 산업 · 취업 구조의 변화 – 교육 수요자의 요구 변화 – 교육 여건 및 환경의 변화 • 초 · 중등교육과정의 기본 방향 유지 필요 – 기초 및 기본 교육 충실 – 자기 주도력 신장 – 유아중심의 교육 실천 – 지역 및 유치원의 자율성 확대 • 수요자중심의 교육과정 개선 필요 – 교육과정 내용 70%로 정선 및 감축 – 교사용 지도서의 심도 있는 개발
(2007 개정) 유치원 교육과정	• 21세기 시대적 요구(지식 정보화 시대, 저출산 문제 해결) 반영에 따른 필요 • 「유아교육법」 제정과 유치원 교육의 사회적 상황 변화에 따른 필요 – 3~5세 유아의 교육을 위한 교육과정 체계화 – 발달에 적합한 종일제 교육과정 운영 방향 제시 • 초 · 중등학교 교육과정과의 연계 강화 필요 • 제6차 유치원 교육과정의 문제점 개선 필요 – 분명한 목표 진술 및 내용 체계의 논리성 확보
(2011) 5세 누리과정 (3–4세 교육과정)	• 저출산 해결 방안으로서의 교육비 부담 완화 필요 – 5세 유아에 대한 국가 투자: '5세 누리과정' 보급 – 취학전 교육의 질 제고 및 생애 초기의 공정한 출발선 보장
(2012/2015) 3–5세 누리과정	• 누리과정의 3~4세 확대 '3–5세 연령별 누리과정' • 취학전 교육의 질 제고 및 생애 초기의 공정한 출발선 보장
2019 개정 누리과정	• 미래 사회에 부응하는 새로운 교육과정의 필요: 미래 사회에 필요한 역량 • 유아 및 놀이중심 교육과정 필요 • 유아의 놀이를 지원하기 위한 교사의 자율성 필요

우리나라 유치원 교육과정은 교육철학적 또는 (교육)심리학적 배경보다는 사회적 배경이 더 큰 영향을 미쳐 왔다. 총론이나 해설서의 제정 및 개정 취지, 성격, 기본 방침, 구성 방향을 기반으로 분석했을 때 교육학 또는 유아교육의 근거가 되는 철학적 관점이 명확하게 드러난 교육과정은 없다. (교육)심리학적 배경은 부분적으

로 반영되었는데, 1969년 1차 유치원 교육과정의 '초기 경험의 중요성', 2~4차 유치원 교육과정에서 '발달을 반영한 영역 명칭' 사용, 2차 유치원 교육과정에서 인지 이론의 영향으로 '인지발달' 강조, 1992년 5차 유치원 교육과정의 '발달 영역별 생활경험 내용 선정'과 1992년 5차 유치원 교육과정부터 2012/2015년의 3-5세 누리과정에서 강조한 '수준별 교육내용' 그리고 2007 개정 유치원 교육과정의 '발달에 적합한 종일제 교육과정'이 그 예이다.

사회적 배경은 2차 유치원 교육과정부터 유치원 교육과정의 성격에 가장 많이 언급되었는데, 국가의 국정 운영 방향, 국가가 추구하는 교육의 목적 달성이나 각 시대의 사회적 변화에 대한 내용이 주를 이룬다. 예를 들어, 세계화 · 정보화 · 다양화 같은 국가의 국정 운영 방향(예: 4차, 6차, 2007 개정 유치원 교육과정, 2019 개정 누리과정), 국가가 추구하는 교육의 목적 달성(예: 2차 및 3차 유치원 교육과정), 각급 학교와의 교육적 일관성 유지(예: 3차, 4차, 6차, 2007 개정 유치원 교육과정), 취업모 증가나 저출산 시대, 교육에의 국가 투자, 급변하는 미래 사회 같은 사회적 변화 반영(예: 4차, 6차, 2007 개정, 2011 5세 누리과정, 2012/2015 3-5세 누리과정, 2019 개정 누리과정)이 언급되었다. 철학적 · 사회적 · 심리적 배경 외에도 직전 교육과정의 미비점 보완(예: 4차, 2007 개정 유치원 교육과정)이나 교육현장 및 수요자의 요구 반영(예: 5차, 6차 유치원 교육과정)도 빈번히 언급된다.

교육과정은 교육의 방향을 제시하는 큰 틀이다. 따라서 추후에 개정되는 교육과정에서는 무엇을 왜 가르칠 것인가를 제안하는 철학적 기초, 그 시대의 어떤 상황을 반영해야 그 시대 또는 미래의 시민을 길러 낼 것인가를 제안하는 사회적 기초, 그리고 무엇을 어떻게 가르칠 것인가를 제안하는 심리적 기초를 균형 있게 제시하는 것이 바람직하다.

다음으로 '비전'에 제시된 인간상을 살펴봄으로써 우리 사회가 기르고자 하는 인간에 대한 합의가 무엇인지 또는 유아교육을 통해 구체적으로 어떤 인간을 양성하고자 하는지 이해할 수 있다. 유치원 교육과정에는 어떤 인간으로 키울 것인가의 지표가 되는 인간상이 구체적으로 명시되거나 유추해서 이해하도록 제시되어 왔다. 인간상이 특별히 명시되지 않았을 경우는 총론의 기본 방침, 구성 방향이나 일반 목표(표 3-3 참조)에서 유추한 것을 바탕으로 작성하였다. 1차부터 4차와 6차 유치원 교육과정은 국가의 교육이념 측면에서 인간상을 제시했고, 그 이외는 유치원 교육과정 측면에서 인간상이 별도로 서술되어 있다.

〈표 3-5〉 유치원 교육과정의 인간상

차수	명시 여부	인간상
1차(1969) 유치원 교육과정	명시	• 건강한 신체와 건전한 정신으로 행복하게 생활할 수 있는 유능한 한국 국민
2차(1979) 유치원 교육과정	유추	• 자아 실현된 사람 • 국가발전을 위한 주체의식과 사명감이 있는 사람 • 민주적 가치를 지닌 사람
3차(1981) 유치원 교육과정	유추	• 건강한 심신이 있는 사람 • 도덕적 인격이 있는 사람 • 지력과 기술이 있는 사람 • 민족 공동체 의식이 있는 사람
4차(1987) 유치원 교육과정	명시	• 건강한 사람 • 창조적인 사람(5차: 창의적인 사람) • 자주적인 사람 • 도덕적인 사람
5차(1992) 유치원 교육과정	명시	• 건강한 사람 • 창조적인 사람(5차: 창의적인 사람) • 자주적인 사람 • 도덕적인 사람
6차(1998) 유치원 교육과정	명시	• 전인적 성장의 기반 위에 개성을 추구하는 사람 • 기초 능력을 토대로 창의적 능력을 발휘하는 사람 • 우리 문화에 대한 이해의 토대 위에 새로운 가치를 창조하는 사람 • 민주 시민 의식을 기초로 공동체의 발전에 공헌하는 사람
(2007 개정) 유치원 교육과정	명시	• 6차 유치원 교육과정의 인간상에 폭넓은 교양을 바탕으로 진로를 개척하는 사람 추가
(2011) 5세 누리과정 (3-4세 교육과정)	명시	• 2007 개정과 동일 (단, 5세 누리과정에는 없고, 3-4세 교육과정에는 인간상 있음)
(2012/2015) 3-5세 누리과정	유추	• 민주 시민의 기초가 마련된 사람
2019 개정 누리과정	명시	• 건강한 사람 • 감성이 풍부한 사람 • 자주적인 사람 • 더불어 사는 사람 • 창의적인 사람

출처: 1, 2차: 총론의 교육과정 구성의 일반 목표 / 3, 4, 6차: 총론의 교육과정 구성의 방향 / 5차: 해설서의 기본방향과 방침 / 2007 개정과 2011 5세 누리과정: 총론의 교육과정 구성의 방향 / 2012/2015 3-5세 누리과정: 총론의 목적 / 2019 개정 누리과정: 해설서의 구성 방향.

〈표 3-3〉의 유치원 교육과정 체계에서 볼 수 있었던 것과 같이 비전에는 기본적으로 우리 사회가 교육을 통해 기르고자 하는 인간상이 제시되어야 하고, 유치원 교육과정에서 구체적으로 유아교육을 통해 기르고자 하는 인간상(또는 아동관)을 제시해야 하나 특정 유치원 교육과정(예: 2차)에는 교육 일반에서의 인간상이 제시되고 다른 유치원 교육과정(예: 2019 개정 누리과정)에는 유아교육에서의 인간상이 제시되었다. 우리나라 유치원 교육과정의 역사에서 7번은 인간상에 대한 서술임을 분명히 알 수 있도록 기술되었고, 3번은 교육과정의 목표에서 유추할 수 있다. 인간상은 우리나라 교육에서 기본적으로 강조해 온 '홍익인간'과 '전인적 인간'이 대표적이지만, 각 교육과정이 제정 또는 개정된 시기에 사회에서 강조하던 용어(예: 2차의 '자아실현', '국가 발전을 위한 주체의식과 사명감'; 3차의 '도덕적 인격', '민족 공동체; 6차의 '우리 문화 …중략… 새로운 가치를 창조')를 사용하는 것이 일반적이었다. 유치원 교육과정(2019 개정 누리과정 제외)에서 유아교육의 인간상이 제시된 경우는 교육과정의 각 영역을 대표하는 용어로 인간상을 표현하였다(예: 신체운동 · 건강 영역 → 건강한 사람).

국가수준 교육과정의 인간상은 한 국가가 교육을 통해 길러 내고자 하는 인간에 대한 비전을 선언하는 것이므로 그 사회가 교육을 바라보는 철학적 관점, 그 사회의 특성이 반영된 사회적 관점, 학생의 특성과 교육의 방법을 반영하는 심리적 관점이 반영될 필요가 있다. 또한, 모든 수준의 학교급에서 지향하는 인간상과 유아교육에서 지향하는 인간상 간의 연계를 수립하는 것이 중요하며, 유치원 교육과정에서 다루는 교육내용이 설정한 인간상을 달성하기에 적절한지에 대한 검토도 필요하다.

❷ 총괄 목적과 영역별 목표

총괄 목적과 영역별 목표는 유아교육이 아닌 교육 일반에 해당하는 것이므로 유치원 교육과정의 역사를 살펴본다는 본 장의 목적에 따라 생략하고자 한다.

(2) 유치원 교육과정 요소별 역사적 변천 과정

유치원 교육과정은 목표(일반 목표 및 구성 방침), 영역(영역별 목표 및 내용), 실행 및 지원(편성, 운영, 교수 · 학습), 평가로 구성된다. 유치원 교육과정의 각 요소별로 역사적 변천 과정을 살펴보면 다음과 같다.

❶ 유치원 교육과정의 목표

유치원 교육과정의 목표는 일반 목표에 대해 서술하는 것이 일반적이다. 먼저, 일반 목표는 교육과정 영역에 대한 대표 목표를 서술하기 때문에 교육과징 영역별 명칭과 밀접한 관련이 있다. 이 경향은 1차 유치원 교육과정부터 (2012/2015) 3-5세 누리과정까지 이어져 왔는데, 〈표 3-6〉에서 볼 수 있듯이 교육과정의 각 목표는 교육과정의 각 영역의 내용을 함축적으로 표현하고 있다.

〈표 3-6〉 교육과정 목표와 교육과정 영역과의 관련성: 1차 유치원 교육과정 예시

유치원 교육과정 목표	교육과정 영역
건강 및 안전 교육을 철저히 하며 튼튼한 몸과 마음을 기름	건강
기초적인 생활습관과 기능을 익히며 사회생활에 적응할 수 있는 바른 사회적 태도와 도덕성 기름	사회
자연과 사회의 제 현상에 대하여 관심을 가지도록 하며, 과학적이고 민주적인 사고력이 싹트도록 함	자연
듣기와 말하기를 바로 하고 바른 말과 고운 말을 쓸 수 있도록 함	언어
심미적인 태도를 발전시키고 창조적인 표현을 할 수 있는 능력을 기름	예능

그러나 2019 개정 누리과정은 인간상, 교육목표, 5개 영역 간의 연계성을 특히 강조하였다. [그림 3-1]에서 볼 수 있듯이 인간상과 목표 간의 연계성이 더 두드러지고, 목표는 5개 영역과 일대일 대응 관계가 아니라 5개 영역의 내용에 고루 연계되는 방식으로 서술되어 있다.

추구하는 인간상				
건강한 사람	자주적인 사람	창의적인 사람	감성이 풍부한 사람	더불어 사는 사람
목표				
자신의 소중함을 알고, 건강하고 안전한 생활습관을 기른다.	자신의 일을 스스로 해결하는 기초능력을 기른다.	호기심과 탐구심을 가지고 상상력과 창의력을 기른다.	일상에서 아름다움을 느끼고 문화적 감수성을 기른다.	사람과 자연을 존중하고 배려하며 소통하는 태도를 기른다.
5개 영역				
신체운동 · 건강	의사소통	사회관계	예술경험	자연탐구

[그림 3-1] 인간상, 교육과정 목표와 교육과정 영역과의 관련성: 2019 개정 누리과정

출처: 2019 개정 누리과정 해설서, p. 34.

❷ 유치원 교육과정의 영역

교육과정 영역에는 각 교육과정에서 가르쳐야 할 내용을 영역으로 나눠 제시하고 각 영역별 목표와 상세 내용을 제시한다. 상세 내용은 이 도서의 한정된 지면을 고려하여 생략하고, 몇 개의 상세 내용이 있었는지를 통해 가늠하고자 한다.

ㄱ. 교육과정 영역별 명칭

교육과정 영역의 의미를 규정하는 관점에 따라 발달을 강조하는 영역 명칭, 생활을 강조하는 영역 명칭, 또는 중립적 용어를 사용한 영역 명칭을 사용하였다. 1차와 최근 3번의 개정에서는 중립적 용어를, 초기 3번의 개정에서는 발달의 관점을 반영한 용어를, 그 후 3번의 개정에서는 생활의 관점을 반영한 용어를 사용하였다. 발달의 관점을 반영한 영역 명칭을 사용한 경우, 발달 영역 간의 밀접한 관계를 강조하기 위해 사회와 정서 발달을 함께 묶거나(예: 2차) 분리할 때도 근접 배치(예: 4차)하기도 하였다. 발달이나 생활을 강조하지 않은 중립적인 용어를 사용한 경우, 발달, 교과(예: 1차의 예능, 자연), 생활 또는 각 영역의 핵심 개념(예: 언어의 핵심인 의사소통, 자연의 핵심인 탐구)을 강조하기 위해 사용한 것으로 보인다. 교육과정 영역별 목표에 대한 내용은 〈부록 2〉~〈부록 6〉에 제시하였다.

〈표 3-7〉 교육과정 영역 명칭

1차 (1969)	2차 (1979)	3차 (1981)	4차 (1987)	5차 (1992)	6차 (1998)	2007 개정	(2011) 5세 누리과정	(2012/2015) 3-5세 누리과정	2019 개정 누리과정
생활	발달	발달	발달	생활			중립		
건강 사회 자연 언어 예능	사회 · 정서 발달 인지 발달 언어 발달 신체 발달 및 건강	신체 발달 정서 발달 언어 발달 인지 발달 사회성 발달	신체 발달 언어 발달 인지 발달 정서 발달 사회성 발달	건강 생활 사회 생활 표현 생활 언어 생활 탐구 생활			신체운동 · 건강 의사소통 사회관계 예술경험 자연탐구		

ㄴ. 유치원 교육과정 영역별 목표

유치원 교육과정의 영역 명칭은 〈표 3-7〉에서 볼 수 있듯이 차시별로 다르므로 2019 개정 누리과정의 영역 명을 사용하여 정리하고자 한다. 유치원 교육과정의 각 영역별 목표를 통해 유아에게 무엇을 가르치고자 했는지 파악할 수 있다. 영역별 목표는 '각 영역별 내용 범주〉 내용'으로 진술되는 체계에서 내용 범주의 핵심을 서술한 것이다. 교육과정 영역별 목표의 변천을 살펴보면 공통점도 있지만 특정 시기에 제외, 추가, 또는 강조된 목표가 있는 것을 알 수 있다. 영역별 목표 수와 핵심 내용은 〈부록 2〉~〈부록 6〉에 정리되어 있다.

먼저, 신체운동 · 건강 영역의 목표 수와 핵심 내용을 살펴보면 다음과 같다(부록 2 참조). 신체운동 · 건강 영역의 목표는 3~5개 사이에서 변화해 왔고 3개일 때가 가장 많았다. 거의 모든 교육과정에서 강조한 목표는 자신의 몸에 대한 인식과 기본운동능력 키우기, 안전하고 건강한 습관 갖기였다. 3차와 4차 유치원 교육과정 간, 그리고 5차와 2019 개정 누리과정 간 신체운동 · 건강 영역의 목표는 공통점이 많았다. 동시에 각 교육과정별로 강조한 목표가 다르기도 했는데, 1차 유치원 교육과정에서만 생명의 존엄성 자각을 강조했고, 4차 유치원 교육과정에서만 환경 지각능력을 강조했다. 신체운동 · 건강 영역에서 중시하는 목표가 1차 유치원 교육과정 이후에 처음 제시된 시기를 살펴보면, 신체기관 간 협응과 건강(개인위생, 영양, 보건)에 관한 생활습관은 2차 유치원 교육과정에서, 기초 체력 증진과 건강한 정신은

6차 유치원 교육과정에서, 몸에 대한 긍정적 인식은 2007 개정 유치원 교육과정에서 처음 언급되었다.

다음으로 의사소통 영역의 목표 수와 핵심 내용을 살펴보면 다음과 같다(부록 3 참조). 의사소통 영역의 목표도 3~5개 사이에서 변화해 왔고 4개일 때가 가장 많았다. 목표의 수는 듣기와 말하기 그리고 읽기와 쓰기에 대한 목표를 분리했는지 또는 통합해서 제시했는지에 따라 결정되었다. 거의 모든 교육과정에서 강조한 목표는 듣기, 말하기, 읽기, 쓰기 그리고 책 읽기에 대한 목표이다. 듣기와 말하기, 그리고 읽기와 쓰기에 대한 목표는 2019 개정 누리과정을 제외한 모든 교육과정에서 분리되어 있었다.

각 교육과정별로 강조한 목표가 다른 점도 있었는데, 1차 유치원 교육과정에서만 표준말 사용을 강조했고, 2차 유치원 교육과정에서만 유아의 일상생활과 관련된 여러 가지 사물이나 사상에 대한 의미 파악을 강조했다. 의사소통 영역에서 중시하는 목표가 1차 유치원 교육과정 이후에 처음 제시된 시기를 살펴보면, 어휘에 대한 목표는 2차 유치원 교육과정에서, 소리와 말을 지각 · 변별, 발음할 능력과 쓰기와 관련된 목표는 3차 유치원 교육과정에서, 그리고 말하는 사람의 의도를 고려한 듣기는 2007 개정 유치원 교육과정에서 처음 언급되었다.

읽기와 쓰기의 수준과 책의 활용에 대한 목표도 교육과정마다 다르게 설정되었다. 쓰기에 대한 목표가 처음 서술된 3차와 4차 유치원 교육과정에서는 '익히기'로 표현된 반면, 그 이후 교육과정에서는 모두 '관심 가지기'로 낮게 표현되었다. 읽고 쓸 수 있는 유아가 많은 현실을 고려하면 낮은 수준의 목표였으나 선행학습을 시키려는 부모의 압력과 초등학교 교육과정과의 연계를 고려한 결정이었다. 책에 대한 목표도 1차와 2019 개정 누리과정은 책 읽기에 대한 고유의 목표(예: 책을 즐겨 보고 이야기하기, 책이나 이야기를 통해 상상 즐기기)로 서술되었지만, 그 외의 교육과정에서는 책 읽기를 통한 읽기와 쓰기에 관심 가지기라는 목표(예: 주변의 글자와 책에 친숙해져 글자 모양 인식하고 읽기에 흥미 가지기)로 서술되었다.

다음으로 사회관계 영역의 목표 수와 핵심 내용을 살펴보면 다음과 같다(부록 4 참조). 사회관계 영역의 목표는 3~5개 사이에서 변화해 왔고 대부분 3개 또는 4개였다. 모든 교육과정에서 강조한 목표는 자신, 가족, 지역사회, 그리고 국가에 대한 것으로 나눌 수 있다. 3차와 4차 유치원 교육과정 사회생활 영역의 목표는 공통점이 많았다. 동시에 각 교육과정별로 강조한 목표가 다른 점도 있었는데, 1차 유치원 교육과정에서는 자주적인 정신/태도와 사회에 대한 관심과 적응을 강조했고, 2차 유치원 교육과정에서는 사회 · 정서 영역이 통합되었었기 때문에 표현생활 영역과 관련된 목표(예: 창의적으로 완성하는 성취 의욕, 아름다운 사실과 현상에 감동하기, 창의적 표현)가 포함되어 있었다. 3차 유치원 교육과정에서는 사회를 넘어 국가에 대한 목표가 처음 제시되었고, 4차 유치원 교육과정에서는 자기조질 능력과 환경에 대한 목표가 처음 서술되었다. 6차 유치원 교육과정에는 감정 조절에 대한 목표가, 2019 개정 누리과정에는 다양한 문화에 대한 관심과 관련된 목표가 처음 언급되었다.

다음으로 예술경험 영역의 목표 수와 핵심 내용을 살펴보면 다음과 같다(부록 5 참조). 예술경험 영역의 목표는 3~5개 사이에서 변화해 왔고 3개일 때가 가장 많았다. 거의 모든 교육과정에서 강조한 목표는 자연, 사물, 예술에서 아름다움을 느끼고, 다양한 방식으로 표현하고, 감상을 통해 심미적 태도 함양하기였다. 예술경험 영역의 목표는 다른 영역의 목표에 비해 교육과정 간 차이가 적어서 대부분 탐색, 표현, 감상에 대한 목표로 구성되어 있었다. 각 교육과정별로 강조한 목표가 다른 측면을 살펴보면, 1차 유치원 교육과정은 음악, 율동, 미술에 대한 목표를 분리해서 제시했고, 5차 유치원 교육과정에서만 정서적 안정감을 강조했고, 6차 유치원 교육과정부터는 '탐색'이라는 용어를 공식적으로 사용했으며, 2007 개정 누리과정에서는 전통 예술에 대한 목표를 포함시켰다.

마지막으로 자연탐구 영역의 목표 수와 핵심 내용을 살펴보면 다음과 같다(부록 6 참조). 자연탐구 영역의 목표는 3~4개 사이에서 변화해 왔고 3개일 때가 가장 많았다. 대부분의 교육과정에서 강조한 목표는 현상에 대한 호기심 및 탐구하는 태도, 논리 · 수학적 또는 과학적 사고 능력, 그리고 일상의 문제를 창의적으로 해결하기였다. 5차 유치원 교육과정부터 2019 개정 누리과정 간의 자연탐구 영역의 목표는 동시에 각 교육과정별로 강조한 목표가 다른 점도 있었는데, 1차 유치원 교육과정에서는 동식물과 자연에 대한 관심과 흥미를 강조했고, 2차부터 4차 유치원 교육과정은 자연뿐만 아니라 사회현상에 대한 기본 개념을 목표로 설정했다. 그 이후는 사물이나 자연현상에 대한 과학적 사고 및 태도, 논리 · 수학적 사고의 발달, 그리고 일상의 문제를 창의적 · 과학적으로 해결하는 기초 능력과 태도를 공통적으로 강조했다.

ㄷ. 유치원 교육과정 영역별 내용

교육과정 영역은 사회와 정서에 관련된 영역이 함께 제시(예: 사회 · 정서 발달)되어 4개의 영역으로 된 2차 유치원 교육과정을 제외하고는 모두 5개 영역으로 구성되었다. 각 영역별 명칭은 교육과정마다 달랐으나, 신체 및 건강, 사회, 정서, 언어, 인지에 관련된 영역으로 구성되었다는 공통점이 있다. 3차 유치원 교육과정에서는 긍정적 자아개념과 문자의 기초가 되는 모양 익히기를 처음 강조하였고, 4차 유치원 교육과정에서는 3차와 달리 정서 발달과 사회성 발달을 근접 배치하여 두 영역 간의 관련성을 강조하기도 하였다[유치원 교육과정 해설, 문교부 고시 제87-9호(1987.6.30.)].

〈표 3-8〉 영역별 내용 범주(내용) 및 수준

	영역	내용 범주(내용)의 수	수준(O, X만 기술)		
			1수준	2수준	공통
1차(1969) 유치원 교육과정	• 건강	3(36)			
	• 사회	3(31)			
	• 자연	3(15)			
	• 언어	3(14)			
	• 예능	5(31)			
	총계	17(127)			
2차(1979) 유치원 교육과정	• 사회 · 정서 발달	3(33)			
	• 인지 발달	3(44)			
	• 언어 발달	4(27)			
	• 신체 발달 및 건강	4(35)			
	총계	14(139)			

	영역	내용 범주(내용)의 수	수준(O, X만 기술)		
			1수준	2수준	공통
3차(1981) 유치원 교육과정	• 신체 발달	3(21)			
	• 정서 발달	3(15)			
	• 언어 발달	4(18)			
	• 인지 발달	3(29)			
	• 사회성 발달	3(25)			
	총계	16(108)			
4차(1987) 유치원 교육과정	• 신체 발달	3(16)			
	• 언어 발달	4(14)			
	• 인지 발달	4(19)			
	• 정서 발달	3(11)			
	• 사회성 발달	3(16)			
	총계	17(76)			
5차(1992) 유치원 교육과정	• 건강 생활	3(19)	20	20	13
	• 사회 생활	5(21)	33	50	7
	• 표현 생활	3(22)	14	19	9
	• 언어 생활	3(18)	13	24	9
	• 탐구 생활	3(20)	22	33	0
	총계	17(100)	102	146	38
6차(1998) 유치원 교육과정	• 건강 생활	4(17)	15	15	12
	• 사회 생활	5(19)	21	29	22
	• 표현 생활	3(17)	8	18	18
	• 언어 생활	3(15)	10	18	11
	• 탐구 생활	3(14)	19	25	7
	총계	18(82)	73	105	70
(2007 개정) 유치원 교육과정	• 건강 생활	4(15)	9	10	19
	• 사회 생활	4(13)	20	22	14
	• 표현 생활	3(11)	8	10	10
	• 언어 생활	4(12)	10	17	17
	• 탐구 생활	3(11)	18	23	9
	총계	18(62)	65	82	69

<table>
<tr><th rowspan="2"></th><th rowspan="2">영역</th><th colspan="3" rowspan="2">내용 범주(내용)의 수</th><th colspan="3">수준(O, X만 기술)</th></tr>
<tr><th>1수준</th><th>2수준</th><th>공통</th></tr>
<tr><td rowspan="6">(2011) 5세
누리과정
(3–4세 교육과정)</td><td>• 신체운동 · 건강</td><td colspan="3">5(16)</td><td colspan="3">33</td></tr>
<tr><td>• 의사소통</td><td colspan="3">4(11)</td><td colspan="3">25</td></tr>
<tr><td>• 사회관계</td><td colspan="3">5(13)</td><td colspan="3">29</td></tr>
<tr><td>• 예술경험</td><td colspan="3">3(10)</td><td colspan="3">22</td></tr>
<tr><td>• 자연탐구</td><td colspan="3">3(12)</td><td colspan="3">27</td></tr>
<tr><td>총계</td><td colspan="3">20(62)</td><td colspan="3">136</td></tr>
<tr><td rowspan="7">(2012/2015)
3–5세 누리과정</td><td></td><td>3세</td><td>4세</td><td>5세</td><td>3세</td><td>4세</td><td>5세</td></tr>
<tr><td>• 신체운동 · 건강</td><td>5(14)</td><td>5(14)</td><td>5(14)</td><td>31</td><td>32</td><td>33</td></tr>
<tr><td>• 의사소통</td><td>4(10)</td><td>4(11)</td><td>4(11)</td><td>17</td><td>25</td><td>25</td></tr>
<tr><td>• 사회관계</td><td>5(11)</td><td>5(12)</td><td>5(12)</td><td>20</td><td>28</td><td>29</td></tr>
<tr><td>• 예술경험</td><td>3(10)</td><td>3(10)</td><td>3(10)</td><td>17</td><td>20</td><td>20</td></tr>
<tr><td>• 자연탐구</td><td>3(11)</td><td>3(12)</td><td>3(12)</td><td>18</td><td>24</td><td>30</td></tr>
<tr><td>총계</td><td>20(56)</td><td>20(59)</td><td>20(59)</td><td>103</td><td>129</td><td>137</td></tr>
<tr><td rowspan="6">2019
개정 누리과정</td><td>• 신체운동 · 건강</td><td colspan="3">3(12)</td><td colspan="3" rowspan="6"></td></tr>
<tr><td>• 의사소통</td><td colspan="3">3(12)</td></tr>
<tr><td>• 사회관계</td><td colspan="3">3(12)</td></tr>
<tr><td>• 예술경험</td><td colspan="3">3(10)</td></tr>
<tr><td>• 자연탐구</td><td colspan="3">3(13)</td></tr>
<tr><td>총계</td><td colspan="3">15(59)</td></tr>
</table>

※ 교육과정 영역의 명칭이 개정 시마다 상이하여, 2019 개정 누리과정의 영역을 대표 명칭으로 사용함

〈표 3–8〉과 같이 각 영역별 내용 범주와 하위 내용의 수도 유치원 교육과정마다 달랐으나, 내용 범주의 경우 최소 12개에서 최대 20개로 구성되었다. 17~18개의 내용 범주로 구성된 경우가 가장 많았고, 2019 개정 누리과정은 교육과정의 대강화 경향을 반영하여 15개로 구성되었다. 내용은 유치원 교육과정마다 편차가 심했는데, 초기인 1, 2차 유치원 교육과정은 130개 내외였고 점차 감소하는 경향을 보였다. 3차 유치원 교육과정부터는 100개 내외로 감소하였고, 6차 유치원 교육과정부터는 70개 내외로 더욱 감소하였고, 2019 개정 누리과정에서는 역시 대강화 원칙에 따라 59개 내용이 제시되었다.

5차, 6차 및 2007 개정 교육과정은 3세 학급이 생기고 정착하던 시기로, 3, 4, 5세

유아의 발달적 특성을 고려하여 교육에 도움이 되도록 내용을 1수준, 2수준 또는 공통수준으로 제시하였다. 수준이 연령을 의미하는 것이 아니었기 때문에 한 학급(예: 3세 학급)에서 같은 내용을 유아에 따라 다른 수준으로 지도할 수 있음을 강조했으나, 교육현장에서는 수준이 연령으로 치환되는 경우도 있었다. 수준을 연령으로 치환하여 적용하는 경우, 연령은 3개(즉, 3, 4, 5세)였고 수준은 2개(즉, I, II 수준)거나 공통수준인 경우가 많았기 때문에 교사들은 적용이 어렵다는 이유를 들어 수준을 더 세분화해 달라는 요구를 하기도 했다. 한편 1, 2, 공통수준이 유아의 수준을 정확히 반영하기보다는 분류를 위한 수준 분류라는 비판도 제기되었다. 예를 들어, '약속을 알아본다'와 '약속을 알아보고 지킨다'가 분리될 수 없는 행동임에도 불구하고 1수준과 2수준으로 제시되어 있다. 현실에서는 알아보는 것은 지키는 것을 전제로 하므로 유아에게 약속을 지키도록 하지 않고 알아만 보자고 하는 것은 비교육적이고 불가능하므로 수준이 의미 없거나 부정확하다는 비판도 있었다.

ㄹ. 교육과정 영역별 내용을 지도하기 위한 수단으로서의 교사용 지도서

교육과정은 일반적으로 총론과 해설서로 구성되고, 교육과정의 목표와 내용을 달성할 수단으로 학생이 사용하는 교과서를 제공한다. 그러나 학생, 즉 유아가 교과서를 사용하지 않는 유치원 교육에서는 교사가 교육과정을 해석하고 영역별 목표를 달성할 수 있는 활동을 자율적으로 계획하여 실행해야 한다. 교사의 교육과정을 이해하는 능력뿐만 아니라 직전교육 기간과 경력이 매우 다양한 유아교육 분야에서는 교사의 교육과정 실천을 지원하려는 목적으로 교사용 지도서가 3차 유치원 교육과정부터 보급되었다. 교사용 지도서는 유아가 일상에서 경험하리라 생각되는 '생활주제'를 중심으로 구성되었다. 교사용 지도서가 보급되지 않았던 1, 2차 유치원 교육과정과 2019 개정 누리과정을 제외하고, 7번의 유치원 교육과정에서 보급된 교사용 지도서의 내용을 살펴보면 〈표 3-9〉와 같다.

〈표 3-9〉 교사용 지도서에 나타난 생활주제

<table>
<tr><th>핵심어</th><th>3차
(1981)</th><th>4차
(1987)</th><th>5차
(1992)</th><th>6차
(1998)</th><th>2007
개정</th><th>5세
누리과정
(2011)</th><th>3-5세
누리과정
(2012/
2015)</th><th>생활주제
출현 빈도</th></tr>
<tr><td>개수</td><td>8</td><td>14</td><td>9</td><td>11</td><td>12</td><td>11</td><td>11</td><td></td></tr>
<tr><td>적응</td><td>○</td><td>○(2)</td><td>○</td><td>○</td><td>○</td><td>○</td><td>○</td><td>7</td></tr>
<tr><td>나와 가족</td><td>○</td><td>○(2)</td><td rowspan="2">○[1]</td><td rowspan="2">○[4]</td><td>○</td><td>○</td><td>○</td><td>7</td></tr>
<tr><td>지역사회</td><td>○</td><td>○(2)</td><td>○</td><td>○</td><td>○</td><td>7</td></tr>
<tr><td>계절</td><td>○(4)</td><td>○(4)</td><td>○</td><td>○</td><td>○</td><td>○</td><td>○</td><td>7</td></tr>
<tr><td>교통 기관</td><td>○</td><td>○</td><td rowspan="2">○[2]</td><td>○</td><td>○</td><td>○</td><td>○</td><td>7</td></tr>
<tr><td>기계와 도구</td><td></td><td>○</td><td>○</td><td>○</td><td>○</td><td>○</td><td>6</td></tr>
<tr><td>우리나라</td><td>○</td><td>○</td><td rowspan="2">○[3]</td><td rowspan="2">○[5]</td><td>○</td><td>○</td><td>○</td><td>7</td></tr>
<tr><td>세계 여러 나라</td><td></td><td>○</td><td>○</td><td>○</td><td>○[6]</td><td>6</td></tr>
<tr><td>초등 준비</td><td>○</td><td>○</td><td></td><td></td><td></td><td></td><td></td><td>2</td></tr>
<tr><td>동식물</td><td></td><td>○</td><td>○</td><td>○</td><td>○</td><td>○</td><td>○</td><td>6</td></tr>
<tr><td>우주/환경</td><td></td><td>○</td><td>○</td><td>○</td><td>○</td><td>○</td><td>○</td><td>6</td></tr>
<tr><td>건강/안전</td><td></td><td>○(3)</td><td>○</td><td>○</td><td>○</td><td>○</td><td>○</td><td>6</td></tr>
<tr><td>특별한날</td><td>○(2)</td><td>○(3)</td><td>○</td><td>○</td><td></td><td></td><td></td><td>4</td></tr>
<tr><td>기타</td><td></td><td>○(3)</td><td></td><td></td><td></td><td></td><td></td><td>1</td></tr>
<tr><td>종일반</td><td></td><td></td><td></td><td>○</td><td>○</td><td></td><td></td><td>2</td></tr>
</table>

1) 가족 · 이웃과 고장 2) 교통기관 · 도구와 기계 3, 5) 우리 나라와 다른 나라
4) 가족과 이웃 6) 3세 제외
※ 괄호 안의 숫자는 생활주제가 세분화된 것을 의미함(예: 계절은 봄, 여름, 가을, 겨울의 4가지 생활주제로 나뉘어 표기됨)

교사용 지도서가 보급된 7개의 교육과정에서 사용된 생활주제는 '적응'부터 '종일반'에 이르기까지 매우 다양하며, 14개에 이른다. 그러나 '초등 준비', '기타', '종일반'과 같이 1~2회만 사용된 생활주제를 제외하면 11~12개의 생활주제가 빈번히 제시되었다. '적응', '나와 가족', '지역사회', '계절', '교통 기관', '우리나라'는 7개의 교육과정에서 매번 사용되었고, '기계와 도구', '세계 여러 나라', '동식물', '우주/환

경', '건강/안전'은 6개의 교육과정에서 사용되었다. 교육과정이 개발된 시기의 특성에 따라 채택된 생활주제도 있는데, '종일반'은 종일반 제도가 도입된 후 정착을 위해 지원이 필요했던 6차와 7차 유치원 교육과정에만 채택된 듯하다. '초등 준비'나 '특별한 날'은 교육과정 개정 초기에만 제시된 생활주제였으나 모든 교육과정에서 특정 생활주제가 제외되는 이유에 대한 설명은 제공되지 않았다. 생활주제의 수가 가장 많았던 것은 4차 유치원 교육과정으로 14개의 생활주제(세분화된 생활주제를 포함하면 26개)가 제시되었고, 초반에는 8~9개의 생활주제가, 6차 유치원 교육과정부터는 11~12개의 생활주제가 일관되게 제시되었다.

생활주제를 중심으로 한 교사용 지도서를 보급한 의도는 유아에게 친숙한 경험을 활용하여 교사가 교육과정 영역별 내용과 목표를 달성하도록 지원하는 것이었다. 유치원 교육과정이 제정되기 전부터 생활주제는 유치원 교육에서 중요한 위치를 차지했고 우리나라에서 유아교육이 양적 · 질적으로 급속하게 성장하고 많은 유아가 유치원 교육의 혜택을 받게 되는 과정에서 큰 기여를 해 왔다.

생활주제를 중심으로 한 교사용 지도서는 초 · 중등에서 사용하는 교과서가 아니라 교사들을 지원하기 위한 교수 원리나 지침의 성격을 가지고 있었다. 그러나 교육현장에서 교사들이 교사용 지도서만 주로 활용하고 교육과정의 총론과 해설서에서 제시한 교육의 영역별 내용과 목표에는 주의를 기울이지 않는 결과를 낳았다. 또한, 유아들의 흥미가 다른 곳에 있음에도 불구하고, 생활주제에만 초점을 맞추어 교육 환경 구성, 자유선택활동, 대 · 소집단 활동을 구성하는 경우가 많았기 때문에 미리 정해진 교사중심의 교육과정이 실행되는 것에 대한 우려도 제기되었다. 따라서 2019 개정 누리과정부터는 유아의 주도성과 자발적 흥미를 존중하는 것에 더 가치를 부여하고 유아의 놀이에서 발현하는 관심에 기반한 주제를 교육의 주제로 삼을 수 있도록 생활주제에 따른 교사용 지도서는 보급하지 않았다.

❸ 유치원 교육과정의 실행 및 지원

실행은 교육과정의 편성과 운영에 관한 것이고 지원은 교원, 학생 수용, 시설 · 설비, 재정에 관한 것이다. 편성과 운영은 시 · 도교육청, 지역교육청 유치원 수준에서 각각 서술되어 있다. 편성은 행정에 관한 내용이 주를 이루므로 제외하고 교육과정과 직접 관련된 유치원 수준의 운영에 대해서만 살펴보고자 한다.

ㄱ. 유치원 교육과정의 편성

편성은 행정에 해당되는 것이 많고 각 교육과정 간의 차이가 거의 없기 때문에 생략하고자 한다. 다만, 유치원 교육과정에 분리되어 적용되는 교육일수와 운영 시간의 변천만 요약하였다(표 3-10 참조).

〈표 3-10〉 유치원 교육과정의 교육일수와 운영 시간

개정차시	연간 수업일수	1일 수업시간	기타
1차(1969)	– 연간 200일 이상	– 하루 3시간(180분)	– 조정 가능
2차(1979)	– 연간 200일(주당 18~24시간)	– 하루 3~4시간	– 조정 가능
3차(1981)	– 연간 180일 이상	– 하루 3~4시간	– 조정 가능
4차(1987)	– 연간 180일 이상	– 하루 3시간	– 조정 가능
5차(1992)	– 연간 180일(연령 고려 조정 가능)	– 하루 180분	– 조정 가능
6차(1998)	– 연간 180일 이상	– 하루 180분	– 조정 가능
2007 개정	– 연간 180일	– 하루 최소 180분	– 자율적으로 결정
(2011) 5세 누리과정	– 5세 누리과정에는 '구성 방향'에 하루 운영 기준만 명시 – 3-4세 교육과정에 명시(연간 최소 180일)	– 5세 누리과정에는 3~5시간 – 하루 최소 180분	– 자율적으로 결정
(2012/2015) 3-5세 누리과정	– '편성'에 하루 운영 기준만 명시	– 2012: 하루 3~5시간 – 2015: 하루 4~5시간	– 융통성 있게 편성
2019 개정	– 유지('편성 · 운영'에 하루 운영 기준만 명시)	– 하루 4-5시간	– 일과 운영에 따라 연장하여 편성

유치원의 연간 수업일수는 1차와 2차 유치원 교육과정이 시행되던 기간까지는 연간 200일 이상이었으나, 그 이후 계속 연간 180일을 유지하고 있다. 2007 개정 유치원 교육과정 총론 겸 해설서(p. 21)에는 「유아교육법 시행령」 제12조(수업일 일수 법 제12조제3항)의 규정에 의해, 천재지변이나 교육과정의 운영상 필요한 경우에는 관할청의 승인을 얻어 10분의 1 범위 안에서 수업일수를 감축할 수 있다고 되

어 있다. 여기에 더해 2020년에는 천재지변이나 재해 등의 긴급한 상황(예: 감염병, 홍수, 지진 등)에서 시도교육청의 명령으로 휴업할 경우 휴업기간 동안 수업일수를 줄일 수 있게 「유아교육법 시행령」이 개정되었다.

> 유아교육법 시행령[대통령령 제30941호 일부개정 2020.8.14.]
>
> 제12조(수업일수 등)
>
> ① 법 제12조제3항에 따라 유치원의 수업일수는 매 학년도 180일 이상을 기준으로 원장이 정한다. 다만, 원장은 다음 각호의 구분에 따른 범위에서 수업일수를 줄일 수 있으며, 이 경우 다음 학년도가 시작되기 전까지 관할청에 보고해야 한다. [개정 2011.10.25., 2020.6.23., 2020.8.14.]
>
> 1. 천재지변의 발생, 연구학교의 운영 등 교육과정의 운영에 필요한 경우(제2호에 해당하는 경우는 제외한다): 수업일수의 10분의 1
> 2. 법 제31조제1항 · 제3항에 따른 휴업명령이나 휴원처분에 따라 휴업하거나 휴원하는 경우: 해당 휴업기간 또는 휴원기간
>
> ② 원장은 교육상 필요한 경우 보호자의 동의를 받아 교외체험학습을 허가할 수 있다. 이 경우 원장은 교외체험학습을 유치원 규칙으로 정하는 범위에서 수업으로 인정할 수 있다. [신설 2020.6.23.]

1일 수업시간은 2015 3–4세 누리과정 이전까지는 하루 최소 3시간(또는 180분)을 기준으로 하고, 그 이후는 4~5시간을 기준으로 하고 있다. 그러나 모든 교육과정에서 1일 수업시간을 융통성 있게 조정할 수 있다고 밝히고 있는데, 이는 유아의 연령(예: 3세 유아 취원), 종일제 운영 여부, 기관 유형 등의 특성을 고려하여 1일 수업시간을 결정하는 것이 바람직하기 때문이다. 예를 들어, 4차 유치원 교육과정 해설서(p. 3)에는 편제와 시간에 일일 최저 교육시간을 3시간으로 하되, 지역사회 요구나 유치원 특성에 따라 오전반, 오후반, 종일반, 반별 시간차를 둔 교육시간 운영 가능한 것으로 기술되어 있다. 6차 유치원 교육과정 해설서(p. 19)에는 교육시간 운영의 다양화를 추구하기 위해 수업시간에 따라 반일제(1일 3시간 이상 5시간 미만), 시간 연장제(5시간 이상 8시간 미만), 종일제(8시간 이상)로 구분하기도 하였다.

ㄴ. 유치원 교육과정의 운영

다음으로 유치원 교육과정의 운영에 대한 지침/방침(또는 구성의 중점, 구성 방침)이 교육과정별로 어떻게 변했는지 살펴보고자 한다. 운영 지침은 유치원 교육과정을 운영하는 데 중요하게 고려해야 할 사항을 제시한 것이다. 3차와 4차 유치원 교육과정은 운영 지침을 계획, 실행, 평가에 관한 사항으로 나누어 제시하였고, 그 외의 유치원 교육과정은 통합해서 제시하였다(부록 7 참조).

다음은 각 유치원 교육과정에서 강조한 운영 지침을 계획, 실행, 평가에 관한 사항으로 나누어 살펴보고자 한다. 운영 지침을 통합해서 제시한 유치원 교육과정의 경우는 그 내용에 따라 계획, 실행, 평가로 나누어 분리하여 아래의 표에 기록하였고, 통합해서 제시한 유치원 교육과정의 경우 지침 내용을 기준으로 계획, 실행, 평가로 분리하여 표에 정리하였다. 〈표 3-10〉부터 〈표 3-12〉에 나타난 바와 같이 운영 지침은 실행에 관한 항목이 가장 많고, 평가에 관한 항목이 가장 적었다. 먼저, 유치원 교육과정의 운영 지침 중 계획에 관한 항목을 살펴보면 〈표 3-11〉과 같다.

〈표 3-11〉 유치원 교육과정의 운영 지침(계획)

<table>
<tr><th>범주</th><th>핵심 내용</th><th>1차 (1969)</th><th>2차 (1979)</th><th>3차 (1981)</th><th>4차 (1987)</th><th>5차 (1992)</th><th>6차 (1998)</th><th>2007 개정</th><th>(2011) 5세 누리과정</th><th>(2012/2015) 3–5세 누리과정</th><th>2019 개정 누리과정</th></tr>
<tr><td rowspan="4">교육 계획</td><td>융통성 있는 교육계획(발달, 지역사회, 기관 특성, 계절 등)</td><td>○</td><td>○</td><td>○</td><td>○</td><td>·</td><td>·</td><td colspan="2">·</td><td>·</td><td>○</td></tr>
<tr><td>균형 있는 교육계획(통합적, 구체적)</td><td>·</td><td>○</td><td>·</td><td>○</td><td>·</td><td>·</td><td colspan="2">·</td><td>·</td><td>·</td></tr>
<tr><td>교육과정의 일반 목표와 구성방침을 준수한 계획</td><td>·</td><td>○</td><td>·</td><td>·</td><td>·</td><td>·</td><td colspan="2">·</td><td>·</td><td>·</td></tr>
<tr><td>교육계획안 작성 및 그것에 의거한 교육(연간, 월간, 주간, 일일)</td><td>·</td><td>·</td><td>·</td><td>○</td><td>·</td><td>·</td><td colspan="2">·</td><td>○</td><td>·</td></tr>
<tr><td rowspan="2">환경 계획</td><td>실외 놀이 환경 구비</td><td>·</td><td>○</td><td>○</td><td>○</td><td>·</td><td>·</td><td colspan="2">·</td><td>·</td><td>·</td></tr>
<tr><td>교육자료(교재, 교구)</td><td>·</td><td>○</td><td>○</td><td>○</td><td>·</td><td>·</td><td colspan="2">·</td><td>·</td><td>·</td></tr>
</table>

범주	핵심 내용	1차 (1969)	2차 (1979)	3차 (1981)	4차 (1987)	5차 (1992)	6차 (1998)	2007 개정	(2011) 5세 누리과정	(2012/2015) 3-5세 누리과정	2019 개정 누리과정
집단 계획	다양한 유형과 크기의 학습 집단 운영	·	·	○	·	·	·	·		·	·
연계 계획	지역사회의 시설과 자원 활용	·	·	·	○	·	·	·		·	·
편성	연간교육일수	·	·	·	○	·	·	·		·	·
	1일 교육시간	·	·	·	·	·	·	·		·	○
	일과 운영에 따른 확장 편성	·	·	·	·	·	·	·		·	○

※ 하나의 지침에 여러 내용이 포함된 경우는 분리하여 기록함(예: "유원장을 최대한 활용하고 기본적인 교육 자료를 확보, 활용한다."의 경우 '실외 놀이 환경'과 '교육자료(교재, 교구 등)'로 분리하여 기록함)

교육과정 운영 중 계획에 관한 지침은 교육계획에 대한 계획, 환경 구성에 대한 계획, 집단 구성에 대한 계획, 지역사회와의 연계에 대한 계획으로 대별할 수 있는데 교육계획과 관련된 지침과 환경 계획에 관한 지침은 초기 1~4차 유치원 교육과정에서 가장 강조되었다. 반면, 5차와 6차 유치원 교육과정과 2007 개정 및 2011 3-4세 유치원 교육과정에는 계획에 관한 지침이 전혀 없었다. 4차 유치원 교육과정과 2019 개정 누리과정 운영 지침에는 운영 지침과 관련 없는 지침, 즉 편성에 관한 지침도 포함되어 있었는데, 편성과 운영에 관한 지침은 구별될 필요가 있다.

다음으로 유치원 교육과정의 운영 지침 중 실행에 관한 항목을 살펴보면 〈표 3-12〉와 같다.

〈표 3-12〉 유치원 교육과정의 운영 지침(실행)

<table>
<tr><th>범주</th><th>핵심 내용</th><th>1차 (1969)</th><th>2차 (1979)</th><th>3차 (1981)</th><th>4차 (1987)</th><th>5차 (1992)</th><th>6차 (1998)</th><th>2007 개정</th><th>(2011) 5세 누리과정</th><th>(2012/ 2015) 3-5세 누리과정</th><th>2019 개정 누리과정</th></tr>
<tr><td rowspan="6">지도 방식</td><td>통합적 지도
(발달 영역 및 교육과정 영역의 목표)</td><td>·</td><td>·</td><td>○</td><td>·</td><td>○</td><td>○</td><td colspan="2">·</td><td></td><td></td></tr>
<tr><td>조정을 통한 개별적 지도
(발달 수준, 관심, 특성, 장애)</td><td>·</td><td>○</td><td>·</td><td>○</td><td>·</td><td>·</td><td colspan="2">·</td><td>○</td><td>○</td></tr>
<tr><td>구체적 경험을 통한 지도
(쉬운 것 → 어려운 것, 구체적 → 추상적)</td><td>·</td><td></td><td>○</td><td>·</td><td>·</td><td>·</td><td colspan="2">·</td><td>·</td><td>·</td></tr>
<tr><td>주입식 교육 지양 및 직접 경험 강조</td><td>·</td><td>○</td><td>·</td><td>·</td><td>·</td><td>·</td><td colspan="2">·</td><td>·</td><td>·</td></tr>
<tr><td>다양한 활동을 통한 교육</td><td>·</td><td>○</td><td>·</td><td>○</td><td>·</td><td>·</td><td colspan="2">·</td><td>·</td><td>·</td></tr>
<tr><td>다양한 유형과 크기의 학습 집단 구성하여 지도</td><td>·</td><td>○</td><td>·</td><td>○</td><td>·</td><td>·</td><td colspan="2">·</td><td>·</td><td>·</td></tr>
<tr><td rowspan="3">놀이 및 일상 강조</td><td>놀이중심 교육(흥미, 관심)</td><td>·</td><td>○</td><td>○</td><td></td><td>○</td><td>○</td><td colspan="2">·</td><td>·</td><td>○</td></tr>
<tr><td>충분한 놀이시간 확보
(실내외)</td><td>·</td><td>·</td><td>·</td><td>·</td><td>·</td><td>·</td><td colspan="2">·</td><td>·</td><td>·</td></tr>
<tr><td>놀이와 일상의 통합을 통한 교육</td><td>·</td><td>·</td><td>·</td><td>·</td><td>·</td><td>·</td><td colspan="2">○</td><td>·</td><td>·</td></tr>
<tr><td rowspan="5">중점 교육 내용</td><td>언어교육에서 문자교육 지양 및 언어생활경험 강조</td><td>·</td><td>○</td><td>·</td><td>·</td><td>·</td><td>·</td><td colspan="2">·</td><td>·</td><td>·</td></tr>
<tr><td>기본생활습관 교육</td><td>·</td><td>·</td><td>·</td><td>○</td><td>○</td><td>·</td><td colspan="2">·</td><td>·</td><td>·</td></tr>
<tr><td>안전 교육</td><td>·</td><td>○</td><td>·</td><td>·</td><td>·</td><td>·</td><td colspan="2">·</td><td>·</td><td>·</td></tr>
<tr><td>인성, 창의성, 전통문화 존중 교육</td><td>·</td><td>·</td><td>·</td><td>·</td><td>·</td><td>○</td><td colspan="2">·</td><td>·</td><td>·</td></tr>
<tr><td>편견 없는 교육(성, 종교, 가족, 민족, 신체조건)</td><td>·</td><td>·</td><td>·</td><td>·</td><td>·</td><td>·</td><td colspan="2">○</td><td>·</td><td>○</td></tr>
</table>

<table>
<tr><th>범주</th><th>핵심 내용</th><th>1차 (1969)</th><th>2차 (1979)</th><th>3차 (1981)</th><th>4차 (1987)</th><th>5차 (1992)</th><th>6차 (1998)</th><th>2007 개정</th><th>(2011) 5세 누리과정</th><th>(2012/ 2015) 3–5세 누리과정</th><th>2019 개정 누리과정</th></tr>
<tr><td>중점 교육 내용</td><td>범교육과정적 주제의 융통적 반영 (경제, 환경, 에너지 등)</td><td>·</td><td>·</td><td>·</td><td>·</td><td>·</td><td>·</td><td colspan="2">○</td><td>·</td><td>·</td></tr>
<tr><td rowspan="4">환경 및 자료</td><td>학습자료(생활 주변의 자료, 다양한 자료)</td><td>·</td><td>·</td><td>○</td><td>○</td><td>○</td><td>○</td><td colspan="2">·</td><td>·</td><td>·</td></tr>
<tr><td>적절한 환경 구성(환경 변화)</td><td>·</td><td>·</td><td>·</td><td>○</td><td>·</td><td>·</td><td colspan="2"></td><td>·</td><td>·</td></tr>
<tr><td>교과서 사용 금지</td><td>·</td><td>○</td><td>·</td><td>·</td><td>·</td><td>·</td><td colspan="2">·</td><td>·</td><td>·</td></tr>
<tr><td>다양한 흥미영역으로 실내외 환경 구성</td><td>·</td><td>·</td><td>·</td><td>·</td><td>○</td><td>○</td><td colspan="2">○</td><td>·</td><td>·</td></tr>
<tr><td rowspan="2">상호 작용</td><td>다양한 상호작용 (유아–유아, 유아–교사, 유아–교구)</td><td>·</td><td>·</td><td>○</td><td>·</td><td>·</td><td>·</td><td colspan="2">·</td><td>·</td><td>·</td></tr>
<tr><td>부모와 같은 사랑과 상호 작용</td><td>·</td><td>○</td><td>·</td><td>·</td><td>·</td><td>·</td><td colspan="2">·</td><td>·</td><td>·</td></tr>
<tr><td rowspan="3">가정 및 지역 사회 연계</td><td>가정과의 연계(부모 자원 활용)</td><td>·</td><td>·</td><td>○</td><td>○</td><td>·</td><td>·</td><td colspan="2">○</td><td>·</td><td>○</td></tr>
<tr><td>부모교육의 실시</td><td>·</td><td>·</td><td>·</td><td>·</td><td>○</td><td>○</td><td colspan="2">○</td><td>○</td><td>·</td></tr>
<tr><td>지역사회와의 연계</td><td>○</td><td>·</td><td>·</td><td>·</td><td>·</td><td>·</td><td colspan="2">·</td><td>○</td><td>○</td></tr>
<tr><td rowspan="2">특수 교육</td><td>특수교육을 위한 지원 (특수교사, 전문가)</td><td>·</td><td>·</td><td>○</td><td>○</td><td>·</td><td>·</td><td colspan="2">○</td><td>·</td><td>·</td></tr>
<tr><td>특수학습 설치(교육과정 조정 또는 특수학교 교육 과정 및 학습자료 활용)</td><td>·</td><td>·</td><td>·</td><td>·</td><td>·</td><td>·</td><td colspan="2">○</td><td>·</td><td>·</td></tr>
<tr><td rowspan="2">기타</td><td>교사 학습 공동체 운영 (교사 모임, 현장연구, 지역 연수)</td><td>·</td><td>·</td><td>·</td><td>·</td><td>·</td><td>·</td><td colspan="2">○</td><td>·</td><td>·</td></tr>
<tr><td>교사 재교육</td><td>·</td><td>·</td><td>·</td><td>·</td><td>·</td><td>·</td><td colspan="2">·</td><td>○</td><td>○</td></tr>
</table>

※ 하나의 지침에 여러 내용이 포함된 경우는 분리하여 기록함(예: "아동의 발달 수준과 관심 영역에 따라 개별적 학습/생활지도 방안을 수립하고 필요에 따라 특수교사 및 전문가의 도움을 받을 수 있다."의 경우 '개별 지도'와 '특수교육을 위한 지원'으로 분리하여 기록함)

교육과정 운영 중 실행에 관한 지침은 놀이 및 일상의 강조, 중점 교육내용, 환경 및 자료, 상호작용, 가정 및 지역사회와의 연계, 특수교육에 관한 실행으로 대별할 수 있다. 지도 방식과 중점 교육내용에 관한 항목이 가장 많았고 놀이 및 일상생활의 강조와 환경 및 자료 그리고 가정 및 지역사회와의 연계에 관한 항목도 많았다.

유아교육에서 지속적으로 강조되어 온 다양한 지침이 처음 교육과정에 나타난 시기를 살펴보는 것은 유아교육의 핵심 원리의 지속성을 이해하는 데 도움이 된다. 통합적 지도, 다양한 요인을 고려한 개별적 지도, 놀이중심의 교육, 가정과의 연계는 유치원 교육과정 초기부터 강조되어 현재까지도 강조되고 있는 원리이다. 기본생활습관, 놀이와 일상의 통합, 학습자료, 흥미영역의 구성에 관한 항목은 유치원 교육과정의 중기(예: 4~6차 유치원 교육과정)에 강조된 원리이다. 편견 없는 교육이나 범교육과정적 주제의 융통적 반영에 관한 원리는 비교적 후반부부터 강조된 원리이다.

마지막으로 유치원 교육과정의 운영 지침 중 평가에 관한 항목을 살펴보면 〈표 3-13〉과 같다.

〈표 3-13〉 유치원 교육과정의 운영 지침(평가)

범주	핵심 내용	1차 (1969)	2차 (1979)	3차 (1981)	4차 (1987)	5차 (1992)	6차 (1998)	2007 개정	(2011) 5세 누리과정	(2012/2015) 3-5세 누리과정	2019 개정 누리과정
의의	진보에 대한 이해	·	·	○	○	·	·	·	·	·	·
	발달과 진보 지원	·	·	·	○	·	·	·	·	·	·
	목표지향적 평가	·	·	○	·	·	·	·	·	·	·
방법	다양한 방법을 사용한 평가 (내용과 대상에 따라)	·	·	·	○	·	·	·	·	·	·
	시험 및 성적표 작성 금지	·	○	·	·	·	·	·	·	·	·
	지속적인 관찰, 기록 보관, 활용	·	·	·	○	·	·	·	·	·	·

범주	핵심 내용	1차 (1969)	2차 (1979)	3차 (1981)	4차 (1987)	5차 (1992)	6차 (1998)	2007 개정	(2011) 5세 누리과정	(2012/2015) 3-5세 누리과정	2019 개정 누리과정
평가 결과 활용	가정과 평가 결과 공유	·	·	○	·	·	·	·	·	·	·
	교육활동을 위한 계획에 평가 결과 활용	·	·	○	○	·	·	·	·	·	·
	유치원 교육과정 평가 후 추후 교육과정 편성에 결과 반영	·	·	·	·	·	·	○	○	·	·

※ 하나의 지침에 여러 내용이 포함된 경우는 분리하여 기록함(예: "아동의 발달 상황을 이해하고 도와주는 긍정적인 측면에서 하되 목표지향적 평가가 이루어지도록 한다."의 경우 '진보에 대한 이해'와 '목표지향적 평가'로 분리하여 기록함)

교육과정 운영 중 평가에 관한 지침은 평가의 의의, 방법, 평가 결과의 활용으로 대별할 수 있는데 각 범주에 속한 항목의 수는 유사하였다. 평가에 관한 지침은 2차 유치원 교육과정에 처음 나타났고 3차와 4차 유치원 교육과정까지만 기술되었다. 5차 유치원 교육과정부터는 평가에 관한 지침은 없었지만, 유아에 대한 평가 이외에 유치원 교육과정 평가와 활용에 대한 지침이 2007 개정 유치원 교육과정에 처음 포함된 의의가 있다.

ㄷ. 유치원 교육과정의 교수·학습

교수 · 학습은 교사는 어떻게 가르치고 유아는 어떻게 학습하는가에 대한 원칙을 설명함으로써 교육과정의 영역별 목표를 효과적으로 달성하도록 하기 위해 제시된다. 교수 · 학습에는 유아기의 발달 특성을 고려한 원리뿐만 아니라 교육을 바라보는 철학적 시각(예: 주도적 vs. 수동적 학습자로서의 유아)도 반영된다.

'교수 · 학습 방법'에 해당하는 목차는 6차 유치원 교육과정(1988)에 처음 나타났고 2019 개정 누리과정까지 유지되고 있다. 그 이전의 교육과정에서는 분리된 목차는 없었지만, '지도상의 유의점'(1차, 2차, 4차 일부), '지도'(3차, 4차), '방법'(5차)의 목차에서 '교수 · 학습 방법'과 관련된 내용을 일부 찾을 수 있다. 교수 · 학습의 원리를 반영하는 항목을 유사한 내용으로 나누면 개별 지도, 통합적 지도, 직접 경험을 통한 지도, 적절한 환경 제공을 통한 지도, 다양한 유형의 활동이나 상호작용을 균형 있게 지도, 교사의 바람직한 언어 사용을 통한 지도, 특정 내용의 지도, 운영이나 협력을 통한 지도가 강조됨을 알 수 있다. 통합과 환경에 관한 내용은 가장 빈번히 언급되었고, 운영이나 특정 내용에 대한 언급은 상대적으로 적게 언급되었다.

● 교수 · 학습 지침

우리나라 유치원 교육과정에 제시된 교수 · 학습의 내용을 살펴보면 '어떻게 가르칠 것인가'에 대한 항목보다는 '어떤 조건이 갖춰지면 학습의 효율성이 높아질 것인가'를 강조하는 항목이 더 많고, 어떤 항목은 교수 · 학습과 관련이 없다(표 3-14 참조).

〈표 3-14〉 유치원 교육과정의 교수 · 학습 지침

	핵심 용어	1차 (1969)	2차 (1979)	3차 (1981)	4차 (1987)	5차 (1992)	6차 (1998)	2007 개정	(2011) 5세 누리과정	(2012/2015) 3-5세 누리과정	2019 개정 누리과정
개별	발달 수준, 관심에 따른 개별 지도	·	○	○	○	·	·	·	·	·	·
개별	교육내용 수준 결정 시 유아의 관심, 흥미, 발달 수준 고려	·	·	·	·		○	·	·	·	·
통합	교육내용은 다양한 활동을 통해 지도	○	·	·	○	○	○	·	·	·	·
직접 경험	교육활동은 유아가 직접 참여(예: 발표, 토의, 견학)하는 다양한 방법으로 지도	·	○	·	·	·	○	·	·	·	·
통합	영역별 내용/목표의 통합적, 반복적 지도	○	○	○	○	○	○	·	·	·	·
통합	놀이중심(흥미/관심)의 통합적 교육활동	·	○	○	○	·	○	○	○	○	○
통합	주제를 중심으로 여러 활동 통합	·	·	·	·	·	·	·	·	○	·

	핵심 용어	1차 (1969)	2차 (1979)	3차 (1981)	4차 (1987)	5차 (1992)	6차 (1998)	2007 개정	(2011) 5세 누리과정	(2012/ 2015) 3-5세 누리과정	2019 개정 누리과정
환경	충분하고 융통성 있는 시간, 공간, 자료	○	○	·	·	·	·	·	·	·	·
환경	흥미 영역과 교재, 교구의 융통성(예: 계절, 주제, 유아의 요구) 있는 구성	·	·	·	·	○	○	○	○	·	·
환경/직접 경험	구체적이고 직접 경험 가능한 실물자료 중심의 다양한 교재 · 교구 사용(예: 주변 자료, 자연물)과 학습지 사용 금지	○	○	○	○	○	○	○	○	·	·
환경	민주적이고 수용적인 분위기와 안정된 심리적 환경	○	·	·	·	○	·	·	·	·	·
균형	활동 특성(예: 정적/동적, 실내/외, 개별/집단, 유아/교사 주도) 간의 균형	○	·	·	·	○	○	○	○	○	·
균형	다양한 유형의 능동적 상호작용(예: 유아-유아, 유아-교사, 유아-교구 간)	·	·	○	·	·	○	○	○	○	·
운영	종일반/시간 연장제는 오전과 별도로 일과 구성(예: 놀이, 휴식, 바깥놀이)	·	·	·	·	·	○	○	·	·	·
교사 언어	교사의 긍정적 언어(예: 지지, 사랑, 수용, 정성)와 태도(예: 의견/질문 수용)	·	·	·	·	○	○	·	○	·	·
교사 언어	교사의 확산적 질문을 통한 유아의 사고(예: 호기심, 창의적 사고) 촉진	·	○	·	·	·	○	·	○	·	·
교사 언어	활동 특성에 따른 교사의 다양한 질문 및 방법(예: 대화, 극놀이, 모델 제시)	·	·	·	·	○	·	○	·	·	·
개별	개별 유아 특성(예: 관심, 흥미, 발달, 환경) 관찰과 적절한 지원을 통한 학습	·	·	·	·	·	·	○	○	○	·

	핵심 용어	1차 (1969)	2차 (1979)	3차 (1981)	4차 (1987)	5차 (1992)	6차 (1998)	2007 개정	(2011) 5세 누리과정	(2012/2015) 3–5세 누리과정	2019 개정 누리과정
직접 경험	생활 속 경험을 소재로 지식, 기능, 태도, 가치 습득	·	·	·	·	·	·	·	·	○	·
교수	나선형 지도(쉬움 → 어려움 / 구체 → 추상)	·	○	○	·	·	·	·	·	·	·
내용	기본생활습관(예: 준법, 질서, 예절)	·	·	·	○	·	·	·	·	·	·
교수	활동 유형에 따른 다양한 학습 집단 및 집단 크기 활용	·	·	·	○	·	·	·	·	·	·
교수	주입식 교육 금지	○	○	·	·	·	·	·	·	·	·
협력	가정과의 협력(예: 교사 보조자로서의 학부모)	○	○	○	○	·	·	·	·	·	·
협력	부모 및 전문가와의 협력을 통한 특수교육 대상 유아 지도	·	·	·	○	○	○	·	·	·	·

※ '교수 · 학습 방법'의 분리된 목차가 없는 유치원 교육과정(1~5차 유치원 교육과정)에는 교수 · 학습 방법과 관련 없는 내용(예: 시간 연장제 및 종일제 운영)도 많이 포함되어 있으므로 '교수 · 학습 방법'을 반영하는 항목만 추출하여 분석함

※ 분리된 목차가 있는 6차 유치원 교육과정의 경우, '교수 · 학습 방법'과 관련 없는 항목이라도 모두 포함하여 분석함

※ 4차 유치원 교육과정의 분리된 목차인 '지도'와 '지도상의 유의점' 중 교수 · 학습에 관한 항목 추출하여 분석함

※ 2011 교육과정은 만 5세 유아에게 적용되는 누리과정과 만 3~4세 유아에게 적용되는 교육과정으로 이원화되어 있고 교수 · 학습 방법은 '3–4세 교육과정'에만 제시됨

예를 들면, 직접 경험을 통해 배우기, 놀이를 통해 배우기, 교사가 특정 유형의 질문을 통해 가르치기, 쉬운 것 → 어려운 것 또는 구체적 → 추상적인 것 가르치기, 주입식 교육 금지에 관한 항목은 교수 · 학습의 본질적 의미를 반영한 '어떻게 가르칠 것인가'와 관련 있다. 반면, 영역별 내용이나 목표의 통합적/반복적 지도, 충분하고 융통성 있는 시간, 공간, 자료의 준비, 다양한 활동의 균형 유지에 관한 항목은 교수 · 학습의 본질적 의미보다 학습의 효율성이 높아지는 조건을 반영한 항목이다. 또한, 기본생활습관 가르치기, 부모를 교사 보조자로 활용하기, 종일반이나 시간 연장제는 오전과 별도로 일과 구성에 관한 항목은 교수 · 학습과 선혀 관계가 없는 항목이라고 할 수 있다. 교사가 유아를 지도하는 데 교수 · 학습에 관한 지침이 도움이 되기 위해서는 유아기에 적절한 교수 · 학습 방법에 대한 심도 있는 논의가 필요하다. 교수 · 학습에도 교육철학과 교육 심리학적 기초가 반영되므로 유아를 가르치는 최선의 방법에 대한 전문가의 논의와 합의를 거치는 과정이 필요하고, 관련 없는 항목은 편성이나 운영 등의 적절한 목차로 이동 배치할 필요가 있다.

● 교수 · 학습 방법으로서의 놀이

유아교육에서 누구나 동의하는 교수 · 학습 방법의 핵심은 놀이이다. 놀이는 1차 유치원 교육과정부터 강조되었는데, 1차부터 3차까지는 '자유놀이', 4차부터 2012/2015 누리과정까지는 '자유선택활동', 2019 개정 누리과정부터는 '놀이'라는 명칭을 사용하고 있다. 자유롭게 놀이한다는 의미를 강조한 자유놀이, 자유롭게 선택해서 놀이한다는 의미를 강조한 자유선택활동, 놀이의 본질적 의미를 강조한 놀이의 3가지 용어가 사용되어 왔으나, 2019 개정 누리과정을 제외하고는 놀이를 지칭하는 다양한 용어 중 어떤 이유로 그 용어를 사용하는지에 대한 설명은 없었다.

자유선택활동이란, 1987년부터 약 30년간 사용되었는데, 교사용 지도서에 소개된 다양한 놀이 영역에 교사가 제공한 활동을 유아가 선택하여 놀이하는 방식으로 진행되었다. 그러나 유아가 자유롭게 놀기보다는 어떤 영역의 놀이를 할지 계획하거나 교사가 제공한 놀이 중에서 선택하여 놀이를 해야 했으므로, 유아가 진정한 의미의 자유로운 놀이를 하기는 어려웠다는 우려도 있었다.

● 교수 · 학습 방법인 놀이의 장으로서의 영역

유아가 놀이를 할 수 있게 지원하는 방법 중 하나는 놀이를 촉진하는 환경과 자료를 구성하는 것이다. 유사한 특성을 가진 놀잇감(자료 또는 교재교구라는 명칭도 사용됨)을 가지고 놀 때 유사한 교육적 또는 발달적 효과가 있다는 전제하에 환경을 놀이 영역으로 나누어 구성하였다. 자유놀이라는 용어를 사용하던 시기(2~3차 유치원 교육과정)는 '자유놀이 영역', 자유선택활동이라는 용어를 사용하던 시기(4차~2012/2015 3–5세 누리과정)는 '자유선택활동 영역'이라는 용어를 사용하였다. 교육과정에서 놀이 영역에 대한 언급이 있었던 2차 유치원 교육과정부터 총론, 해설서, 교사용 지도서의 내용을 기초로 이를 정리해 보면 〈표 3–15〉와 같다.

〈표 3–15〉 놀이 영역의 명칭

핵심어	2차 (1979)	3차 (1981)	4차 (1987)	5차 (1992)	6차 (1998)	2007 개정	(2011) 5세 누리과정	(2012/2015) 3–5세 누리과정
개수		6	13	14	12	10	7	7
쌓기		적목놀이	→	쌓기놀이	→	→	→	→
수 · 조작		수 개념, 기억력, 사고력발달	조작놀이	조작놀이 수학	수 · 조작 놀이	→	→	수 · 조작
과학		과학	과학활동 (놀이)	과학	→	→	→	→
역할		소꿉놀이, 극놀이	소꿉놀이 역할놀이	역할놀이	→	→	→	→
언어		언어 능력	도서	언어	→	→	→	→
물 · 모래		모래밭, 물놀이장소	물놀이 모래놀이	→ →	물 · 모래 놀이	물놀이	·	·
미술			미술활동	미술	조형	→	미술	→
음률			음악활동	음률	→	→	→	→
요리			요리활동	요리	·	·	·	·
목공			목공놀이	→	→	·	·	·

핵심어	2차 (1979)	3차 (1981)	4차 (1987)	5차 (1992)	6차 (1998)	2007 개정	(2011) 5세 누리과정	(2012/ 2015) 3-5세 누리과정
컴퓨터			·	컴퓨터	→	→	·	·
대근육			·	·	대근육 활동 (종일반)	·	·	·
바깥놀이			바깥놀이	→	실외놀이	·	·	·

※ 3차 유치원 교육과정의 놀이 영역 명칭은 쉼표로 연결된 하나의 명칭임(예: 수 개념, 기억력, 사고력 발달 영역) / 5차 유치원 교육과정은 교육부(1992). 유치원 교사용 지도서: 3세 유아 교육활동 지도 자료와 교육부(1995). 유치원 교육활동 지도 자료로 나뉘어 있으나 10권의 지도서가 있었던 1995년 자료를 기초로 작성함 / 2007 개정 유치원 교육과정은 유치원 지도서 1(총론)과 주제별 유치원 지도서(2-13)에서 사용한 용어가 다르기 때문에 주제별 지도서에서 사용한 용어를 기준으로 작성함 / 2019 개정 누리과정은 놀이 영역에 대해 공식적으로 기술하지 않고 2012/2015 개정 누리과정의 내용을 유지함

각 영역의 명칭은 2차 유치원 교육과정부터 현재에 이르기까지 조금씩 달랐으나 가장 빈번하게 사용된 명칭을 핵심어로 하여 살펴보면 쌓기, 수 · 조작, 과학, 역할, 언어, 물 · 모래, 미술, 음률, 요리, 목공, 컴퓨터, 대근육, 바깥놀이의 13개 영역이 있었다. 그중 쌓기, 수 · 조작, 과학, 역할, 언어는 2차 유치원 교육과정부터 현재까지 교육과정에 지속적으로 제시되었고, 미술과 음률은 2차 유치원 교육과정을 제외한 모든 교육과정에 제시되었다.

그 밖의 영역은 시기별로 다르게 나타났는데, 물 · 모래는 2~6차 유치원 교육과정까지만 제시된 후 모든 유치원에서 물 · 모래 놀이를 위한 영역을 설치하는 것이 현실적으로 어려운 점을 반영하여 2000년대에 들어서서는 제외되었다. 요리, 목공, 컴퓨터는 인지주의 이론의 영향이 강했던 1980년대에 개정된 교육과정(예: 3, 4, 5차 유치원 교육과정)에 지속적으로 제시된 영역이다. 요리의 경우 항상 놀이로 진행되는 것이 아니라, 요리를 할 필요가 있을 때 교사와 유아가 함께 준비해서 하는 특성이 강하므로 항상 있어야 하는 영역에서 제외하고 대 · 소집단 활동으로 제시되었다. 대근육과 바깥놀이는 어느 교육과정에서나 강조된 놀이이지만 분리된 영역으

로 제시되느냐의 여부는 그 교육과정(4차, 5차, 6차 유치원 교육과정)에서 바깥놀이의 중요성을 특히 강조하고자 하는 의도가 있는지와 특정한 공간을 영역으로 지정하는 것의 어려움(예: 실내에 있는 영역은 여러 영역으로 나눈 반면 바깥놀이는 하나의 영역으로 지정하는 것, 대근육 영역은 학급 내뿐만 아니라 유희실과 바깥놀이 공간 등에서도 구성할 수 있는 점)을 고려하여 결정되었다.

각 영역별 명칭에 '놀이'를 붙였는지도 영역에 따라 달랐는데, 전통적으로 놀이로 인식되어 온 쌓기놀이, 역할놀이, 물 · 모래놀이는 일관되게 '쌓기놀이 영역', '역할놀이 영역', '물 · 모래놀이 영역'으로 불렀다. 수 · 조작은 2번(2차 유치원 교육과정과 2011 누리과정)을 제외하고는 '수 · 조작놀이 영역'으로 불렀다. 이는 조작을 의미하는 영어 단어(manipulative)가 손으로 조작하는 작은 놀잇감(예: 레고나 작은 크기의 끼워 맞추기 블록)의 의미를 지녔기 때문에 그 뒤에 '놀이'를 붙인 것으로 보인다. 그러나 우리나라에서는 놀이로 보기 어려운 퍼즐, 몬테소리 교구, 다양한 개념을 가르칠 의도로 제작된 교구(예: 지역사회 여러 기관의 그림과 종사하는 사람이나 상징하는 옷을 1:1 대응시키기, 엄마 동물과 아기 동물 1:1 대응시키기) 등을 제공하는 영역으로 운영되었다. 그 외의 영역은 '놀이'를 제외한 명칭(예: 과학 영역)을 사용하였다.

각 영역별 명칭의 변천을 살펴보면 초반에는 다양한 용어를 사용하기도 했지만(예: 언어 능력, 책 보기, 도서, 언어; 소꿉놀이/극놀이, 소꿉놀이/역할놀이; 음악, 음률), 대략 4차 또는 5차 유치원 교육과정 이후에는 하나의 명칭을 일관되게 사용하고 있다. 교육과정을 개정할 때마다 최근까지도 바뀌는 영역 명칭은 미술이다. 미술은 '미술'과 '조형'이라는 용어를 번갈아 사용해 왔다. 미술 영역이라는 용어를 사용할 때는 미술이 조형보다 더 큰 범주(용어)라는 이유가 제시되었고, 조형 영역이라는 용어를 사용할 때는 그리기 같은 평면 미술 이외에 입체 미술도 장려하는 의미가 강조되었다.

놀이를 하는 공간으로서의 놀이 영역은 유사한 특성을 가진 놀잇감을 한 곳에 제시하여 유아의 놀이를 촉진하고 유아가 다양한 놀이를 할 동기가 유발되도록 지원한다는 의미이다. 그러나 이 의미가 바람직하지 않은 방향으로 과대 해석되어,

특정 놀이 영역에서는 유아가 특정 놀이만 하도록 하거나 다른 영역으로 이동하지 못하게 하기도 하고 다른 영역의 놀잇감을 섞어서 사용하지 못하게 하는 등의 경직된 방식으로 운영되어 놀이 영역 자체가 무의미하다는 논란을 불러일으키기도 하였다.

● 교수 · 학습 방법으로서의 대 · 소집단 활동

대 · 소집단 활동은 교사가 계획해서 하는 활동이다. 생활주제나 일상에서의 다양한 동기(예: 유아들의 공통 경험, 특별한 사건, 새로운 규칙을 만들 필요성)로 활동을 계획해서 대집단 또는 소집단으로 실시하는 것이 보편적이다. 2019 개정 누리과정에서는 교사가 미리 계획해서 실시하기보다 대 · 소집단 활동이 유아의 놀이나 일상생활의 질을 높이거나 지원하는 데 도움이 된다고 판단하는 경우에 실시할 것을 강조하고 있다. 따라서 다양한 종류의 대 · 소집단 활동을 고르게 하는 데 초점을 두기보다는 왜 그 활동을 실시할 필요가 있는지를 판단한 후 실시 여부를 결정하는 것이 중요하다.

대 · 소집단 활동의 종류는 이야기나누기, 음악, 율동/신체, 문학, 게임, 요리, 현장체험, 미술, 실험의 9개로 대별된다. 이야기나누기, 음악, 율동/신체, 문학, 게임, 현장체험은 3차 유치원 교육과정부터 2012/2015 3–5세 누리과정까지 지속적으로 제시되었다. 요리, 미술, 실험은 놀이 영역과 중복되기도 했는데(예: 3차와 4차 유치원 교육과정에는 놀이 영역과 대 · 소집단 활동의 일부로서의 요리가 중복), 교사가 주도하는 활동으로 진행되는 것과 놀이의 일부로 진행되는 것의 중요성과 특성(예: 교사가 계획해서 집단으로 실시하는 미술보다는 미술 영역에서 놀이의 방식으로 진행되는 미술; 놀이 영역으로서의 요리보다는 소집단으로 진행되는 요리의 특성) 등을 고려해서 놀이 영역 또는 대 · 소집단 활동 중 하나로 제시되었다.

초기 유치원 교육과정에서는 9개로 대별된 대 · 소집단 활동이 활동의 성격에 따라 세부 종류로 나뉘어 제시되기도 하였다. 예를 들면, 음악은 노래, 음악, 손유희, 창작표현, 노래놀이, 음악감상(예: 3차 유치원 교육과정)으로 세분화되어 있고, 문학은 동화 · 동극, 동시, 이야기 꾸미기로 세분화되어 있다. 1990년대 초반(예: 5차 유치원 교육과정) 이후에는 세분화하기보다는 통합(예: 음악, 신체)하고 같은 용어를 유지하는 경향을 보이고 있다.

〈표 3-16〉 대 · 소집단 활동의 명칭

대표 용어	3차 (1981)	4차 (1987)	5차 (1992)	6차 (1998)	2007년 개정	(2011) 5세 누리과정	(2012/2015) 3-5세 누리과정
개수	23개	17개	9개	7개	11개	11개	11개
이야기 나누기	이야기나누기	→	→	→	→	→	→
음악	노래	노래 음악 활동 악기놀이 음악감상	음악	음악 활동	음악	→	→
율동/신체	율동 신체표현 몸으로 표현하기 표현하기	동작 활동	신체 활동 신체 표현	신체 활동	신체	→	→
문학	동화 동시 동시 감상 동시 지어 보기 언어놀이 이야기 꾸미기 동극 극놀이	동화 동시 동시 짓기 동극	동화 · 동극 동시 이야기 꾸미기	동시 · 동화 · 동극	동화 동극 동시	→ → →	→ → →
게임	게임	→	→	→	→	→	→
요리	간식 만들기	요리활동	·	·	요리	→	→
현장체험	견학	견학	→	현장학습	현장체험	→	→
미술	작업	미술활동	·	·	·	·	미술
실험	관찰 실험	실험 및 관찰	·	·	수학	조사활동	·

대표 용어	3차 (1981)	4차 (1987)	5차 (1992)	6차 (1998)	2007년 개정	(2011) 5세 누리과정	(2012/2015) 3-5세 누리과정
기타	역할놀이 바깥놀이 간식	역할놀이 간식	·	실외 활동	바깥놀이 활동	→	→

※ 교사용 지도서가 보급된 3차 유치원 교육과정부터 분석함

※ 3차 유치원 교육과정(1981)은 자료에 따라 대 · 소집단 활동의 종류가 다르게 기술됨: 위의 표는 문교부(1983)를 기준으로 작성함

- [문교부(1983). 유치원 교육과정 해설집: 정서 발달 영역, 언어 발달 영역, 인지발달 영역, 신체 발달 영역, 사회성 발달 영역]에는 대 · 소집단 활동에 '이야기나누기, 노래, 음악, 손유희, 창작표현, 노래놀이, 음악감상, 율동, 동작, 동화, 동시, 동극, 인형극, 게임, 요리, 견학, 작업, 그리기, 실험, 관찰, 기타(역할놀이)'가 제시됨
- [문교부(1984). 유치원 교사를 위한 유아교육지도 자료집 3월]에서는 대 · 소집단 활동을 '이야기나누기, 음악, 율동, 동화, 게임, 작업 시간, 기타 활동(현장 견학, 관찰 및 실험)'으로 분류하고 있음

※ 2007 개정 유치원 교육과정은 유치원 지도서 1(총론)과 주제별 유치원 지도서(2-13)에서 사용한 용어가 다르기 때문에 주제별 지도서에서 사용한 용어를 기준으로 작성함 / 4세의 생활주제 '유치원과 친구'에는 '수학'이 있었고, 그 외 지도서 '종일반'에는 '전이 · 주의집중, 귀가지도, 토의, 책 만들기, 노래, NIE 활동, 신체표현, 실험'이 기술됨

※ 5세 누리과정(2011) 교사용 지도서의 주간교육계획안 예시에는 '미술' 활동이 있으나, 지도서 전 권에서는 자유선택활동 시간 중 미술 영역에서의 활동으로 기술하고 있으므로 대 · 소집단 활동에서 제외함

※ 2019 개정 누리과정은 활동(대 · 소집단 활동)의 종류에 대해 공식적으로 기술하지 않고 2012/2015 3-5세 누리과정의 명칭을 유지함

❹ 평가

1차와 2차 유치원 교육과정에서는 평가에 대한 서술이 없었다. 3차 유치원 교육과정에서는 유아 평가가 처음으로 서술되었고, 4차 유치원 교육과정에서는 처음으로 교육과정 평가가 언급되었으나 유아 평가와 교육과정 평가를 구분하지 않고 서술하였다. 유치원 평가는 2008년에 처음 시작되었으나 10년 전인 6차 유치원 교육과정부터는 유아 평가와 교육과정 평가를 분리해서 서술하기 시작하였다. 교육과정 평가는 유치원 평가의 내용을 요약하는 의미를 가지므로, 본서에서는 해설서와 고시문에 제시된 유아 평가에 관한 내용을 중심으로 교육과정에 따른 변천을 살펴보기로 한다.

유치원 교육과정에서 평가에 대한 서술은 발전적인 방향으로 변화해 왔음을 알 수 있다. 먼저, 평가 영역에 대한 서술을 살펴보면, 평가에 대한 서술이 처음 나타난 3차 유치원 교육과정에서는 유아 평가에 관한 서술만 있었으나 2007 개정 유치원 교육과정에서는 교육과정 평가와 유아 평가를 분리해서 서술함으로써 평가의 영역을 분리하고 구체적으로 서술함을 알 수 있다.

유아 평가의 내용에 대한 서술도 기본적인 내용으로 시작하여 복합적인 내용으로 변화해 왔는데, 유아 평가에 대해 처음 서술한 3차 유치원 교육과정에서는 평가의 목적과 활용에 대한 서술만 있었으나, 4차 유치원 교육과정에서는 평가의 다양한 방법이 추가되었고, 5차 유치원 교육과정에서는 영역별 목표에 준하는 평가를 강조하였다. 유아 평가에 대한 서술이 가장 포괄적인 것은 2007 개정 유치원 교육과정이었는데, 교육과정 목표뿐만 아니라 내용을 준거로 한 평가, 태도, 지식, 기능에 대한 종합적 평가, 유치원 하루 일과를 통한 포괄적 평가, 평가 결과의 활용에 교수 · 학습 방법 개선이 포함된 점을 주목할 만하다. 그 이후로는 유아 평가에 대한 서술에 큰 변화 없이 유지되었고, 2019 개정 누리과정에서는 유아의 놀이를 지원하는 교사의 역할을 강조하고 평가에 대한 교사의 부담을 경감한다는 이유로 유아와 누리과정 운영 평가를 혼합하고 축소해서 기술하였다(부록 8 참조).

2. 어린이집 표준보육과정의 변천

어린이집 표준보육과정은 우리나라 어린이집의 역사에 비해 다소 늦게 제정되었다. 1921년 태화기독교사회관에서 빈민아동을 구제하고자 보육사업을 시작한 것을 최초의 보육기관으로 본다면 제1차 표준보육과정은 2007년이 되어서야 최초로 고시되었기 때문이다. 어린이집 표준보육과정은 3차례 개정되어 현재 제4차 어린이집 표준보육과정(2020년 개정)이 시행되고 있다.

1) 어린이집 표준보육과정의 역사

1991년 양육의 관점 및 기관 보육에 대한 인식 변화로 사회적으로 보육 수요가 급증하자 정부는 「영유아보육법」을 제정하여 종전의 단순 탁아 사업에서 보호와 교육을 통합한 보육사업을 시행하였다. 2004년에 「영유아보육법」을 개정하여 보육서비스의 질 향상과 공적 책임을 강화하도록 하였고, 보건복지부에서 여성가족부로, 다시 보건복지가족부로 업무가 이관되는 등 보육사업 발전을 위한 노력과 변화가 일어났다.

체계적인 어린이집 운영을 위하여 2007년에 1차 어린이집 표준보육과정을 고시하였고, 2008년부터 시행하게 되었다. 1차 표준보육과정은 기본생활, 신체운동, 사회관계, 의사소통, 자연탐구, 예술경험의 6개 영역으로 구성되었으며, 2세 미만 영

〈표 3-17〉 어린이집 표준보육과정 개정 과정

개정과정	내용
「영유아보육법」 개정 (2004. 1.)	• 표준보육과정 개발 보급에 대한 법적 근거 마련 – 「영유아보육법」 제29조 제2항, 제4항, 시행규칙 제30조
1차 표준보육과정 (2007. 1. 고시, 2008. 3. 시행)	• 여성가족부, '어린이집 표준보육과정' 고시 – 2007년, 표준보육과정을 개발하여 표준보육과정령과 고시 마련
2차 표준보육과정 (2012. 2. 고시, 2012. 3. 시행)	• 보건복지부 어린이집 '제2차 표준보육과정' 고시 – 유치원 교육과정과 어린이집 표준보육과정을 '5세 누리과정'으로 통합하여 고시 시행(2011. 9. 고시, 2012. 3. 시행) – 5세 누리과정 도입에 따라 0~4세 표준보육과정 내용 보완
3차 표준보육과정 (2013. 1. 고시, 2013. 3. 시행)	• 기존 5세 누리과정에 이어 3~4세 누리과정 도입 계획 발표로 표준보육과정 추가 개정 – 3~5세 연령별 누리과정 고시 및 시행('12. 7. 고시, '13. 3. 시행)
4차 표준보육과정 (2020. 4. 고시, 2020. 9. 시행)	• 제3차 표준보육과정 현장 적용 결과 및 2019 개정 누리과정에 따른 보안 요구로 표준보육과정 개정(안) 마련 – '2019 개정 누리과정' 방향과 함께하는 '제4차 어린이집 표준보육과정' 고시 및 시행

아, 2세 영아, 3~5세 유아를 위한 구체적인 보육내용이 제시되었다. 2차 표준보육과정은 유치원과 어린이집으로 기관이 이원화되어 있지만, 대상 연령은 동일하다는 점에서 교육과정을 통합하게 된 '5세 누리과정'으로 인하여 0~4세 표준보육과정 내용을 보완하는 것으로 2012년에 개정되었다. 3차 표준보육과정은 누리과정의 연령이 3~5세로 확대되면서 개정되어 현장에 적용되었다. 2020년부터 시행된 2019 개정 누리과정은 3~5세 유아를 위한 교육과정이므로, 2세 이하의 영아를 위한 4차 어린이집 표준보육과정이 개정되었다.

2) 어린이집 표준보육과정 요소의 변천

(1) 목적 및 목표, 추구하는 인간상

어린이집 표준보육과정 1~4차의 각 차수별 목적 및 목표, 추구하는 인간상은 다음의 〈표 3-18〉과 같다.

〈표 3-18〉 어린이집 표준보육과정 차수별 목적 및 목표, 추구하는 인간상의 변화

차수	내용
1차	• **목적:** 전인적인 성장과 발달을 돕고 민주시민으로서의 자질을 길러 영유아가 심신이 건강하고 조화로운 사회 구성원으로 자랄 수 있도록 함 • **목표:** 가. 건강하고 안전하며 바르게 생활하는 태도와 습관을 가진다. 나. 자신의 신체에 대해 긍정적으로 인식하고 기본운동능력을 기른다. 다. 자신을 존중하고 다른 사람들과 더불어 생활하는 태도를 가진다. 라. 기초적인 언어능력을 기르고 바른 언어생활 태도와 습관을 가진다. 마. 주변 환경에 호기심을 가지고 탐구하는 능력과 태도를 기른다 . 바. 자연과 예술작품의 아름다움에 관심을 가지고 창의적으로 표현한다. • **인간상:** 자율적인 사람, 창의적인 사람, 다양성을 인정하는 사람, 민주적인 사람, 우리 문화를 사랑하는 사람
2차	• **목적:** 전인적인 성장 발달과 의미 있는 학습을 통해 영유아의 잠재력을 최대한 개발하고 민주시민으로서의 역량을 키워 영유아가 심신이 건강하고 조화로운 개인과 사회 구성원으로 자랄 수 있도록 함

차수	내용
2차	• 목표: 가. 건강하고 안전하며 바르게 생활하는 지식 · 기술 · 태도와 습관을 가진다. 나. 자신의 신체를 긍정적으로 인식하고 기본운동능력을 기른다. 다. 자신을 존중하고 가족, 또래, 공동체 내 다른 사람들과 더불어 생활하는 태도를 가지며 필요한 사회적 지식과 태도를 습득한다. 라. 기초적인 언어능력 및 일상생활에 필요한 의사소통능력과 기초적인 문해능력을 기른다. 마. 탐구 능력을 토대로 수학적 · 과학적 탐구에 필요한 지식과 이해를 기른다. 바. 주변의 친근한 환경과 일상생활의 아름다움에 관심을 가지고 예술적 요소를 즐김으로써 감성과 창의성을 기른다. • 인간상: 자율적인 사람, 창의적인 사람, 다양성을 인정하는 사람, 민주적인 사람, 자연과 우리 문화를 사랑하는 사람
3차	• 목적: 영유아의 심신의 건강과 전인적 발달을 도와 행복을 도모하며, 민주시민의 기초를 형성하는 것 • 목표: 〈0–1세 보육과정 목표〉 가. 건강하고 안전한 일상생활을 경험한다. 나. 감각 및 기본 신체운동능력을 기른다. 다. 말소리를 구분하고 의사소통의 기초를 마련한다. 라. 친숙한 사람과 관계를 형성한다. 마. 아름다움에 관심을 가진다. 바. 보고, 듣고, 만지면서 주변 환경에 관심을 가진다. 〈2세 보육과정 목표〉 가. 건강하고 안전한 생활습관의 기초를 마련한다. 나. 감각, 신체조절 및 기본운동능력을 기른다. 다. 의사소통능력의 기초를 기른다. 라. 나를 인식하고 다른 사람과 더불어 생활하는 경험을 한다. 마. 아름다움에 관심을 가지고 예술경험을 즐긴다. 바. 주변 환경에 호기심을 갖고 탐색하기를 즐긴다. • 인간상: 심신이 건강하고 행복한 사람, 자율적이고 창의적인 사람, 자신과 타인을 존중하고 배려하는 사람, 자연과 우리문화를 사랑하는 사람, 다양성을 인정하는 민주적인 사람 〈3~5세 보육과정 목표〉 가. 기본운동능력과 건강하고 안전한 생활습관을 기른다. 나. 일상생활에 필요한 의사소통능력과 바른 언어 사용 습관을 기른다. 다. 자신을 존중하고 다른 사람과 더불어 생활하는 능력과 태도를 기른다. 라. 아름다움에 관심을 가지고 예술경험을 즐기며, 창의적으로 표현하는 능력을 기른다. 마. 호기심을 가지고 주변 세계를 탐구하며, 일상생활에서 수학적 · 과학적으로 생각하는 능력과 태도를 기른다.

차수	내용
4차	• **목적:** 영유아가 놀이를 통해 심신의 건강과 조화로운 발달을 이루고, 바른 인성과 민주 시민의 기초를 형성함 • **목표:** 〈0–2세 보육과정 목표〉 가. 자신의 소중함을 알고, 건강하고 안전한 환경에서 즐겁게 생활한다. 나. 자신의 일을 스스로 하고자 한다. 다. 호기심을 가지고 탐색하며 상상력을 기른다. 라. 일상에서 아름다움에 관심을 가지고 감성을 기른다. 마. 사람과 자연을 존중하고 소통하는 데 관심을 가진다. 〈3–5세 보육과정 목표〉 가. 자신의 소중함을 알고, 건강하고 안전한 생활습관을 기른다. 나. 자신의 일을 스스로 해결하는 기초능력을 기른다. 다. 호기심과 탐구심을 가지고 상상력과 창의력을 기른다. 라. 일상에서 아름다움을 느끼고 문화적 감수성을 기른다. 마. 사람과 자연을 존중하고 배려하며 소통하는 태도를 기른다. • **인간상:** 건강한 사람, 자주적인 사람, 창의적인 사람, 감성이 풍부한 사람, 더불어 사는 사람

(2) 내용

어린이집 표준보육과정은 1차에서 4차까지 동일하게 기본생활, 신체운동, 사회관계, 의사소통, 자연탐구, 예술경험의 6가지 영역으로 구성되어 있고 영역별 내용이 제시되어 있다. 1차에서는 2세 미만을 1~3수준으로 구분하고, 2세를 1~2수준으로, 3~5세는 1~3수준으로 구분하여 내용을 제시하였다. 2차에서는 2세 미만을 1~4수준으로 구분하고, 2세 1~2수준, 3~4세를 1~2수준으로 구분하여 내용을 제시하였다. 5세는 누리과정으로 통합되었다. 3차부터는 3~5세는 누리과정과 통합되었고, 0~2세는 2세 미만 1~4수준, 2세 1~2수준으로 구분하여 제시하였다. 현행 4차 표준보육과정은 0~1세와 2세로 연령으로 구분하였고, 종전의 수준별 내용은 제시하지 않는다.

(3) 실행 및 지원

❶ 편성 · 운영

차수	편성 · 운영
1차	• 보육계획 수립: 계절이나 지역 내 특별 행사 또는 보육시설의 환경 등을 고려하여 보육과정의 영역별 목표와 내용에 따라 연령별 보육계획을 편성하고 운영하며, 연간, 월간, 주간 보육계획을 수립하도록 함 • 보육과정 편성: 각 보육시설과 지역사회의 특성을 고려하여 영유아의 연령, 발달 수준, 흥미, 장애 등 개인차와 가정환경을 반영하여 수준별 보육내용을 편성함 • 보육과정 실시: 보육시설은 보육목표와 보육내용에 적합한 보육활동을 다양하게 선정하여 통합적으로 운영하고, 영역별 경험이나 활동을 균형 있게 제공함 • 보육과정 운영 평가: 보육시설은 보육계획을 문서화하여 보육내용의 선정과 실시 과정이 적절하였는지를 정기적으로 평가를 실시함 • 가정 및 지역사회의 협력: 보육과정의 목표와 내용을 부모와 지역사회에 다양한 방법으로 알리고, 보육과정 운영에 부모가 적극적으로 참여할 기회를 제공함으로써 가정과 지역사회의 긴밀한 협조를 얻도록 노력함
2차	• 보육과정을 통합적이고 영역별로 치우치지 않도록 균형 있게 편성함 • 영유아의 발달 특성과 흥미를 고려하고, 일상생활 활동과 놀이를 중시하여 편성함 • 보육과정의 운영은 종일제를 원칙으로 하며, 출생에서 취학 전까지의 영유아를 대상으로 운영하도록 함 • 가족 및 지역사회와 연계하여 운영하며, 보육과정의 운영을 문서화하고 평가함
3차	• 어린이집의 운영 시간에 맞추어 편성하고 표준 보육과정에 제시된 각 영역의 내용을 균형 있게 통합적으로 편성함 • 영유아의 발달 특성 및 개인차, 경험을 고려한 놀이와 일상생활을 포함하여 편성함 • 어린이집과 보육실의 특성에 따라 융통성 있게 편성하고, 성별, 종교, 신체적 특성, 가족 및 민족 배경 등으로 인한 편견이 없도록 편성함 • 보육계획(연간, 월간, 주간, 일일 계획 등)에 의거하여 운영, 실내외 환경을 다양한 흥미 영역으로 구성하여 운영, 영유아의 능력과 장애 정도에 따라 조정하여 운영함 • 부모와 각 기관의 실정에 따라 부모교육을 실시하고 가정과 지역사회와의 협력과 참여에 기반하여 운영함 • 교사 재교육을 통해 어린이집 표준보육과정 운영을 개선해 나감
4차	• 어린이집의 운영 시간에 맞추어 편성하고, 표준보육과정을 바탕으로 각 기관의 실정에 적합한 계획을 수립하여 운영함 • 하루 일과에서 바깥놀이를 포함하여 영유아의 놀이가 충분히 이루어지도록 편성하여 운영함 • 성, 신체적 특성, 장애, 종교, 가족 및 문화적 배경 등에 따른 차별이 없도록 편성하여 운영함 • 영유아의 발달과 장애 정도에 따라 조정하여 운영함 • 가정과 지역사회와의 협력과 참여에 기반하여 운영함 • 교사연수를 통해 표준보육과정의 운영을 개선해 나감

❷ 교수 · 학습 방법

차수	교수 · 학습 방법
1차	• 교수 · 학습에 대한 내용은 표준보육과정의 영역별 교사 지침으로 제시되어 있음. 기본생활 영역의 건강한 생활 내용 범주를 예로 들면 다음과 같은 교사 역할을 제시함 – 교사는 영아가 보내는 신호에 민감해야 하며, 수유, 기저귀 갈기 시 따뜻하게 대하고 영아와 대화를 하면서 즐거운 시간이 되도록 함 – 영유아의 건강 상태 변화를 민감하게 관찰하고 아플 때 적절하게 표현할 수 있도록 조치하며 투약 의뢰서에 따라 투약함 – 정기적인 건강검진, 예방접종, 적당한 운동, 바른 식생활의 중요성을 설명하여 유아가 건강에 관심을 갖도록 적극 유도하고 참여할 수 있도록 함
2차	• 교수 · 학습에 대한 내용은 운영에 포괄적으로 제시되어 있고, 구체적 보육내용 및 교사지침에 환경 구성, 집단 크기, 물리적 환경, 흥미영역 구성, 상호작용 및 교수법 등에 대한 내용이 자세히 기술되어 있음
3차	• 주도적인 놀이를 중심으로 교수 · 학습활동이 이루어지도록 함 • 흥미를 중심으로 활동을 선택하고 지속할 수 있도록 함 • 생활 속 경험을 소재로 하여 지식, 기술, 바람직한 태도를 기르도록 함 • 교사와 신뢰감을 형성하고 개별적인 활동이 이루어지도록 함 • 교사, 환경, 또래와 능동적인 상호작용이 이루어지도록 함 • 주제를 중심으로 여러 활동이 통합적으로 이루어지도록 함 • 0~1세아, 2세아는 일상생활 및 개별 활동, 휴식 등이 균형 있게 이루어지도록 함 • 3~5세아는 실내 · 실외활동, 정적 · 동적 활동, 대 · 소집단 활동 및 개별 활동, 일상생활 및 휴식 등이 균형 있게 이루어지도록 함
4차	• 영유아의 의사 표현을 존중하고 민감하게 반응함 • 영유아가 흥미와 관심에 따라, 놀이에 자유롭게 참여하고 즐기도록 함 • 영유아가 놀이를 통해 배우도록 함 • 영유아가 다양한 놀이와 활동을 경험할 수 있도록 실내외 환경을 구성함 • 영유아와 영유아, 영유아와 교사, 영유아와 환경 사이에 능동적인 상호작용이 이루어지도록 함 • 각 영역의 내용이 통합적으로 영유아의 경험과 연계되도록 함 • 개별 영유아의 요구에 따라, 휴식과 일상생활이 원활히 이루어지도록 함 • 영유아의 연령, 발달, 장애, 배경 등을 고려하여 개별 특성에 적합한 방식으로 배우도록 함

(4) 평가

표준보육과정에 제시된 평가는 보육과정 운영 평가와 영유아 평가로 구분된다.

차수	평가
1차	• 보육과정 운영 평가: – 보육과정의 질 관리를 위하여 각 보육시설에서 주기적으로 보육과정 구성과 운영에 관한 적절성과 실효성을 평가함 – 보육과정의 모든 내용을 포괄적으로 포함하여 평가함 – 영유아의 발달 수준, 흥미, 요구에 적합한 경험 및 학습을 촉진할 수 있는 다양한 활동과 교수 · 학습 방법이 계획되고 통합적으로 운영되는지를 평가함 – 평가 결과는 다음 연도의 효율적인 보육과정 수립 및 운영에 반영함 • 영유아 평가: – 영유아의 전반적인 발달 특성과 정도를 평가함 – 영유아의 성장 변화를 질적이고 종합적으로 기술하되 총체적으로 평가함 – 관찰 기록, 작품분석, 부모 면담 등 다양한 평가 방법을 사용하여 영유아 자신뿐 아니라 영유아를 둘러싼 총체적 환경을 포함하여 평가함 – 평가 결과는 영유아의 전인적 성장, 생활기록부 작성, 학부모와의 면담자료로 활용함
2차	• 보육과정 운영 평가를 위해 어린이집은 보육계획을 문서화하여 보육내용의 선정과 실시 과정이 적절하였는지를 정기적으로 평가함 – 평가 내용은 구체적 보육내용 및 교사 지침에 자세히 기술되어 있음
3차	• 보육과정 운영 평가: – 어린이집 표준보육과정의 목표와 내용에 근거하여 보육내용이 적절히 편성 · 운영되는지 평가함 – 어린이집 표준보육과정의 운영 내용 및 활동이 영유아의 발달 수준과 흥미, 요구에 적합한지 평가함 – 영유아의 발달 수준, 흥미, 요구에 적합한 경험 및 학습을 촉진할 수 있는 다양한 활동과 교수 · 학습 방법이 계획되고 통합적으로 운영되는지 평가함 – 일과 운영 및 보육활동 구성 시 놀이 활동과 일상생활 활동의 양과 내용이 영아 및 유아 각 연령의 발달에 적합하게 계획되고 운영되는지 평가함 – 0~1세아, 2세아는 집단 활동보다 개별적인 상호작용과 교수법을 중심으로 상호작용이 진행되는지를 평가함 – 어린이집 표준보육과정 운영 평가 결과를 수시로 반영하여 보육과정 운영계획을 수정 · 보완하거나 다음 연도의 계획 수립 및 운영에 반영하는지 평가함 • 영유아 평가: – 어린이집 표준보육과정의 목표와 내용에 근거하여 영유아의 특성과 변화 정도를 평가함 – 지식, 기술, 태도 등을 평가함 – 일상생활과 보육과정 활동 전반에 걸쳐 평가함

차수	평가
3차	– 관찰, 활동 결과물 분석, 부모 면담 등 다양한 방법을 사용하여 종합적으로 평가하고, 그 결과를 기록함 – 평가 결과는 영유아에 대한 이해와 어린이집 표준보육과정 운영 개선 및 부모 면담 자료로 활용함
4차	• 표준보육과정 운영의 질을 진단하고 개선하기 위해 평가를 계획하고 실시함 • 영유아의 특성 및 변화 정도와 표준보육과정의 운영을 평가함 • 평가의 목적에 따라 적합한 방법을 사용하여 평가함 • 평가의 결과는 영유아에 대한 이해와 표준보육과정 운영 개선을 위한 자료로 활용함

활·동

* 유치원 교육과정의 변천에 제시된 표를 1개 선택하고 각 교육과정 문서를 직접 찾아 해당 부분에 표시해 보자.
* 어린이집 표준보육과정의 변천에 제시된 표를 1개 선택하고 각 표준보육과정 문서를 직접 찾아 해당 부분에 표시해 보자.

제 04 장

영유아교육과정의 범위

학·습·목·표

1. 존립수준에 따라 영유아교육과정을 정의할 수 있다.
2. 변화단계에 따라 영유아교육과정을 정의할 수 있다.
3. 구성영역에 따라 영유아교육과정을 정의할 수 있다.

영유아교육과정은 존립수준, 변화단계, 구성영역으로 그 범위를 구분할 수 있다(홍후조, 2016). 교육과정은 국가, 지역, 기관, 그리고 교실수준에서 존립하고 각 수준의 교육과정은 개발(혹은 계획)-운영-평가의 단계를 거친다. 각 단계는 주기적 혹은 수시 평가 결과에 따라 수정된다. 국가수준의 교육과정은 총론과 각론으로 구성되는데, 초·중등학교급에서 총론은 교과에 해당하는 각론을 총괄하는 역할을 하지만, 영유아교육과정은 교과가 따로 분리되어 있지 않은 특징을 가지고 있다. 존립수준, 변화단계, 구성영역에 따른 영유아교육과정에 대해 구체적으로 살펴보면 다음과 같다.

1. 존립수준에 따른 영유아교육과정

존립수준은 교육과정이 어떤 수준이나 장소에서 실천되기를 기대하는가에 따라 구분하는 것으로, 일반적으로는 국가, 지역, 기관, 교실 차원으로 나뉜다.

〈표 4-1〉 다양한 수준의 교육과정과 그 사례

교육과정 수준	사례
국가, 제도(macro)	한 나라의 교육과정 문서 지방자치단체 수준에서 제공하는 지침서
학교, 기관(meso)	기관 차원의 교육과정 운영계획서
교실, 교사(micro)	교실의 교사 차원의 수업계획
학생, 개인(nano)	개인 영유아를 위한 놀이 지원 계획

출처: OECD (2018); 홍후조 (2016). p. 49의 내용을 기반으로 유아교육 수준에서 정리.

1) 국가수준의 교육과정

국가수준의 교육과정은 한 나라가 자국민들의 기초교육을 위하여 국가 차원에서 제정하는 교육과정을 의미한다. 우리나라에는 3~5세 어린이를 위한 '2019 개정 누리과정', 3세 미만의 어린이를 위한 '표준보육과정'이 있다. 경제협력개발기구(OECD, 2012)에 따르면 국가수준의 교육과정은 다음의 3가지 기능을 한다. 첫째, 서로 다른 유아교육기관에서 진행되는 교육의 질을 동일한 수준에서 유지할 수 있도록 돕는다. 둘째, 교직원이 영유아의 학습과 안녕을 증진시킬 수 있는 지침을 제공한다. 셋째, 자녀의 학습과 발달에 대하여 부모에게 정보를 제공한다.

〈표 4-2〉는 세계 여러 나라의 교육과정 명칭과 대상 연령의 예시이다. 3세 미만의 교육과정은 영아를 대상으로 하는 것이며, 3세 이상의 경우는 유아를 대상으로 하는 교육과정이다. 두 칸에 모두 표시되어 있다면 영유아를 위한 통합된 교육과정을 가지고 있다는 의미가 된다. 스웨덴이나 핀란드는 다른 나라들과 달리 7세에 초등학교에 입학하는 만기취학 국가이다. 이 두 나라는 초등학교에 입학하기 이전에 유아교육기관과 초등학교를 연결하는 유아 학급과 그에 맞는 교육과정을 별도로 운영하는 특징을 가지고 있다.

〈표 4-2〉 세계 여러 나라의 교육과정

국가	국가수준 유아교육과정 명칭	3세 미만	3세 이상	초등학교 유아 학급
노르웨이	Framework Plan for Kindergartens: Contents and Tasks	○	○	
뉴질랜드	Te Whāriki	○		
미국(NC)	North Carolina Foundations for Early Learning and Development	○	○	
스웨덴	Curriculum for the Preschool	○	○	
	Curriculum for the elementary school, pre-school class and after- school centers			○
영국	Statutory Framework for the Early Years Foundation Stage	○	○	
이탈리아	National guidelines for the curriculum of pre-primary education and for the first cycle of education		○	
프랑스	National Framework for early childhood care	○		
	Pre-elementary education: an single cycle, fundamental for the success of all		○	

국가	국가수준 유아교육과정 명칭	3세 미만	3세 이상	초등학교 유아 학급
핀란드	National Core Curriculum for Early Childhood Education and Care	○	○	
	National Core Curriculum for Pre-Primary Education			○
호주	Belonging, Being & Becoming – The Early Years Learning Framework for Australia	○	○	

출처: 미국: https://www.dpi.nc.gov/districts-schools/classroom-resources/ early-learning-read-achieve 유럽연합의 교육과정: European Commission/EACEA/ Eurydice, 2019. Key Data on Early Childhood Education and Care in Europe – 2019 Edition. Eurydice Report. Luxembourg: Publications Office of the European Union./ 호주: https://docs.education.gov.au/node/2632/ 뉴질랜드: https://tewhariki.tki.org.nz/

〈표 4-2〉를 보면 세계 여러 나라의 교육과정은 다음의 몇 가지 유형으로 구분해 볼 수 있다. 이러한 교육과정의 차이는 각 나라별 초등학교 입학 연령이나 교육과 보육의 일원화 여부에 따라 나타나는 것이다.

- 영아와 유아가 동일한 교육과정을 사용하는 나라: 노르웨이, 뉴질랜드, 스웨덴, 영국, 핀란드, 호주
- 영아와 유아교육과정이 분리된 나라: 프랑스, 한국
- 영아교육과정은 없고, 유아교육과정만 있는 나라: 이탈리아
- 초등학교 입학 준비를 위한 준비 학년 교육과정이 있는 나라: 스웨덴, 핀란드

2) 지역수준의 교육과정

지역수준의 교육과정은 일정한 지역에서 지역의 특성을 반영하여 결정하는 교육과정으로, 유치원은 각 시·도교육청의 교육과정 운영계획을 말한다. 시·도교육청의 교육과정 운영계획은 시·도교육감에 따라 강조하고자 하는 영역이나 목표, 특색 사업의 내용이 달라질 수 있다. '2019 개정 누리과정' 이전의 시·도교육청의 역할은 국가수준 교육과정의 내용에 각 시·도교육감의 비전을 담아 기관으로 전달하고 관리하는 것이었다. 그러나 '2019 개정 누리과정'에서는 기관과 교사 수준에

서 교육과정을 개발하고 실행하는 자율성을 강조하기 때문에, 각 시 · 도교육청의 역할은 기관과 교사를 지원하는 것에 중점을 둔다.

3) 기관수준의 교육과정

유치원장이나 어린이집 원장은 자신의 교육철학, 교훈, 목표에 따라 중점사업을 결정하고 그 기관이 가지고 있는 전통이나 기관이 속한 지역사회의 특징에 따라 각 기관만의 고유한 교육과정을 개발한다. 개별 유치원이나 어린이집의 교육과정은 해당 년도 교직원의 구성 및 역량, 학부모의 기대나 특성, 지역사회의 요구, 연구학교 지정이나 교육청 사업에의 참여, 장학 등의 요인으로 인해 일부 변화가 있을 수 있다.

교육부와 보건복지부는 유치원과 어린이집의 운영을 볼 수 있는 정보공개사이트를 각각 운영한다. 공시항목 가운데 유치원은 '교육과정 및 방과후과정의 편성 · 운영'에 관한 사항을, 어린이집은 '보육과정운영계획'이 지정되어 있어, 우리나라 모든 유치원과 어린이집의 교육과정 운영계획이 공개된다. 유치원은 유치원알리미(https://e-childschoolinfo.moe.go.kr)를 통해, 어린이집은 어린이집정보공개포털(http://info.childcare.go.kr)을 통해 각 기관의 교육과정을 살펴볼 수 있다.

4) 교실과 교사수준의 교육과정

유치원이나 어린이집에는 기관수준의 교육과정이 존재하지만, 결국 최종적으로 교육과정이 실현되는 곳은 단위 학급이고, 그 학급을 운영하는 주체는 영유아와 교사이다. 영유아가 가지고 있는 개인적 성향이나 역량, 배경 등은 교사가 교실수준에서 교육과정을 계획하고 운영할 때 영향을 미친다. 마찬가지로 교사 개인이 가지고 있는 철학, 영유아에 대한 관점, 교직관, 개인적인 성향과 역량 등은 교실수준 교육과정 편성과 운영에 각기 다른 영향을 미친다. 일반적으로 교실수준의 교육과정은 계획안 형식으로 구성된다.

2. 변화단계에 따른 교육과정

교육과정은 구현이 되는 단계에 따라 개발, 운영(실행), 평가의 주기를 갖는다. 교사가 교육과정을 운영하면, 그 결과로 학습자 개인은 학습이나 경험을 하게 되고, 이를 평가한 결과는 다시 개발에 영향을 미친다. 홍후조(2016, p. 55)는 이러한 변화의 주기를 의도한 교육과정(intended curriculum), 실행된 교육과정(implemented curriculum), 획득된 교육과정(attained curriculum)으로 설명하였으나, OECD는 평가와 그 대상을 포함하여 4가지로 구분하였다(윤종혁, 김은영, 최수진, 김경자, 황규호, 2016, p. 92; Thijs & Van Den Akker, 2009, p. 100).

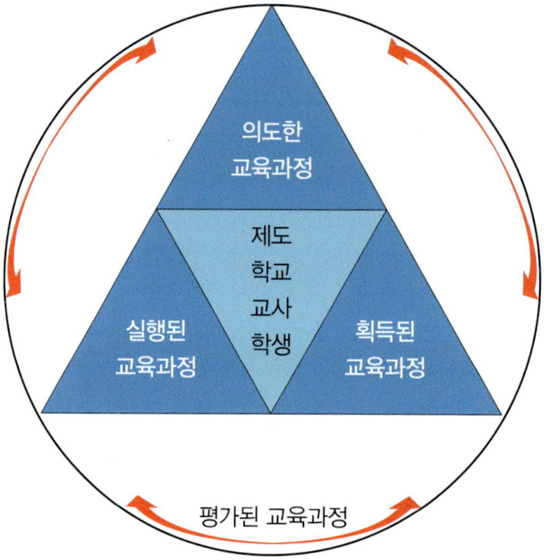

[그림 4-1] OECD 교육 2030 사업에서의 교육과정 범주

이 각각을 자세하게 설명하면 다음과 같다.

1) 의도한 교육과정(intended curriculum)

의도한 교육과정은 교육과정의 각 존립수준에서 의도하고 계획하여 개발한 후 문서로 남겨진 공식적 교육과정을 말한다. 공식적 교육과정의 개발 및 운영은 타일러와 같이 일직선적인 방법을 강조하는 관점과 교육과정과 관련된 모든 이해관계자의 상호 주체성에 따라 교육과정을 해석하여 운영하는 관점으로 구분할 수 있다. 전자의 관점에서는 상위 수준에서 개발된 교육과정을 잘 전달하는 것이 중요하기 때문에 국가 → 지역 → 기관 → 교실 → 학습자로 이어지는 위계질서가 매우 중요하다. 따라서 제일 마지막 단계에 있는 교실이나 학습자의 자율성이 거의 고려되지 않는다. 반면에 교수자와 학습자의 주체성을 중요하게 여기는 관점에서는 교수자인 교사와 학습자인 유아가 자율성을 가지고 교육과정을 만들어 가는 것에 중점을 둔다. '2019 개정 누리과정'은 후자의 관점을 가진다. 형식적 문서로서의 의도한 교육과정은 국가수준의 교육과정 문서나 각종 교사용 지도서 등을 포함한다.

2) 실행된 교육과정(implemented curriculum)

교사가 실행한 교육과정을 의미하기 때문에 가르쳐진 교육과정이라고도 한다. 실행된 교육과정은 이해한 교육과정과 실천한 교육과정으로 구분된다.

(1) 이해한 교육과정

교육과정의 사용자인 교사가 국가, 지역, 학교수준의 교육과정을 이해하고 해석한 결과를 의미한다. 정광순(2013)은 이를 교육과정 문해력이라고 명명한 바 있으며, 본서에서는 5장에서 자세하게 설명하고 있다.

(2) 실천한 교육과정

교사가 교실에서 운영한 실제적 과정으로서, 교육과정(curriculum in action)을 의미한다.

3) 획득된 교육과정(attained curriculum)

학습자가 경험하거나 학습한 교육과정을 의미하기 때문에 학습된 교육과정으로도 불린다. 획득된 교육과정에는 경험한 교육과정과 학습한 교육과정이 있다.

(1) 경험한 교육과정

교사가 교육과정을 운영한 결과로 학습자가 경험하게 된 교육과정을 의미한다.

(2) 학습한 교육과정

교사가 교육과정을 운영한 결과로 학습자가 얻게 된 학습 성과나 성취된 교육과정을 의미한다.

4) 평가된 교육과정(evaluated curriculum)

교육과정의 존립수준에서 교육과정의 변화, 즉 개발(의도된 교육과정)–운영(실행된 교육과정)–결과(학습된 교육과정)의 단계를 주기적 혹은 수시로 평가하는 것을 의미한다.

3. 구성영역에 따른 교육과정

국가수준 교육과정은 총론과 각론으로 구성된다. 초 · 중등의 경우 학문 영역에 따라 교과가 분명하게 구분되기 때문에 각론에 해당하는 각 교과의 영역을 분리해서 개발한다. 총론과 각론이 각기 개발되고 고시되기 때문에 한 명의 학습자가 경험해야 하는 내용의 일관성을 유지하기 어려울 수 있다. 따라서 초 · 중등에서 국가수준 교육과정의 총론은 한 명의 학습자가 궁극적으로 갖추어야 하는 인간상 및 모든 교과에서 성취해야 하는 기준이나 목표, 그리고 각 교과의 관계를 편제나 편성 · 운영 등을 통해 제시한다. 반면에 각 교과의 내용, 목표, 교수 원리 등은 각론에 제시된다. 교과의 구분을 두지 않는 유아의 경우에는 총론과 각론이 통합된 문서로 고시되고, 인간상이나 편성 · 운영 지침뿐만 아니라, 각 교과에 해당하는 영역별 목표, 내용, 교수 원리, 평가 등이 모두 총론에 제시된다. 문서상으로 볼 때 유아는 각론이 따로 존재하지 않는다. 이에 유아에서의 각론은 기관이나 교실수준에서 교육과정이 운영될 때 필요한 교수 원리가 해당된다고 볼 수 있다. 다음 [그림 4-2]는 Van den Akker와 Thijs(2009)가 제시한 교육과정의 각 구성요소를 거미줄처럼 연결하여 나타낸 것으로, 총론과 각론의 요소가 포함되어 있다. 교육과정 총론과 각론의 요소가 복합적으로 구성된 거미줄 망의 9가지 요소(교육의 목적과 목표, 교육내용, 평가, 교수 · 학습의 원리, 교사의 역할, 시간, 장소, 집단의 크기, 교수자료)에 대해 살펴보고 교실수준 교육과정에서 적용된 사례는 6장에서 구체적으로 제시하였다.

[그림 4-2] 교육과정의 총론과 각론의 요소가 포함된 거미줄 망

출처: Van den Akker & Thijs(2009)의 그림을 OECD, 2018, p.5에서 재인용하여 유아교육과정에 맞도록 수정.

1) 교육의 목적과 목표

총론에서 제시하는 이상적인 인간상 및 목적과 목표는 한 사회가 기르고자 하는 인간에 대한 합의 혹은 기대이다. 21세기를 살아가는 시민에게 필요한 역량에 대해서는 다양한 견해가 존재하지만 경제협력개발기구(OECD)가 제시한 핵심역량이 가장 대표적이다. OECD는 1997년에 시작된 DeSeCo(Defining and Selecting Key Competencies) 프로젝트를 통해 핵심역량을 연구하기 시작하였고, 2003년 3개 영역 9가지를 제시하면서 마무리가 되었다. 우리나라 초·중등의 2015 교육과정은 OECD 역량의 첫 번째 버전인 DeSeCo 프로젝트가 제시한 개념에 기반하여 다음의 6가지 핵심역량을 제시하고 있다.

- 자기관리 역량
- 지식정보처리 역량
- 창의적 사고 역량
- 심미적 감성 역량
- 의사소통 역량
- 공동체 역량

2015년에는 OECD의 핵심역량의 2.0 버전이 발표되었다. 이전의 DeSeCo 프로젝트가 역량의 개념만 제시한 것에 비해, 2015년 버전은 역량을 기르기 위한 교육과정, 교수·학습 방법, 평가에 이르기까지 총체적인 교육의 미래상을 포함하고 있다(OECD, 2015). '교육 2030(Education 2030)'으로 명명되는 이 개념에 따르면, 역량은 인지적·비인지적 요소와 지식, 태도, 기술, 동기, 의지 등을 모두 포함하는 총체성을 가지고 있다. 역량은 유전적으로 타고나거나 한 번에 습득되는 것이 아니라 전 생애에 걸쳐 경험과 학습을 통해 습득되고 변화한다. 개인이 가지고 있는 역량은 학교나 직장과 같은 구체적인 맥락 속에서 드러나며, 실제로 구체적인 문제를 해결할 때 사용된다. 학습자는 길러진 역량을 활용하여 실제 생활에서 ① 새로운 가치를 창출하고, ② 긴장과 딜레마에 대처하며, ③ 책임감 갖기를 실천한다. 실천의 과정은 기대(혹은 계획), 실행, 성찰의 주기를 반복하는데, 개인은 이 과정을 통해 궁극적으로 개인과 사회의 안녕이라는 목표를 달성한다.

'2019 개정 누리과정'은 초 · 중등과 같이 역량기반 교육과정은 아니지만, 역량의 개념이 포함되어 있으며, 특히 목적과 목표에서 이전의 지식, 기능, 태도 및 가치를 언급함으로써 '교육 2030(Education 2030)'의 기본 틀을 반영하고 있다. 교육의 목표는 다양한 존립수준의 교육과정에서 제시되며, 교사는 존립수준별 교육목표를 고려하여 교실수준의 교육과정을 운영한다. 교사는 교육과정의 개발과정에서 교사의 의도와 계획에 따라 교육목표를 설정함과 동시에 교육과정의 실행과정에서 교사가 영유아의 소리를 듣고 이해하여 반영함으로써 교육목표를 변경하거나 생성하기도 한다. 교육과정의 목표는 교육의 방향을 설정하는 지표가 되므로 어떠한 목표를 설정하느냐에 따라서 내용과 방법이 달라질 수 있으며, 교육과정의 요소들과 교육과정의 전 과정에서 연결된다.

2) 교육내용

교육과정에서 내용의 문제는 우리가 어떤 목적을 가지고 영유아가 어떤 내용을 알고(what children know) 할 수 있는지(what children be able to do)를 결정하는 것이 핵심이다. 즉, 교육내용은 유아에게 무엇을 가르쳐야 하는지 혹은 유아가 경험하거나 학습해야 하는 내용이 무엇인지를 구성해서 제시하는 것이다. 교육내용을 선정할 때는 타당성, 확실성, 중요성, 사회적 유용성, 인간다운 발달, 흥미, 학습 가능성의 원리를 고려한다(김대현, 2017). 앞 장에서 살펴본 바와 같이 국가수준 유아교육과정의 내용 영역은 이와 같은 원리에 따라 변화해 왔다. 학문적 영역, 발달 영역에 따라 구성하기도 하였고, 명칭이 변화하기도 하였으며, 각 영역의 세부 내용 역시 많은 변화가 있었다. 지금 현재 사용하고 있는 '2019 개정 누리과정'은 신체운동 · 건강, 의사소통, 사회관계, 예술경험, 자연탐구의 5개 영역으로 구성되어 있다.

영유아가 경험하거나 학습해야 할 내용은 국가수준 교육과정 내용 외에도 교과,

학습 성향 등이 포함될 수 있다. 국가수준 교육과정의 각론이 교과별 내용으로 구분되어 있는 초·중등교육과 달리 영유아교육과정의 교과는 몇 개의 교과를 통합한 5개 영역의 내용으로 국가수준 교육과정에 대강화되어 있다. 영유아교육과정의 교육내용으로서 교과는 영유아의 흥미와 관심으로부터 출발한 놀이와 활동을 통해 유아가 경험하고 학습하는 내용으로, 유아언어, 유아수학, 유아과학, 유아사회, 유아음악, 유아미술, 유아동작 등 교과별로 내용과 체계가 구분되기보다는 놀이를 통해 통합적으로 구현되는 상세화된 학습경험이라고 볼 수 있다.

또한, 학습에 대한 방법·기술·태도와 같은 학습 성향(learning disposition)은 최근 교육내용으로서의 중요성이 언급되고 있다. 학습 성향이란, 학습에 대한 학습(learning to learn), 학습에 대한 접근(approach to learn)의 개념으로도 소개되는데, 학습에 대한 호기심, 흥미, 즐거움, 동기유발, 계획-실행-관찰-반성적 사고, 주의집중, 몰입, 지속성, 융통성, 자기조절력, 창의성, 협동 등을 포함한다. 2019 개정 누리과정에서는 학습 성향과 같은 정의적 내용이 직접적으로 제시되어 있지 않으나 배움으로서의 놀이경험의 의미와 특성을 통해 간접적으로 제시한다. 2019 개정 누리과정에서는 놀이의 즐거움, 자발성, 주도성, 내재적 동기, 몰입 등의 특성을 언급하면서 놀이를 통해 배움의 내용과 방식, 과정을 경험하게 됨을 강조한다.

3) 교수·학습의 원리

전통적으로 교수 원리는 교사의 입장에서 수업을 효율적으로 구성하는 방식에 초점을 두었다. 그러나 'OECD 교육 2030'에서는 교사뿐만 아니라 학습자도 학습의 주체로 보고 이 둘 간의 관계를 조명한다. 교사가 문서화된 국가수준의 교육과정을 교실에서 운영할 때, 문서에 제시된 내용을 그대로 현장에 적용할 수도 있으나, 학습자와 공동의 주체성을 가지고 재구성할 수도 있다. 하트(Hart, 1992)는 이를 9개의 단계로 설명하였고, OECD(2016)는 이를 교수자와 학습자 간의 상호 주체성(co-agency)의 개념으로 확장시켰다. 이를 영유아의 수준에 맞게 재구성하여 다음 [그림 4-3]과 같이 제시하였다.

4. 성인과 유아가 상호 주도함
- 유아와 성인의 주체성이 모두 높음
- 유아가 놀이 등을 주도하되 의사결정은 유아와 교사가 서로 공유함
- 진행과정에서 유아와 교사는 동등한 파트너십을 가짐

3. 유아 주도
- 유아의 주체성은 높으나 교사의 주체성은 비교적 낮음
- 유아가 교사의 도움을 받아 과제, 프로젝트 등을 시작하고 진행과정에서 교사의 도움을 받기는 하나 모든 결정은 궁극적으로 유아가 주도함

2. 교사 주도
- 교사의 주체성은 높지만, 유아의 주체성은 비교적 낮음
- 대체적으로 교사가 의사결정을 하고, 유아는 참여만 함
- 교사가 의사결정을 할 때, 유아의 의견을 고려하는 경우도 있지만 최종결정권은 교사에게 있음

1. 비참여
- 교사가 유아의 참여가 결정을 전혀 고려하지 않음

[그림 4-3] 교사와 유아의 상호 주체성(co-agency)
출처: OECD (2016). p.41.

국가수준의 교육과정이 특정한 연령이나 학년을 염두에 두고 개발됨에도 불구하고 공식적인 교육과정에서 실제 학습자의 특성이나 주체적인 역할을 명시하는 경우는 매우 드물다. 학습자가 어떤 의도를 가지고, 어떤 내용을 경험하고 있으며, 가장 선호하는 학습 전략이 무엇인지 판단하는 것은 암묵적으로 교사의 역할로 남아 있다. 교사가 학습자의 존재를 어떻게 인식하는지에 따라 전체 교육의 목적이나 방법이 매우 달라질 수 있다는 것을 고려할 때 학습자에 대한 이해는 매우 중요하다. 그런 의미에서 '2019 개정 누리과정'에서 유아가 전면에 등장한 것은 의미가 있다. 이에 더하여 'OECD 교육 2030'에서는 교육이 일어나는 공동체 구성원인 학습자, 교사, 부모, 그리고 지역사회 각각의 행위 주체성(agency)뿐만 아니라, 이들 간의 협력적인 주체성 또한 강조된다. '2019 개정 누리과정'은 새롭게 개정된 교육과정의 특징으로 유아, 교사, 가정, 지역사회가 함께 만들어 가는 교육과정이라고 밝히고 있어서 이러한 경향을 잘 반영하고 있다(교육부, 보건복지부, 2019). 본서에서는 7장에서 영유아와 교사의 상호 주체성을 좀 더 구체적으로 설명하고 있다.

4) 평가

교육과정에서 평가는 교육의 결과를 판단하는 끝이기도 하지만, 이를 어떻게 환류하는가에 따라서 또 다른 시작이 되기도 한다. 교육과정 평가는 교육과정을 구성하는 모든 요소(목표, 내용, 방법, 교수자, 학습자, 교수 · 학습 방법 등)뿐만 아니라 교육과정을 개발하고, 편성하고, 실행하는 전 과정 및 이와 관련된 정책이 모두 평가 대상이 될 수 있다. 교육과정을 일직선적으로 보는 관점에서 평가는 상위 수준의 목표를 달성한 정도를 의미하기 때문에 수업의 내용과 평가의 내용이 분리되는 경향을 가진다. 반면에 교육과정에서 교사와 유아의 주체성을 강조하는 입장에서는 상위 수준의 교육과정이 실제 삶에서 해석되어 운영되기 때문에 수업의 내용과 평가의 내용이 구분되지 않는다. 따라서 이 관점에서 교육과정을 운영하면 교육과정-수업-기록-평가가 일체화된다(유영식, 2018).

방법적인 측면에서는 평가의 주기나 평가의 방법을 고려해야 하는데, 이는 평가의 결과를 어떻게 활용할 것인가에 따라 달라질 수 있다. 다음 날의 수업을 계획하기 위해서 평가의 결과를 활용하는 것이라면, 유아의 흥미를 관찰한 단순한 메모 정도로 충분할 수 있다. 그러나 학년의 마지막에 생활기록부에 기록하기 위한 것이라면, 학습자의 경험이나 성장의 정도가 종합적이고 포괄적으로 담겨야 하므로 이를 위한 평가의 방법도 다양해야 한다. 다음 학년도의 교육과정을 계획하기 위한 평가라면, 교육과정의 모든 요소에 대한 평가와 더불어 학부모의 의견도 반영되어야 한다.

2019 개정 누리과정에서는 유아 · 놀이중심 교육과정의 효율적 운영을 위해 교사가 자율성을 가지고 다양하게 교육과정을 운영하고 실천하는 것을 강조한다. 평가 또한 기관과 교실수준에서 자율적으로 시행할 수 있으며, 기존의 과도한 문서 작업

을 지양하고 형식과 분량에서도 간소화되었다. 평가와 관련된 자세한 내용은 9장에 제시되어 있다.

5) 교사의 역할

정광순(2012)은 교사가 교육과정의 구조와 각각의 요소를 이해하고, 자신의 수업을 진행할 수 있는 능력을 일컬어 교육과정 문해력이라고 명명하였다. 교육과정 문해력이 높을 때 교사는 자율성과 전문성을 가지고 수업을 운영할 수 있다. 국가수준의 교육과정을 읽고, 유아의 흥미나 학습 주기, 발달적 특성을 읽고, 적절한 교수전략을 활용하면, 교사의 역할을 할 수 있는 순간, 즉 가르칠 수 있는 순간(teachable moment)을 좀 더 쉽게 찾을 수 있다. 교사는 교실에서 영유아와 함께 만들어 가는 교육과정을 실천하는 과정에서 민감한 관찰자, 유연한 계획자, 협력적 지원자, 실천적 연구가의 역할을 이해하고 수행해야 한다(정혜욱, 김은영, 윤진주, 송정아, 안정원, 정혜원, 2019). 교사의 민감한 관찰은 유아의 소리를 듣고 받아들임으로써 유아의 놀이를 이해하고 지원할 수 있는 시작이 된다. 또한, 교사는 유연성을 가지고 놀이를 통한 배움이 일어나도록 교사의 계획을 놀이와 연결할 수 있어야 한다. 이 과정에서 교사는 영유아와 협력적 관계를 통해 상호작용하며, 시간 · 공간 · 자료 등을 통해 놀이가 풍부하게 일어나도록 효과적으로 지원할 수 있다. 교사는 교실 현장에서 영유아의 삶과 교육을 의미 있게 연결할 수 있도록 실제적이고 구체적인 지식과 전문성을 탐구해 나갈 수 있어야 한다. 교사는 교육과정 변화단계에 따라 교사의 역할을 분리하기보다 교육과정을 운영해 가는 전 과정을 통해 복합적인 역할을 동시에 수행해 갈 수 있어야 한다.

6) 시간

교실수준에서 교육과정이 운영될 때 고려해야 할 요소로 시간의 예를 들면, 기관에서의 하루 일과는 놀이와 활동, 그리고 낮잠이나 급 · 간식과 같은 일상생활로 편성된다. 유아가 기관에 평균적으로 머무는 시간이나 등 · 하원 시간, 계절에 따른 날씨의 변화 등은 교사가 하루 일과를 구성할 때 고려해야 하는 요소이다. 놀이, 활동, 일상생활을 어떤 비중으로 매일 편성할지의 문제는 교사가 내려야 하는 중요한 의사결정 가운데 하나이다.

7) 장소

교육과정이 운영되는 주된 장소는 교실이며, 기타 복도 및 공유 공간, 실외, 지역사회를 중심으로 영유아의 놀이, 활동, 일상생활이 전개된다. 장소는 영유아의 삶과 배움이 공존하는 공간으로서, 영유아의 목적에 따라 변형 · 통합 · 창조가 일어날 수 있으며, 영유아가 놀이와 배움을 위해 실질적으로 머물고 참여하는 공간이 된다.

8) 집단의 크기

집단의 크기는 하루의 일과 편성에 따라 영유아가 개별적으로 또는 집단을 이루어 참여하는 놀이와 활동의 영유아 수를 의미한다. 학급의 모든 영유아가 참여하는 경우는 대집단, 절반이 참여하는 경우는 중집단, 2명 이상에서 절반 미만의 영유아가 참여하는 경우는 소집단으로 구분되며, 영유아는 놀이와 활동에 집단 또는 개별로 참여하게 된다. 집단의 구성은 교육목표와 의도에 따라 교사가 제안하는 활동이 있을 경우 사전에 계획되기도 하고, 영유아가 자발적으로 참여하고 주도적으로 구성하는 집단에 의해 놀이와 배움이 공유되고 확장되기도 한다.

9) 교수자료

영유아는 발달적 특성상 구체물이 매우 중요한 학습의 자료가 된다. 이 구체물은 교사가 만든 것일 수도 있고, 상업적인 교구일 수도 있으며, 자연물이 될 수도 있다. 교사는 미리 정해진 방식으로만 교수자료를 사용하기보다는 교수자료의 특성을 충분히 이해하고 영유아의 흥미 등을 고려하여 영유아의 경험, 놀이, 학습을 지원할 수 있어야 한다.

활 · 동

* 유치원 교육과정과 어린이집 표준보육과정 고시문의 총론(부록 8, 9)을 읽고, 0~2세 목표와 3~5세 목표의 공통점과 차이점을 찾아보자.
* 어렸을 적 내가 다녔거나 우리 집 근처의 유치원, 어린이집의 정보공시포털을 방문하여 교육과정이나 프로그램을 탐색해 보자. 동료가 찾은 기관과 내가 찾은 기관이 어떠한 공통점과 차이점이 있는지 토의해 보자. (웹사이트: 유치원 알리미 e-childschoolinfo.moe.go.kr, 어린이집 찾기 www.childcare.go.kr 참고)

제2부

교실수준 교육과정 실천하기

Chapter 5 교육과정 읽고 해석하기	교사는 여러 가지 렌즈*를 통해 교육과정을 해석한다. * 철학적 · 사회적 · 심리적 기초, 사회문화적 맥락, 기관의 실정과 상황, 교사의 개인적 배경/지식과 신념
Chapter 6 교실수준 교육과정 구성하기	교사는 교실에 적합한 교육과정틀*을 구성한다. * 읽고 해석한 교육과정을 교실에 적용하기 위한 교육과정 운영계획
Chapter 7 영유아의 소리 듣고 이해하기	교사는 영유아를 이해 · 존중*하여 교육과정의 상호 주체성을 만들어 간다. * 영유아의 흥미와 요구에 기초한 놀이, 활동, 일상생활 지원
Chapter 8 교실수준 교육과정 편성 · 운영하기	교사는 영유아의 소리를 반영해 교육과정을 편성 · 운영한다.
Chapter 9 교실수준 교육과정 평가하기	교사는 관찰 · 해석 · 평가를 통해 교육과정을 변경하고 영유아의 학습을 구현해 간다.

교실수준 교육과정 실천하기

위 그림은 교실수준 교육과정을 구성하고 실천하기 위한 전체 과정을 도식화한 것이다. 1부에서 학습한 영유아교육과정의 철학적 · 사회적 · 심리적 기초와 영유아교육과정의 범위와 구성영역을 토대로 2부에서는 교사가 교육과정을 실천하는 과정에 대하여 알아보겠다. 교육과정 읽고 해석하기(5장)에서는 교사가 교육과정 문해력을 가지고 교육과정을 해석하는 과정에 대해 살펴보고, 교실수준 교육과정 구성하기(6장)에서는 교사가 교실에 적합한 교육과정틀을 구성하는 방법에 대하여 사례를 기반으로 학습한다. 영유아의 소리 듣고 이해하기(7장) 한 것을 기반으로 하여 교실수준 교육과정을 편성 · 운영(8장)하는 과정에 대해 알아보고자 한다. 마지막으로 교실수준 교육과정 평가하기(9장)에서는 유아 평가와 교육과정 평가의 의미와 방법에 대해 살펴보겠다.

제 05 장

교육과정 읽고 해석하기

학·습·목·표

1. 교실수준 교육과정 개발에 필요한 교사의 교육과정 문해력의 중요성을 알고 문해력 형성에 필요한 과정을 이해한다.
2. 교육과정 문해력에 영향을 미치는 교육과정에 대한 지식과 교육적 견해를 점검할 수 있다.

공식적 교육과정은 국가수준, 지역수준, 기관수준, 교실수준으로 구분된다. 국가수준에서는 영유아교육의 목적과 목표, 내용, 방법, 평가 등에 대한 일반적 기준을 제시하고 지역수준 교육과정에서는 지역의 상황과 특성을 고려한 교육과정의 지침을 제시하면 각 기관수준에서 국가수준과 지역수준의 교육과정을 기반으로 기관의 여건에 적합한 구체적인 교육과정을 계획한다.

교실수준에서 교사는 국가수준, 지역수준, 기관수준의 교육과정에 근거하되, 각 교실의 상황에 적합한 내용과 방법으로 재구성하고 운영한다. 따라서 교사가 교실수준에서 교육과정을 운영하는 데는 국가 · 지역 · 기관수준의 교육과정 이해가 필요하다.

1. 교육과정 문해력(curriculum literacy) 이해하기

1) 교육과정 문해력의 정의와 개념

교사가 교실에서 실행하는 교육과정은 실행에 대한 관점에 따라 충실도(fidelity), 상호 적응(mutual adaptation), 생성(enactment)의 세 가지로 구분해 볼 수 있다. 충실도 관점에서 교육과정 실행은 이미 계획된 국가수준의 교육과정을 교사가 그대로 수용하여 교실에서 충실하게 실행하는 것이다. 따라서 충실도 관점에서 교육과정은 문서로서의 그 의미가 강하며, 교사는 교육과정 문서를 정확하게 파악하고 받아들여야 한다. 상호 적응 관점은 국가수준의 교육과정이 사용되는 사람들이 자신의 상황에 맞게 조정하여 사용하는 것을 의미하므로 교사에 의한 교육과정 이해가 중요하다. 생성 관점은 상호 적응 관점에서 교사의 교육과정에 대한 이해를 넘어서 능동적인 교육과정 해석을 강조한다. 교사는 국가수준의 교육과정을 기초로 자신의 교육과정을 개발하지만 교육과정의 해석과 교사의 의미 구성을 포함하여 교실에서 교사와 학생이 교육과정을 만들어 가는 것을 의미한다(백남진, 2013).

우리나라의 영유아교육은 유치원 교육과정이 제정된 이래 만들어 가는 교육과정을 강조하여 왔다. 2019 개정 누리과정은 국가수준의 교육과정을 대강화하면서 교사의 교육과정 운영에 대한 자율성을 더욱 강조하고 있다. 교육과정을 대강화한다는 뜻은 국가수준 교육과정의 기준을 상세하게 제시하는 대신 최소한의 기준을 제시하는 것을 의미한다. 국가수준 교육과정 문서를 대강화할 것인가 또는 상세화할 것인가의 문제는 교육과정 의사결정의 권한을 배분하고 기관과 교사의 자율성을 확대하는 것과 밀접하게 관련이 된다. 국가수준 교육과정을 개발할 때 총론의 형식과 내용을 최소 필수항목으로 대강화하면 교육과정 의사결정 권한을 배분하여 교사의 자율성을 높일 수 있다. 자율성이 커지는 것과 비례하여 교육과정을 편성 · 운영하는 교사의 전문성 수준은 매우 높게 요구된다. 국가수준의 교육과정이 대강화되면 교육과정을 재구성하거나 개발할 수 있는 교사의 역량이 우선적으로 확보되어야 한다(임유나, 2019).

우리나라 국가수준 영유아교육과정은 각론이 교과별로 제시되지 않고 교과서도 없기 때문에 충실도 관점으로는 실행될 수 없다. 교사에 따라 상호 적응 관점과 생성 관점으로 실행되므로 교사의 교육과정 개발 역량이 매우 중요해진다. 우리나라 영유아교육과정 문서를 교사가 학급에서 실제 구현할 때 생기는 문제에 대한 지적은 영유아교사의 교육과정 이해와 해석의 중요성을 강조하여야 하는 이유가 된다. 즉, 교육과정에서 분명하게 추구하여야 할 이상과 비전은 제시되어 있으나 유아들이 학습하여야 할 것을 정의하고 교육과정의 계획과 평가에 있어서 교육자들에게 지침이 될 합리적 기대치가 분명하게 제시되지 않았기 때문에 무엇을 왜 가르치는지에 대한 고민 없이 유아가 좋아하는 활동과 학습자료를 매력적으로 만드는 것에 집중하게 되어 버렸다.

또한, 유아교육과정이 운영되는 방식을 보면 교육과정에서 실제 활동에 이르기까지 여러 단계로 변환하면서 교육과정 내용보다는 활동에 집중하는 문제가 생길 수 있다. 유아교육과정이 실행되는 방식은 유아들이 학습하기에 적절하다고 판단된 가치와 지식을 생활주제로 선정하고, 이를 교실수준에서 교사는 국가수준, 지역수준, 기관수준의 교육과정에 근거하되, 각 교실의 상황에 적합한 내용과 방법으로 재구성하고 운영한다. 따라서 교사가 교실수준에서 교육과정을 운영하는 데는 국가 · 지역 · 기관수준의 교육과정 이해가 필요하다. 이렇게 여러 단계를 거치는 동안 교사들은 본래 교육과정에서 다루고자 했던 내용과 실제 활동 간의 연계를 인식하지 못한 채 활동 진행에만 급급해지기도 한다. 교육과정-생활주제-활동으로 연결되는 과정에서 유아들의 경험 및 흥미가 교육과정의 내용을 대신하고, 생활주제 혹은 활동 안의 개념이 유아들이 알아야 하는 지식으로 오해되는 현상이 발생하기도 한다. 이는 유치원 교사들이 통합적 유아교육과정 운영에 관해 가지고 있는 지식은 주로 활동과 관련된 실제적인 지식에 국한되어 있으며 목표선정과 개념 조직에 대한 인식과 실행이 매우 미흡하다고 보고한 성원경과 박은혜(2007)의 연구에서도 확인할 수 있다.

이와 같은 현상은 영유아교사와 예비교사가 교육과정에 대한 학습과 교육과정에 영향을 미치는 요인들을 고려하여 교육과정을 개발하고 실천하는 전문성을 형성해야 할 필요가 있음을 나타낸다. 이러한 교사의 교육과정에 대한 전문성을 교육과정 문해력으로 설명할 수 있다.

문해력이란, 좁은 의미로 해석하면 읽고 이해하는 수준으로 볼 수 있고 보다 넓은 의미로 해석하면 읽고 자신의 글로 쓴다는 의미를 가진다(박윤경, 김미혜, 김병수, 2017). 교육과정과 문해력이 합쳐진 교육과정 문해력에서 문해력은 넓은 의미로 해석하여 교사가 국가수준 교육과정 문서를 읽고 그 의미를 해석하여 각 학급 상황에 적합하게 활용하는 능력을 말한다(백남진, 2013; 에듀쿠스, 2018; Ben-Peretz, 1990).

교사의 교육과정 문해력이 높을수록 다양한 교실 상황 및 영유아의 요구에 맞춰 교실수준에서 교육과정을 개발할 수 있게 되고, 영유아와 교사가 상호 주체성을 갖고 교육목표 및 내용, 방법, 평가 등 교육과정의 구성 요소에 대한 창의적인 의사결정을 할 수 있게 된다. 영유아교사의 관점에서 2019 개정 누리과정에서 강조하는 교사의 자율성은 교사의 교육과정 문해력을 통해 국가수준 교육과정이 무엇인지를 구체적으로 알고, 교실 상황 및 영유아의 요구를 반영한 교육과정을 개발하며 놀이와 활동을 실행하고 평가할 줄 안다는 의미라고 볼 수 있다(정광순, 조상연, 김세영, 김현규, 신태현, 2016).

국가수준의 교육과정은 지속적으로 개정되고 교육 상황은 변화하므로 교사가 교육과정 문해력을 형성하면 특정 교육과정이 아니라 어떠한 교육과정이라도 읽고 해석하여 활용할 수 있다. 교사는 교육과정에 영향을 미치는 철학적 · 사회적 · 심리학적 요인을 이해하는 것으로부터 시작하여 교수경험이 쌓이면서 교육에 대한 개인적 지식과 신념을 형성한다. 또한, 교사가 교실수준에서 교육과정을 실행할 때 여러 가지 교실 상황들을 고려하고 조정하여 실행한다. 교사가 교육과정을 해석할 때 교육과정 문서 내용에 대한 교사의 지식과 이해 정도, 영유아와 교실 상황에 대한 인식, 교사의 교수경험과 그에 따른 신념이 영향을 미친다. 또한, 교육과정 문해력은 교육과정 문서를 읽고 해석하여 활용하는 능력이므로 교실에서 활용하는 단계에서는 교사가 여러 가지 상황들을 고려하고 조정하여 실행하게 된다(이경진, 김경자, 2005).

2) 교육과정 문해력에 영향을 미치는 요인

교사의 교육과정 해석은 개인의 자의적인 해석이 아니라 교육적 판단이다. 교사가 교육적으로 판단하는 데는 교사의 경험, 지식, 철학, 학습자 특성, 가르쳐야 할 교과 내용, 교실 환경과 상황 등 교사의 지식과 신념이 작용한다. 교사의 지식으로 알려진 교과교육학적 지식(pedagogical content knowledge)과 실천적 지식(practical knowledge)이 교육과정 문해력에 미치는 영향을 살펴보면 다음과 같다.

교과교육학적 지식은 교과 내용에 대한 지식과 교육학 지식이 혼합된 것으로, 교사에게 가장 필요한 지식 교사의 지식 중에서 가장 독특한 형태의 지식(박은혜, 2002; Shulman, 1986)이며, 교과교육학적 지식은 교육학적 지식, 학습자에 대한 지식, 교과내용에 대한 지식, 환경적 맥락에 대한 지식이 교사의 반성적 사고를 통해 통합된 것이다. 교사는 교육과정 문서를 읽으면서 이미 가지고 있는 교과교육학적 지식을 해석의 렌즈로 사용한다.

실천적 지식은 교육과정을 개발하고 운영하는 데 영향을 미친다. 엘바즈(Elbaz, 1983)는 자아, 교수 환경, 내용, 교과과정, 교수 등 5가지 영역으로 교사의 실천적 지식이 형성되며, 실천적 지식 형성의 근거는 교수 상황, 개인적 성향, 사회적 요인, 교수 경험, 이론적 배경 등 교사의 지식과 신념이라고 하였다. 교사의 실천적 지식은 교사의 지식을 어떤 방법으로 사용할 것인지에 대한 지식이므로 교사가 가지고 있는 이론뿐만 아니라 가치관, 신념, 철학, 경험들이 드러나는 노하우이다(박은혜, 2002). 아래 제시된 2019 개정 누리과정 총론 '교수 · 학습'의 내용을 어떻게 적용하는지는 교사의 실천적 지식에 의한다. 예를 들면, 교사가 2019 개정 누리과정 고시문에 제시된 "유아의 흥미와 관심에 따라 놀이에 자유롭게 참여하고 즐기도록 한다."(교육부 · 보건복지부, 2019, p. 8)를 해석할 때 교사의 실천적 지식이 영향을 미칠 수 있다. 놀이에서 공간과 자료를 통해 영유아의 흥미를 이끌어 내는 것이 교육적으로 가치 있는 경험을 제공할 수 있다는 신념을 가진 교사는 그렇지 않은 교사에 비해 놀이 환경 구성에 더 많은 노력을 할 것이다. 또한, 하나의 놀이가 가지는 경험의 통합성을 강조하는 교사와 다양한 놀이경험이 중요하다고 생각하는 교사는 놀이시간 운영 방식이 다를 수 있다. 이와 같이 교사의 실천적 지식으로 인해 놀이를 통한 교육을 운영할 때 놀이 공간과 자료, 놀이시간, 놀이시간 운영 방식, 놀이에서 교사의 개입 유형이 결정된다.

이와 같이 교사의 교육과정 문해력에는 교사의 지식과 신념이 영향을 미친다. 따라서 교사와 예비교사는 교육과정 문해력에 영향을 미치는 자신의 지식, 철학, 신념을 점검하는 것이 중요하다.

2. 교육과정 문해력 갖추기

교사의 교육과정 문해력은 교육과정 문서를 찾아 읽고 해석하여 자신의 교육과정으로 구성하고 실행하는 과정까지를 포함한다(백남진, 2013; 에듀쿠스, 2018). 정광순(2013)이 제시한 교육과정 문해력 형성 단계를 영유아교사에게 적용하면 아래 [그림 5-1]과 같다. 교육과정의 문서와 자료 구분하기 → 교육과정 문서 읽고 해석하기 → 교사의 교육과정틀 만들기 → 교실수준에서 교육과정 운영에 활용하기 단계로 구분된다.

교육과정 문서와 자료 구분하기	교육과정 문서 읽고 해석하기	교사의 교육과정틀 만들기	교실수준에서 교육과정 운영에 활용하기
문서와 자료 구분하기	총론 읽고 해석하기 영역별 목표 및 내용 읽고 해석하기	학급 상황에 따른 교육과정틀 구성하기	교육과정 편성 · 운영 교육과정 수업 평가

[그림 5-1] 교사의 교육과정 문해력 형성 단계

1) 교육과정 문서와 자료 구분하기

교육과정 문서는 국가, 시 · 도교육청, 각 기관이 공통적이고 일반적으로 사용할 수 있는 규정과 지침이고, 자료는 교사가 자신의 교육과정을 풍부하게 구성하기 위해 참고로 사용할 수 있는 것들이다. 교육과정 문해력 형성은 문서와 자료를 구분하는 것으로부터 시작한다. 3~5세를 위한 국가수준 교육과정 문서는 「유아교육법」 제13조제2항에 의거하여 유치원 교육과정을 '교육부 고시 제2019-189호'로, 「영유아보육법」 제29조와 같은 법 시행규칙 제30조 규정에 의거하여 3-5세 누리과정을 '보건복지부 고시 제2019-152호'로 고시하고 있다. 교육과정 고시문은 교육부와 보건복지부가 결정한 사항을 공식적으로 알리는 문서이며, 0~2세를 위한 국가수준의 교육과정 문서는 '0-2세 표준보육과정'으로, 「영유아보육법 시행규칙」 제30조에 의거하여, 표준보육과정의 구체적 보육내용 및 교사지침 등 필요한 사항을 '보건복지부 고시 제2020-75호'로 고시하고 있다. 0~2세를 위한 표준보육과정은 보건복지부에서 고시한 '제4차 표준보육과정' 고시문이 공식 문서이다. 우리나라 국가수준 교육과정은 국가교육과정정보센터(http://ncic.go.kr/)에서 찾을 수 있고 어린이집 표준보육과정은 보건복지부(www.mohw.go.kr), 중앙육아종합지원센터(central.childcare.go.kr)에서 찾을 수 있다.

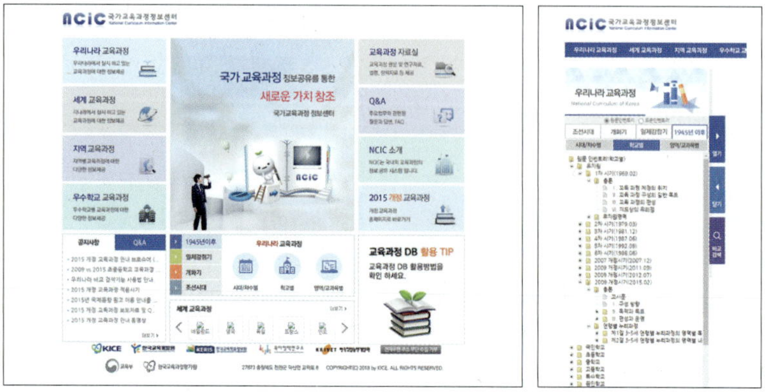

[그림 5-2] 국가교육과정정보센터 홈페이지

교육과정 문서는 국가수준의 교육과정 문서 외에도 지역수준 교육과정 문서와 기관수준 교육과정 문서가 있다. 지역수준 교육과정 문서는 시 · 도교육청의 교육과정 편성 · 운영을 위한 지침이 있고, 기관수준 교육과정으로 유치원 교육과정 운영계획이 있다. 표준보육과정의 경우에는 지역별 편성 · 운영 지침이 존재하지 않지만, 유치원의 경우 지역 시 · 도교육청의 편성 · 운영 지침을 통해 시도에서 지향하는 교육의 방향과 편성 · 운영 지침을 제시한다. [그림 5-3]은 국가수준 고시문과 시도교육청의 편성운영 지침의 예이다.

4차 표준보육과정 (0–2세) 고시문

2019 개정 누리과정 (3–5세) 고시문

시 · 도교육청 편성 · 운영 지침 예시

[그림 5-3] 교육과정 문서

기관수준의 교육과정 계획은 유치원의 경우 매년 유치원 교육과정 운영계획서를 유치원 정보공시사이트인 유치원알리미(e-childschoolinfo.moe.go.kr)에, 어린이집은 보육과정 계획서를 어린이집정보공개포털(info.childcare.go.kr)에 탑재하여 공개한다.

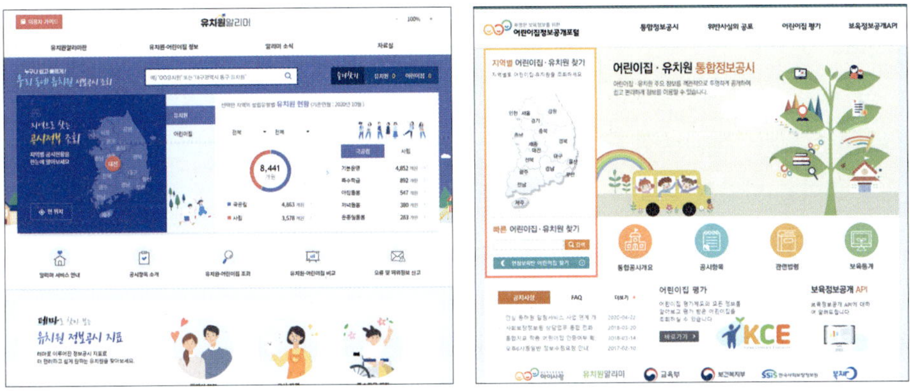

[그림 5-4] 유치원 알리미와 어린이집정보공개포털

교육과정 운영을 지원하는 자료로는 교육과정 해설서, 교사용 지침서, 교사용 지도서와 각종 프로그램 관련 자료집(인성교육, 통일교육, 재난 대비 생활안전교육 등)이 있다.

2) 교육과정 문서 읽고 해석하기

교육과정 문서 읽고 해석하기는 교사가 자신의 철학과 교실 상황을 반영하여 교육과정 문서를 이해하는 것이다. 0~2세를 위한 교육과정 문서는 표준보육과정이며, 3~5세를 위한 교육과정 문서는 누리과정이다. 누리과정 고시문은 누리과정의 성격, 제1장 총론, 제2장 영역별 목표 및 내용으로 구성되어 있다. 교사는 고시문의 전체 체제와 구조 및 사용되는 용어의 개념을 파악하고, 총론에서 제시하는 교육의 방향과 가치 및 철학을 이해할 수 있어야 하며, 인간상, 목적과 목표, 구성의 중점 등 누리과정의 구성 방향과 편성 · 운영, 교수 · 학습, 평가 등 누리과정의 운영에 대한 내용을 이해할 수 있어야 한다. 교육과정의 각론의 경우 초 · 중등교육과정에서는 교과별로 제시되어 있으나 누리과정의 각론은 총론과 통합된 형태로 영역별 목표와 내용으로 제시되어 있다. 따라서 교사는 누리과정의 5개 영역, 영역별 목표와 내용 범주 및 내용 등 교육과정 용어와 구조를 파악하고 영역별 목표와 내용의 의미를 이해할 수 있어야 한다. 뿐만 아니라, 교사는 총론의 내용과 영역별 목표 및 내용을 연계해서 이해할 때 교육과정을 해석할 수 있다.

교사는 국가수준의 교육과정 외에도 지역수준의 교육과정을 읽고 해석해야 한다. 교사는 시 · 도교육청 수준에서 제시하는 교육과정 편성 · 운영 지침을 읽고 내용과 의미를 파악할 수 있어야 한다. 또한, 교사는 교육과정 협의를 통해 지역수준 교육과정의 반영사항을 결정하고 기관수준의 교육과정으로 계획해야 한다.

3) 교사의 교육과정틀 만들기

교육과정의 틀은 교육과정 문서에 대한 지식과 이해를 바탕으로 형성된 교실수준 교육과정에 대한 얼개이다(경기도 교육청, 2017). 교육과정틀은 교사가 교육과정에 대해 충분히 이해하여 종합 정리한 각 교사만의 교육과정 개요라 볼 수 있다. 교육과정틀은 교사가 누리과정(또는 지역수준 편성 · 운영 지침)을 읽고 해석하여 자신의 학급 상황에 적합한 교육과정을 한눈에 볼 수 있게 정리한 것이다. 교사가 만든 교육과정틀을 근거로 각 학급에서 실행할 교육과정 총론(목적과 목표, 내용, 교수 원리, 평가, 교사 역할 등)과 수업 실행에 필요한 상세 내용(시간, 장소, 집단의 크기, 교수자료 등)이 제시된다.

교사가 개발한 교육과정틀은 교육과정을 실천하기 위한 방향이 되기도 하고 범주와 기준이 될 수도 있다. 교사가 자신만의 교육과정틀을 가지고 있을 때 유아가 연간 5개 영역의 내용을 충분히 통합적으로 학습할 수 있도록 적절한 환경과 다양한 놀이와 활동 기회를 계획할 수 있다. 또한, 교사의 교육과정틀을 통해 놀이와 활동을 실행하고, 평가하며, 평가를 통해 놀이와 활동을 지원하고 계획하는 순환적 과정이 자연스럽게 통합되어 나타난다.

기관과 교사에 따라 표와 그림 등을 활용하여 다양한 형식으로 만들어질 수 있다. 교육과정 영역의 통합이 필수적인 영유아교육과정에서는 교과별 내용을 기준으로 틀을 구성할 수 없으므로 교육과정 요소들이 잘 보이는 교육과정 거미줄 망으로 교육과정틀을 구성할 수 있다. 실제로 교실에서 수업이 진행될 때, 교사가 교육과정 거미줄 망을 그려 보면, 현재 자신의 교실에서 각 요소들이 어떻게 연관되는지, 어떤 요소가 강조되고 어떤 요소는 고려가 부족한지를 한눈에 볼 수 있다. 예를 들어, 교육과정의 요소를 각각 얼마큼 고려하였는지 표시하고(표 5-1 참조) 거미줄 망으로 그려 보면 [그림 5-5]와 같다.

〈표 5-1〉 교육과정 요소 고려 정도

교육과정 요소		고려한 정도				
목표 (aims and objectives)	교육과정에서 목적과 목표를 고려하였나?	1	②	3	4	5
내용 (content)	무엇을 배워야 하는지 고려하였나?	1	2	3	4	⑤
평가 (assessment)	학습의 결과는 어떻게 평가되어야 하는지를 고려하였나?	1	②	3	4	5
교수 원리 (learning activities)	학습자는 어떻게 배워야 하는가에 대해 고려하였나?	1	2	3	④	5
교사의 역할 (teacher role)	교사는 학습을 어떻게 가능하게 할지에 대해 고려하였나?	1	2	3	④	5
시간 (time)	언제 학습해야 하는가를 고려하였나?	1	②	3	4	5
장소 (location)	어디에서 학습해야 하는가를 고려하였나?	1	②	3	4	5
집단 크기 (grouping)	누구와 함께 학습해야 하는가를 고려하였나?	1	2	3	4	⑤
교수자료 (materials & resources)	어떤 자료를 가지고 학습해야 하는가를 고려하였나?	1	②	3	4	5

〈표 5-1〉에 작성된 교사의 예를 살펴보면, 교사는 교육과정을 계획할 때 내용과 집단 크기에 대한 고려 정도가 가장 높고 교수 원리와 교사의 역할도 중요하게 고려하고 있다. 반면에 목표, 평가, 시간, 장소를 고려한 정도는 다른 요소에 비해 낮다. 이를 거미줄 망으로 나타내 보면 각 요소들 간 균형과 어떤 요소에 대한 고려가 더 필요한지에 대해 쉽게 파악할 수 있다.

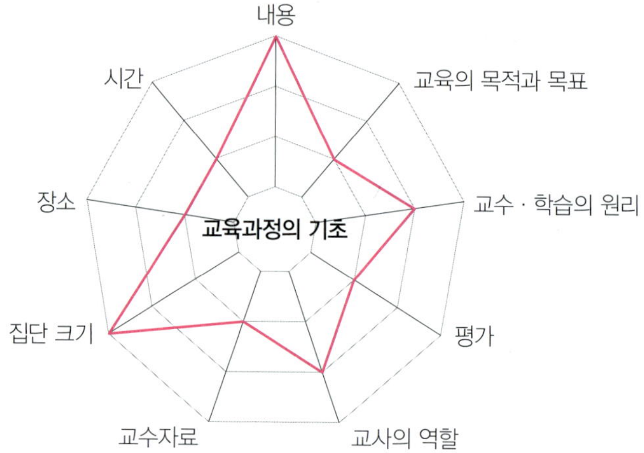

[그림 5-5] 교육과정 요소 고려 정도를 시각화한 교육과정 거미줄 망

위의 예에서 교육과정의 요소들이 균형 있게 고려되지 않음을 알 수 있다. 만약, 교사가 자신의 교육과정 거미줄 망이 이러한 형태로 그려지면 시간, 장소, 교수자료, 목표, 평가에 대한 고려를 해야 함을 인식하고 교육과정 계획에 구체적으로 반영하려는 노력을 해야 한다.

4) 교실수준에서 교육과정 운영에 활용하기

교육과정틀은 교실에서 교육과정을 운영할 때 교사가 판단하고 의사결정하는 방향과 기준이 된다. 즉, 교사가 교육과정을 읽고 해석한 후 교육과정틀로 만들어진 교육목적, 내용, 방법에 대한 교사의 생각은 실제 교실수준에서 교수 · 학습 경험으로 구체화된다. 이때, 교사의 교육과정 운영, 즉 영유아들과 교실에서 하루하루 실행된 교육과정을 통해 교사의 교육과정틀이 실제의 모습으로 구현된다.

교사가 교육과정 문서를 해석하는 데는 교사의 철학과 경험이 반영되므로 같은 문서를 읽더라도 동일하게 해석하지 않는다. 즉, 교사가 교육과정 문서를 읽고 해석한다고 할 때 해석의 과정에는 교사의 가치 판단과 자신만의 의미 구성이 포함되기 때문에 같은 교육과정 문서를 읽더라도 교사마다 자신의 해석에 따라 다른 스타일의 교육과정이 운영된다(유영식, 2018). 교육과정 문서를 읽고 해석하여 활용하게 되는 교실수준의 교육과정 실제도 아래 그림과 같이 교사마다 다른 스타일로 운영된다.

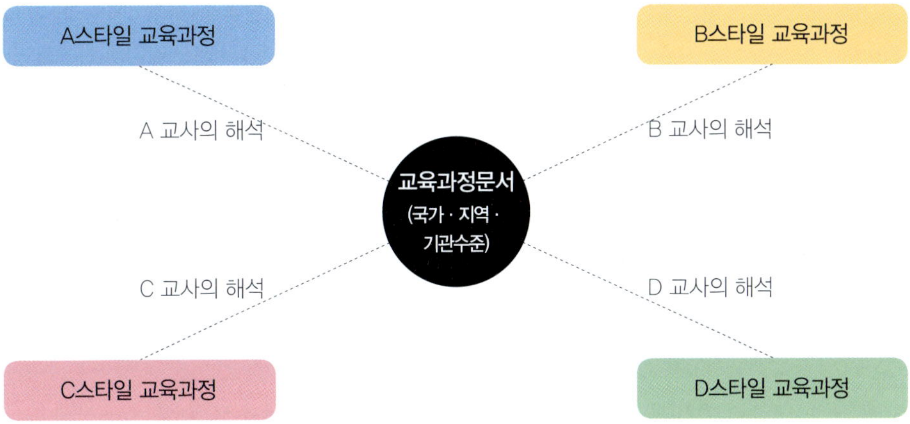

[그림 5-6] 교육과정 문해에 의한 교사별 교육과정-수업-평가
유영식(2018). p. 47을 영유아교육과정으로 수정함.

그런데 교사가 교육과정을 해석할 때 교육과정의 기초가 되는 철학적 · 사회적 · 심리적 근거에 의해 해석하기보다는 자의적으로 해석할 수 있고 본인이 의식하지 못하고 있는 바람직한 신념이 영향을 미칠 수도 있다. 또한, 실제 교수행동은 신념과 일치하지 않는 경우가 생길 수도 있다. 교사가 자신의 생각을 드러내고 검토할 수 있는 기회를 가짐으로써 적합하지 않은 신념이나 신념과 일치하지 않는 행동을 바꿀 수도 있다(박은혜, 2002). 따라서 교육과정 문해력을 갖추고 틀을 만들어 운영하는 과정에서 교사 학습 공동체가 유용하게 활용될 수 있다. 즉, 교육과정 문해력 갖추기의 모든 과정을 교사 개인의 일로 마치기보다는 교사 학습 공동체를 통해 교육과정 문서를 함께 읽고 이해하는 학습이 필요하다. 또한, 각 교사의 교육과정 틀이 만들어진 맥락에 대한 인식, 실제 교실수준에서 운영하면서 형성되는 의미를 공유하는 과정에서 더 높은 수준의 문해력을 형성할 수 있다.

3. 영유아교육과정의 주요 개념 이해하기

교사가 교육과정의 문해력을 형성하기 위해서는 영유아교육과정의 주요 개념에 대해 파악하는 것이 필요하다. 영유아교육과정의 주요 개념의 의미를 정확하게 이해함으로써 교실수준의 교육과정으로 구성하고 실천하는 데 도움을 받을 수 있다. 본 절에서는 영유아교육과정에서 언급되는 놀이, 활동, 경험, 발달 또는 연령, 교과에 대한 개념을 살펴보고자 한다.

1) 놀이에 대한 해석

놀이의 가치는 유아교육의 오랜 역사에서 공통적으로 강조되어 왔다. 그러나 가정이나 놀이터에서 영유아가 하는 놀이와 유아교육기관에서 영유아가 하는 놀이는 겉으로 드러나는 행위는 동일하여도 그에 대한 해석이 동일하지는 않다. 가정에서의 놀이는 그 자체의 즐거움으로 충분할 수 있지만 유아교육기관에서의 놀이는 영유아가 무엇인가를 배우는 방법이자 수단으로 해석되어 왔다.

우리나라 유치원 교육과정은 1차부터 현재의 2019 개정 누리과정까지 일관되게 놀이의 가치를 인정하고 중시했으며, 유아가 양질의 놀이를 충분히 할 수 있는 시간과 환경을 조성하려고 노력해 왔다. 다양한 자유선택활동(또는 놀이) 영역을 만들어 주고 각 영역에서 놀이가 활성화될 수 있는 교재교구를 제공하거나 하루 1~2

시간의 놀이시간을 보장하도록 한 것이 그 예이다. 2019 개정 누리과정에서는 유아기 놀이가 다른 학습이나 발달을 위한 수단이 아닌, 놀이 그 자체의 즐거움을 더 강조한다. 이에 따라 놀이를 지원하는 방식에 있어 2019 개정 누리과정과 그 이전의 교육과정은 차이를 보인다.

〈표 5-2〉 놀이를 지원하는 방식

	과거의 유치원 교육과정	2019 개정 누리과정
놀이 지원의 핵심	• 그 시기에 학급에서 실시하는 생활주제를 놀이를 통해 더 많이 배울 수 있게 하는 것 • 생활주제에 따라 놀이가 발전할 수 있도록 지원함	• 유아가 주도해서 시작한 놀이(또는 놀이 주제)가 발전하도록 지원함
놀이를 위한 환경 구성	• 다양한 영역으로 분리하여 구성(예: 쌓기놀이, 역할놀이 영역 등)하되 다른 영역과의 통합이나 유동성이 제한됨	• 기존과 같은 방법으로 영역을 구분할 수도 있고, 유아들의 놀이에 따라 추가하거나 융통성 있게 분리 또는 통합 할 수 있음
각 영역별 교재교구	• 생활주제에 적합하면서 각 영역별 놀이에 적절한 교재교구를 제공함(예: 생활주제가 봄인 경우, 봄에 관한 도서를 비치)하고 영역별로 교재교구가 섞이는 것을 장려하지 않음)	• 유아의 놀이와 관련 있는 교재교구를 추가하거나, 필요하면 유아의 놀이에 따라 다양한 영역의 교재교구를 융통적으로 혼합하여 사용할 수도 있으며, 정해진 방법이 아닌 방식으로도 사용이 가능함
영역별 놀이	• 유아가 주도해서 노는 놀이도 있지만, 교사가 생활주제와 맞는 놀이를 영역별로 준비해 줌(예: 생활주제가 교통기관인 경우, 교통기관과 관련 있는 역할놀이나 미술을 준비해 주고 하도록 격려함)	• 유아가 주도적으로 시작한 놀이를 격려함
놀이와 관련된 규칙	• 놀이시간, 한 영역에 놀 수 있는 유아의 수, 교재교구를 사용하는 방식, 놀이 안전과 관련된 규칙이 있는 경우가 많음	• 모든 규칙을 필요에 따라 유아와 협의해서 정하는 것을 강조함

2) 활동에 대한 해석

우리나라 유치원 교육과정은 다른 나라와 달리 다양한 대 · 소집단 활동을 중시해 왔다. 유치원 교육과정 개정의 역사를 살펴보면 대 · 소집단 활동의 종류는 이야기나누기, 음악, 율동/신체, 문학, 게임, 요리, 현장체험, 미술, 실험의 9개로 대별된다. 대 · 소집단 활동이라는 명칭에서 유추할 수 있듯이 개인 영유아를 대상으로 또는 다양한 상황(예: 일상생활, 놀이, 견학)에서 자연스럽게 실시하는 것이 아니라 교사의 계획과 주도 아래 대집단 또는 소집단의 유아를 대상으로 실시하는 것이다. 다른 나라에서도 위에 서술된 다양한 활동을 하지만 우리나라만큼 다양한 유형의 활동은 아니며, 다양한 집단 크기(개인, 소집단, 대집단)로 다양한 상황에서 실시된다는 차이가 있다. 대 · 소집단 활동에 대한 해석은 과거의 모든 유치원 교육과정이 유사한 반면, 2019 개정 누리과정은 상이하다. 가장 두드러진 차이점을 5가지 측면에서 비교하고자 한다.

〈표 5-3〉 대 · 소집단 활동에 대한 해석

	과거의 유치원 교육과정	2019 개정 누리과정
실시 목적	유아들이 생활주제와 관련된 내용을 더 깊이 이해할 수 있도록 함	유아의 놀이를 지원하기 위해 대 · 소집단 활동을 실시함
활동 주제	생활주제와 관련된 것(예: 봄– 봄과 관련된 노래, 미술, 동극, 율동 등)	유아의 놀이 주제와 관련된 것
활동간 균형	가능하면 다양한 활동의 종류 실시	중요하지 않음
참여 영유아	가능하면 모든 영유아 참여	원하는 영유아만 참여하는 것도 가능
실시 방식	교사가 큰 틀을 정하고 세부적인 사항에서 유아의 의견을 반영할 수 있음(예: 어떤 게임을 할지 교사가 결정하고, 규칙을 정할 때 유아의 의견을 반영할 수 있음)	유아의 의견을 최대한 반영함(예: 어떤 게임을 할지와 어떤 규칙을 정할지에 대해 유아가 결정할 수 있음)

3) 경험에 대한 해석

우리나라 유치원 교육과정은 1차부터 현재의 2019 개정 누리과정까지 일관되게 유아의 경험을 중시했다. 유아는 연령 특성 때문에 성인의 도움 없이는 다양한 것을 경험하기 어렵고, 아동이나 청소년에 비해 경험의 폭도 좁을 수밖에 없다. 또한, 유아교육기관에 취원하기 전에 비공식적으로 무엇인가를 배운다고 해도 유아 간 격차가 심하고 사전 지식이라고 부를 만한 일반적이고 공통적인 지식이 있는 것도 아니다. 경험과 사전 지식이 제한적일 수밖에 없는 영유아를 가르치기 위해 유아교육에서는 그들의 경험을 활용하는 방식으로 접근한다.

유아가 무엇인가를 경험한 것이 그들의 사전 지식의 일부가 되고, 그것을 기초로 가르친다면 효율적으로 가르칠 수 있기 때문이다. 표준국어대사전에서도 경험은 "자신이 실제로 해 보거나 겪어 본 것 또는 거기서 얻은 지식"이라고 정의된 바와 같이 경험은 지식과 밀접히 연관되어 있고, 경험한 것은 지식의 일부가 된다고 가정하기 때문이다(국립국어원, 2021). 이러한 경험에 대한 해석은 과거의 모든 유치원 교육과정이 유사한 반면, 2019 개정 누리과정은 상이하다. 전자는 경험을 교육의 출발점으로 보고 후자는 경험 자체가 학습 또는 배움이 될 수 있다고 보는 것이 가장 두드러진 차이점이다.

경험 자체가 학습 또는 배움이 될 수 있는가에 대해서 과거의 유치원 교육과정과 2019 개정 누리과정에서 경험과 배움(학습)을 특정 학자나 철학적 관점으로 제시하고 있지 않으나, 교육과정의 철학적 기초 측면에서 경험의 의미를 듀이(Dewey)의 이론으로부터 살펴볼 수 있다. 듀이에 의하면 교육에서 경험은 그저 겪어 본다는 경험과 구분된다. 교육은 경험의 재구성을 통한 성장이고 경험의 성장이 일어나기 위해서는 '연속성(continuity)의 원리'와 '상호작용(interaction)의 원리'가 적용되어야 한다(Dewey, 2002). 연속성의 원리는 어떠한 선행 경험이 다음 경험에 영향을 미치고 질적으로 변화하여 새로운 경험으로 이어진다는 의미로, 인간은 시간의 흐름 속에서 경험의 연속성에 의해 성장하게 된다. 상호작용의 원리는 한 개인이 처한 객관적인 환경과 주관적인 내적 특성(흥미, 요구, 정서, 사고 등)이 상호작용한 결과로, 교육에서 경험은 학습자의 내적 특성을 고려할 때 의미가 있는 것이다. 경험이 성장이 되기 위해서는 경험 속에 동반되는 사고(thinking)와 흥미로 표현될 수 있는 정서적 측면이 중요하다(박기용, 2018). 유아의 내적 특성에 따라 동일한 경험을 하더라도 유아 개개인에게 다른 의미가 된다. 특정 상황에 흥미를 가지는 유아와 그렇지 않은 유아는 놓여진 상황에 대한 경험의 질이 달라지고, 동일한 놀이를 하더라도 개별 유아의 생각과 정서가 놀이경험과 상호작용하여 각 유아에게 고유한 경험이 된다.

이와 같은 듀이의 철학을 기초로 생각해 보면 유치원 교육과정에서 중시하는 경험 중심 교육은 유치원에서 하루, 일주일, 1년, 3년으로 이어지는 시간 동안 유아의 경험이 연속성을 가진 질적 변화가 일어나는 유의미한 것이어야 한다. 이러한 경험의 질적 변화는 개별 유아의 내적인 특성에 따라 유치원 환경, 또래, 교사와의 상호작용이 필요하다. 따라서 교사는 경험 중심 교육과정 운영에 필요한 경험의 의미에 대한 이해와 유아의 경험을 배움(학습)으로 연계할 수 있는 전문성을 갖추어야 한다. 즉, 교사는 교육과정을 운영함에 있어서 유아의 단순한 충동적이고 감각적인 경험이 반복되는 것과 경험을 통한 배움(학습)이 일어나는 것을 구분하고 경험이 유아의 성장과 변화로 이어질 수 있도록 유아의 내적 특성 파악, 환경 구성, 놀이와 활동을 제공할 수 있어야 한다.

2019 개정 누리과정 이전의 교육과정에서 교사는 유아의 경험을 활용하여 교육을 효율적으로 하려는 의도를 가졌다. 따라서 유아의 경험을 기반으로 '학습자에게 제공할 학습경험을 미리 선정하고 조직하여 교육의 질을 구체적으로 관리하는 교육의 기본 설계도인 교육과정'(교육과학기술부, 2008a, p. 7)을 강조하였다. 생활주제의 선정 및 진행, 놀이를 위한 환경의 구성, 대 · 소집단 활동의 선정과 진행에 유아의 경험을 활용하거나 반영하는 것을 매우 중요하게 여겼다.

반면, 2019 개정 누리과정에서는 유아 · 놀이중심 교육과정을 강조하면서 경험, 지식, 배움을 거의 유사한 의미로 사용하고 있다. 예를 들면, 놀이를 통해 경험하는 배움(p. 46), 교사가 가르치지 않아도 유아가 놀이하며 스스로 배울 수 있음(p. 17), 5개 영역의 내용은 …중략… 유아가 경험하며 스스로 배우는 내용(p. 17), 59개 내용은 3~5세 유아가 경험해야 할 내용(p. 37)임을 강조한다. 즉, '놀이를 하면서 경험하면 배움(곧, 지식)'이 되기 때문에 경험, 배움, 지식은 일련의 순서로 일어나는 과정의 의미로 사용되고 있다. 비록 교사가 다양한 방식으로 유아가 놀이를 통해 배우고 성장할 수 있도록 돕고 지원하는 역할(p. 45)을 해야 하지만 유아가 경험하는 것만으로도 배움이 일어난다는 것을 강조하고 있다. 과거의 유치원 교육과정과 2019 개정 누리과정이 바라보는 경험에 대한 해석 중 가장 두드러진 차이점을 2가지 측면에서 비교하면 다음과 같다.

〈표 5-4〉 경험에 대한 해석

	과거의 유치원 교육과정	2019 개정 누리과정
강조하는 경험의 시점	유아가 과거에 경험한 것	유아가 현재 경험하는 것
경험과 교육 (배움, 학습)과의 관계	경험을 배경지식으로 활용하여 교육	경험 = 배움

4) 발달 또는 연령에 대한 해석

우리나라 유치원 교육과정은 1차부터 현재의 2019 개정 누리과정까지 일관되게 영유아의 발달 또는 발달의 의미가 내포된 연령을 고려할 것을 강조해 왔다. 2차(1979), 3차(1981), 4차(1987) 유치원 교육과정에서는 영역 명칭을 발달을 강조하는 명칭(예: 신체 발달 영역, 정서 발달 영역 등)으로 사용하였다. 5차(1992), 6차(1998) 유치원 교육과정과 2007 개정 유치원 교육과정에서는 유아의 발달을 고려한 수준별 교육과정(I, II수준, 공통수준), 3-5세 누리과정(2012/2015)에서는 연령별 교육과정(3, 4, 5세)을 운영하기도 하였다.

유아교육에서 발달을 중시하게 된 것은 1920년대 아동연구운동(Smuts, 2013)이 활발하게 진행되어 영유아의 발달에 대한 기초 자료와 정보가 축적되어 온 이후부터이고, 전미유아교육협회(NAEYC)에서 발달에 적합한 실제(DAP)(Bredekamp, 1987)를 발표한 이후부터 더욱 강조되었다. 발달에 대한 지식이 교육에 영향을 미치는 방식은 크게 2가지로 나눌 수 있다. 하나는 연령별 보편성 관점인데, 특정 월령/연령의 어린이는 대체로 특정 발달 양상을 보이므로 교육을 통해 적어도 평균적인 발달이 이루어지도록 해야 한다는 것이다. 이 관점에서는 발달의 개인차는 덜 강조되고 평균적인 진보(예: 특정 월령이 되면 걷거나 첫 단어를 말하거나 타인에게 사회적 미소를 보내야 함)가 이루어지지 않는 경우 교육을 통해 지원해야 함을 강조한다.

다른 하나는 발달의 개인차를 강조하는 관점으로, 평균적이고 보편적인 발달 양상이 존재하긴 하지만 다양한 원인(예: 유전, 경험)에 의한 개인차가 존재하므로 교육에서는 개인차를 고려해야 한다는 것이다. 이 관점에서는 모든 어린이가 같은 수준에 도달하도록 기대하기보다는 개인의 발달 정도에 맞게 지원해서 효율적으로 교육할 수 있음을 강조한다.

우리나라의 유치원 교육과정에서 영역별 명칭을 발달의 영역으로 사용하든, 수준별 교육과정을 사용하든, 연령별 교육과정을 사용하든 간에 관계없이 모두 보편적 발달 경향 내에서 발달의 개인차를 중시했다. 발달 영역별 명칭을 사용할 때는 발달을 고려할 것을, 수준별 교육과정을 사용할 때는 수준이 연령을 의미하는 것이 아니라는 것을, 그리고 현장의 요구에 의해 연령별 교육과정을 사용할 때도 연령(즉, 보편적 발달)보다는 개인차를 강조하라는 것을, 그리고 2019 개정 누리과정에서는 연령별 구분이 개별 유아의 배움의 특성을 제한(p. 18)할 수 있으므로 신중할 것을 강조하였다.

5) 교과에 대한 해석

유아교육은 다양한 의미의 '통합'을 강조해 왔는데 교과 간 통합도 그중 하나이다. 초등 및 중 · 고등학교에서 교과(예: 국어, 산수/수학, 사회, 자연/과학 등)를 분리해서 배우는 것과 달리 유아교육에서는 통합적으로 학습함을 강조한다. 예를 들면, 친구들과 여러 방향으로 달리면서 신체를 조절하는 것, 달리는 속도에 따라 바람의 감각이 달라지는 것, 또래와 계획하고 의견을 나누는 것, 또래와 신나게 달리면서 긍정적 정서를 느끼는 것을 배울 수 있다고 강조한다.

유아교육에서 통합이 강조되기 때문에 '교과'라는 용어를 공식적으로 사용하지 않지만, 교과에 대한 개념은 1차 유치원 교육과정부터 현재까지 교육과정 영역 명칭, 내용 범주와 내용에 반영되어 있다. 2019 개정 누리과정과 고등학교 교과를 예로 들어 비교하면, 신체운동 · 건강 영역에는 체육과 교과 내용이, 의사소통 영역에는 국어과 교과 내용이, 사회관계 영역에는 통합사회 교과의 내용이, 예술경험 영역에는 예술과 교과 내용이, 그리고 자연탐구 영역은 수학과 과학을 포함한 통합과학 교과의 내용이 일부 반영되어 있다. 따라서 교사는 유아가 유아교육기관에서 배우는 것이 궁극적으로는 상급학교에서 학습하는 교과내용과 밀접한 관련이 있음을 인식하고 유아를 지원해야 한다.

활 · 동

* '2019 개정 누리과정'의 교육과정 문서와 자료를 구분해 보자.
* '2019 개정 누리과정' 고시문과 해설서를 읽고 교육과정 거미줄 망에 해당하는 내용을 찾아 작성해 보자.

제 06 장

교실수준 교육과정 구성하기

학 · 습 · 목 · 표

1. 국가수준 교육과정의 총론과 영역별 목표 및 내용을 읽고 이해한다.
2. 교실 맥락을 드러내는 교실수준 교육과정의 실제를 이해할 수 있다.

교실수준에서 교사는 국가 · 지역 · 기관수준의 교육과정을 읽고 교육과정이 의미하는 바를 해석하여 자신의 학급에 적합한 내용과 방법을 선정하고 조직하여 운영한다. 교육과정을 구성할 때 철학적 · 사회적 · 심리적 기초, 사회문화적 맥락, 기관의 실정과 상황, 교사의 개인적 배경/지식과 신념 등 여러 가지 렌즈의 영향을 받는다. 본 장에서는 교사가 교육과정을 읽고 이해하여 교육과정을 구성하고 틀을 만들어 실천하는 과정을 교실수준 교육과정 운영의 사례를 통해 설명하고자 한다.

1. 교육과정 읽고 이해하기

5장 교육과정 읽고 해석하기에서 본 바와 같이 교사는 국가수준에서 고시한 교육과정을 읽고 그 내용을 이해한 후 지역수준의 교육과정에서 안내하는 지침과 각 기관의 운영계획을 반영하여 자신의 교육과정틀을 만든다. 본 절에서는 국가수준, 지역수준, 기관수준 교육과정을 읽고 이해한 교사의 사례를 중심으로 교육과정 구성에 대해 살펴보고자 한다.

1) 국가수준 교육과정 문서 읽고 이해하기

교사는 국가수준 교육과정 문서인 2019 개정 누리과정 총론 및 영역별 목표 및 내용을 읽고 이해하였다. 아래는 교사가 읽고 이해하여 간추린 국가수준 교육과정 내용이다.

국가수준 교육과정 문서: 2019 개정 누리과정

〈총론〉

① 누리과정 구성

② 누리과정의 성격- 국가수준 공통교육과정

③ 누리과정의 구성방향

- 인간상(건강한 사람, 자주적인 사람, 창의적인 사람, 감성이 풍부한 사람, 더불어 사는 사람)
- 목적과 목표(놀이를 통한 건강과 발달, 바른 인성과 민주시민의 기초 형성)
- 구성의 중점(3~5세 공통 적용 기준 및 내용, 놀이를 통해 역량 형성 및 인간상 구현, 5개 영역, 0-2세 보육과정과 초등 연계)

④ 누리과정의 운영

- 편성 · 운영(4~5시간 또는 확장 편성, 기관 실정에 적합한 계획수립 및 운영, 놀이가 충분하도록 편성, 차별 없이 발달과 장애 고려, 가정과 지역사회 협력 및 참여)
- 교수 · 학습(흥미와 관심에 따른 놀이 참여, 놀이를 통한 배움, 다양한 놀이와 활동 경험을 위한 환경 구성, 유아-교사-환경 간 능동적 상호작용, 5개 영역 통합적 경험, 개별 유아 고려한 일상생활 및 배움 지원)
- 평가(누리과정 운영의 질 진단 및 개선, 유아평가와 누리과정 운영 평가, 목적에 따른 평가방법 적용, 유아 이해 및 누리과정 개선 위해 활용)

〈영역별 목표 및 내용〉

① 신체운동 · 건강(신체활동 즐기기, 건강하게 생활하기, 안전하게 생활하기)

② 의사소통(듣기와 말하기, 읽기와 쓰기에 관심 가지기, 책과 이야기 즐기기)

③ 사회관계(나를 알고 존중하기, 더불어 생활하기, 사회에 관심 가지기)

④ 예술경험(아름다움 찾아보기, 창의적으로 표현하기, 예술 감상하기)

⑤ 자연탐구(탐구과정 즐기기, 생활 속에서 탐구하기, 자연과 더불어 살기)

교사는 누리과정의 목적과 목표 중 '바른 인성과 민주시민의 형성'에 대한 내용을 우리 반 5세 유아에게 적용하여 협력, 배려, 의사표현과 적극적 참여 등 공동체 의식에 초점을 맞추었다. 누리과정의 편성 · 운영에 제시된 시간은 4~5시간으로, 우리 반 일일 편성 시간을 유치원 운영계획에서 제시된 5시간(9~14시)으로 운영해야 한다. 누리과정의 운영에 제시된 '놀이가 충분하도록 편성'한다는 의미는 놀이가 분절되지 않도록 편성(해설서)하는 것으로, 정해진 간식과 점심시간을 고려할 때 간식은 자유간식으로 운영 가능하고, 점심시간 이전까지는 가능한 활동을 계획하지 않고 놀이시간으로 편성할 수 있다고 보았다. 누리과정 영역별 목표 및 내용을 읽고 5개 영역과 59개 내용을 고루 반영하되, 전년도 유아 생활기록부를 분석하고 작년 담임과의 면담 결과를 종합하여 신체운동 · 건강과 사회관계영역에 초점을 맞추어야겠다고 생각하였다.

2) 지역수준 교육과정 문서 읽고 이해하기

경기도교육청 관할 유치원에 재직 중인 교사는 지역수준 교육과정 문서인 경기도 교육과정 편성 · 운영지침을 읽고 이해하였다. 아래는 교사가 읽고 이해하여 간추린 지역수준 교육과정 내용이다.

경기도교육청 교육과정 편성 · 운영지침

① 경기도 유아교육 비전과 가치
- 교육 공동체가 함께 만들어 가는 지속가능한 삶의 구현(존중, 공공, 자율, 균형, 협력)

② 경기도 유아교육의 강조점
- 유아중심 철학에 기반한 교육과정
- 놀이를 중심으로 운영하는 교육과정
- 생활 속 지속가능한 가치를 경험하는 교육과정
- 교육생태계를 마을로 확장해 가는 교육과정

교사는 경기도 유아교육의 비전과 가치가 '교육 공동체가 함께 만들어 가는 지속가능한 삶의 구현'이고, 강조점에 '생활 속 지속가능한 가치를 경험하는 교육과정'이 제시되어 있음에 주목하였다. 활동중심의 환경교육에 국한되기보다, 유치원과 가정의 일상생활에서 지속가능성을 실천하는 방향이 바람직하다고 이해하였다. '교육생태계를 마을로 확장해 가는 교육과정'에 대해 유아와 가정을 중심으로 교육생태계를 마을로 확장하고, 특히 유치원과 가까운 지역사회기관과 협력하는 것이 효과적일 것이라고 생각하였다.

3) 기관수준 교육과정 문서 읽고 이해하기

교사는 기관수준 교육과정 문서인 유치원 교육과정 운영계획서를 읽고 이해하였다. 아래는 교사가 읽고 이해하여 간추린 기관수준 교육과정 내용이다.

○○유치원 교육과정 운영계획서

① 유치원 교육이념 및 목표: 건강한 몸과 마음으로 꿈을 가꾸는 창의적인 어린이
② 유치원 교육의 중점
- 건강하고 안전한 생활 습관의 형성
- 창의적인 표현 능력의 신장
- 바른 언어생활 습관 형성
- 기초적인 사고 능력과 탐구 능력의 신장

③ 유치원 특색교육
- 체력증진프로그램
- 자연친화교육과 지속가능발전교육

④ 유치원 교육과정 편성, 운영, 평가
- 유치원 교육일수(200일)에 따른 연간학사일정 및 연간교육계획, 주간교육계획 편성·운영

⑤ 유치원 교육과정 협력 체계
- 교육과정운영위원회 및 학부모회 통한 민주적 운영
- 교사학습공동체 운영 및 장학

교사는 자신이 가지고 있는 생태주의적 관점에 기초하여 우리 유치원의 특색교육인 자연친화교육과 지속가능발전교육에 주목하였다. 유치원의 특색교육은 자연과 사람이, 환경·사회·경제가 분리되는 방식이 아니라 상호 의존적으로 지속가능할 수 있는 생태적 관점이 강조되어야 한다고 해석하였다. 이러한 기관수준 교육과정에 대한 교사의 이해는 곧 교육과정의 구성에 대한 생각으로 연결된다. 교사는

유아들이 유치원 주변 생태공원을 산책하며 계절의 변화와 호수의 생물들에 대해 탐구하고, 주도적으로 궁금한 것을 알아보고 주변 환경과 사람이 어떻게 상호작용하는지 알아가게 하는 것이 중요하다고 생각한다.

2. 교육과정틀 만들기

교사가 교육과정을 읽고 해석한 결과는 교실수준의 교육과정으로 만들어져야 한다. 교사가 읽고 해석한 교육과정은 선택과 결정을 통해 새롭게 구성되는 과정을 거친다. 교사는 국가 · 지역 · 기관 등 다양한 수준의 교육과정을 읽고 해석하여 교실수준에 맞게 덜어 내어 단순화시키거나, 핵심요소를 중심으로 간추리고, 적절한 방식으로 통합하여 조정하기도 한다(최무연, 2018). 이때 교사는 학급 영유아의 특성, 흥미와 태도, 지역사회 실정, 기관의 물리적 환경, 교사의 철학과 교수역량, 학부모의 요구 등을 고려하여 교육과정을 구성하게 된다. 이러한 과정의 결과물은 곧 교사가 교실수준 교육과정을 구성하고 실천하기 위한 틀로 나타낼 수 있다.

교육과정틀은 교사의 교육과정 이해를 바탕으로 종합 · 정리된 교육과정의 개요이다. 교육과정틀은 교사의 교육과정 구성과 실천을 위한 안내 지도의 역할을 하므로 교육과정 거미줄 망의 요소로 구성할 수 있다. 일정하게 정해진 형식을 갖기보다는 학급 상황을 고려한 교사의 필요와 해석에 따라 다양한 형식으로 만들어질 수 있다(에듀쿠스, 2018). [그림 6-1]은 국가 · 지역 · 기관 · 교실수준의 교육과정틀을 한눈에 볼 수 있게 종합하여 구성한 것이다. 각 수준의 교육과정에서 목표, 내용, 방법, 평가 등의 요소별로 중요하게 간추린 내용을 파악할 수 있는 형태로 구성되어 있다.

교육과정틀

목표

국가·지역	– 건강한 사람, 자주적인 사람, 창의적인 사람, 감성이 풍부한 사람, 더불어 사는 사람 – 유아가 놀이를 통해 심신의 건강과 조화로운 발달을 이루고 바른 인성과 민주시민의 기초를 형성
기 관	– 놀이 중심의 체험활동으로 몸과 마음을 키우고, 자연의 품에서 생명의 소중함을 느끼며, 바른 마음과 행동으로 다른 사람과 더불어 살아가는 인성 키움
교 실	– 스스로 할 줄 아는 어린이, 친구들과 사이좋게 지내는 어린이, 신나게 놀고 창의적으로 생각하는 어린이

내용

국가·지역	– 신체운동·건강, 의사소통, 사회관계, 예술경험, 자연탐구 5개 영역 59개 내용 – 연령별 구분없이 공통적으로 놀이를 통해 통합적 경험 형성
기 관	– 영유아의 발달과 흥미 고려한 내용, 놀이경험의 연속성과 통합성, 놀이 주제–유치원과 친구, 봄·여름·가을·겨울, 기본생활습관과 인성 및 안전
교 실	– 5개 영역별 59개 내용, 놀이 주제와 관련된 발달 및 교과(언어, 수학, 사회, 과학, 음악 등), 학습 성향(호기심, 흥미, 자발적 동기, 몰입, 끈기, 계획–실행–반성, 창의성, 협력)

교수원리 및 방법

국가·지역	– 즐겁게 놀이하기, 흥미와 관심에 따라 자유롭게 참여하기, 다양한 놀이와 활동을 위한 환경 구성하기, 유아–교사–환경 간 능동적 상호작용하기, 5개 영역 내용 통합적 경험으로 연계하기, 영유아 요구 및 배움 개별화하기
기 관	– 놀이 지원하기, 놀이와 활동 연계하기, 기본생활습관 및 인성을 생활과 연계하기, 통합학급) 개별화교수와 놀이중심교수 통합적 운영하기
교 실	– 놀이, 활동, 일상생활에서 교사와 유아 상호 주체성 갖기

평가

국가·지역	– 영유아 평가, 누리과정 운영 평가 – 평가 목적에 따른 방법 자율화 – 영유아 이해, 누리과정 운영의 질 개선을 목적으로 평가
기 관	– 영유아성장중심 평가, 평가결과 배움 지원에 활용 – 학기별 유아개별평가 위한 놀이주제별 자료수집 및 평가, 학기별 교육과정 평가
교 실	– 놀이, 활동 일상생활에서 영유아 자율 관찰 및 기록·평가 – 5개 영역으로 평가 내용 종합 정리

교사 역할

국가·지역	– 유아·놀이중심 교육과정 이해하고 실천하기, 놀이를 통한 유아의 배움 지원하기, 놀이와 배움을 기록하고 평가하기
기 관	– 관찰, 질문, 제안, 정서 지원하기와 같은 방법으로 유아와 상호작용하면서 놀이를 직·간접적으로 지원
교 실	– 관찰 및 기록, 일과 편성 및 평가, 놀이 참여 및 지원하기, 학부모와 소통하기

장소 및 자료

국가·지역	– 공간) 놀이공간 융통성 있게 배치, 공간배치 주도권 유아에게 주기 – 자료) 유아의 자료 활용 방법 격려, 자연물/현상/일상사물활용
기 관	– 지속가능한 환경, 삶을 고려한 자료 활용
교 실	– 안전하고 융통성 있는 놀이공간, 환경을 생각한 자료 사용

시간 / 집단 크기

국가·지역	– 1일 4~5시간 편성 또는 확대 운영 – 놀이, 활동, 일상생활로 편성, 놀이 충분히 편성 운영
기 관	– 교육과정 5시간 편성, 방과후과정 일일 8시간 이상 – 실외놀이 포함해 2시간 이상 놀이시간 운영
교 실	– 오전 시간 놀이 운영, 유아의 개별/놀이집단 격려하기, 다양한 집단 크기로 활동 운영하기

[그림 6–1] A 교사의 교육과정틀

다음의 [그림 6-2]는 교사가 상위수준의 교육과정을 읽고 해석하고 자신의 교실 상황을 고려하여 통합적으로 제시한 교육과정틀이다. 기대하는 유아의 모습, 목표, 내용, 방법, 평가 등 보다 간략하게 사용될 수 있는 연간 교실수준 교육과정의 계획 형태로 구성되어 있다.

기대하는 무궁화반 어린이의 모습	자율적이고 창의적이며 행복한 어린이
목표	• 일상생활에서 자신이 할 수 있는 일을 알고 스스로 한다. • 궁금한 것을 적극적으로 알아보고 표현한다. • 몸과 마음이 건강하여 놀이와 활동에 즐겁게 참여한다.
내용	• 누리과정 5개 영역 • 안전교육과 체력 기르기 • 놀이와 음악/미술/문학 등 예술경험 통합
방법	• 놀이, 일상생활, 활동, 체계적인 신체 활동 • 개방적 놀이자료 활용, 실외놀이와 활동 다양화 • 프로젝트 활동, 소집단 탐구 활동과 다양한 방식 표상화 및 결과 공유 • 개별보다는 협력적 놀이와 활동 중심 • 공간 구성, 놀이 자료, 활동 방법 등 교육과정 운영에 유아 주도성 높이기
평가	• 놀이 기록을 통해 5개 영역을 기준으로 학기별 유아의 변화 파악 • 놀이 과정 중에 수시로 평가 · 분석해 교육 계획으로 활용

[그림 6-2] B 교사의 교육과정틀

교실수준의 교육과정틀은 어떤 형식을 활용하든 교사가 학급 상황에 적절하게 구성해야 하며, 교실에서 사용 가능한 최소한의 교육과정 계획이 되어야 한다. 교사는 자신이 구성한 교육과정의 틀을 적용해 교실에서 이루어지는 매일의 놀이와 흥미에 따라 교실 수업으로 구체화하여 유아의 배움으로 구현될 수 있게 지원할 수 있다. 따라서 이러한 교육과정의 틀은 같은 기관의 동일 연령 학급이라 하더라도 다른 스타일로 구성되며, 교실 상황에 따라 다양한 실제로 실천된다.

3. 교육과정틀 활용하기

교사가 작성한 교육과정틀은 매일의 수업에서 구현된다. 교사가 교실에서 실제 교육과정을 운영할 때 교육과정에 대한 이해와 해석이 교실 차원에서 구체화되고 각 교실의 맥락에서 의미를 가지게 된다. 즉, 교사가 교실에서 매일 구현하는 수업-평가가 모여 실행된 교육과정이 된다. 따라서 교실수준에서 실행된 교육과정을 통해 교사의 교실수준 교육과정을 살펴볼 수 있고 수업 사례들을 통해 교사가 교육과정을 운영할 때 교사가 가지고 있는 교육과정틀이 실제에서 어떻게 반영되는지를 알 수 있다. 영유아교육기관에서 수업은 놀이, 활동, 일상생활을 중심으로 유아의 놀이, 교사가 계획한 활동, 유아의 놀이로부터 확장되는 또 다른 놀이와 활동으로 운영된다. 다음은 교사의 교육과정틀이 영유아 교육과정 운영 실제에 활용된 사례이다.

1) 영유아의 흥미로부터 발현된 교육과정 운영 사례

교사는 일 년, 한 주, 하루의 계획을 세우지만 실제 교육과정을 운영할 때는 영유아의 흥미를 반영하여 교육과정을 운영한다. 교사가 계획한 교육과정에 의한 수업을 하지만 유아의 관심과 흥미에 따라 계획된 교육과정은 수정될 수 있다. 또한, 유아가 요구하거나 관심을 보이는 주제나 사건으로부터 교육과정이 시작되기도 한다. 다음 사례는 유아가 종이비행기 접기를 시작한 것으로부터 과학적 탐구로 이어진 교육과정 운영의 실제이다.

교실에서 종이비행기를 접기 시작한 유아들은 다양한 모양의 비행기 접기, 교실에서 어떤 비행기가 더 멀리 날아갔는지 알아보기, 비행기가 얼마만큼 날아갔는지 측정하기 등의 놀이와 활동을 하였다. 교사는 유아의 종이비행기에 대한 관심에서 시작된 놀이에서 영유아가 현재 가지고 있는 개념과 지식이 어떤 정도인지 파악하고, 유아가 궁금해하는 것을 탐색하고 알아볼 수 있도록 지원하였다. 또한, 다양한 재료로 비행기를 접을 수 있는 기회, 비행기가 날아간 거리를 어림 측정해 보고 비교해 보는 기회, 비행기가 잘 날아가도록 반복적으로 실험하면서 유아 자신이 알고 있는 오류를 검토하고 해결하는 기회를 제공하였다. 유아의 관심으로 시작된 종이비행기 놀이는 다양한 종이비행기 형태를 찾아보고 직접 종이로 접고, 다양한 두께와 재질 · 바람의 방향과 세기에 따라 종이비행기가 얼마만큼 날아가는지에 대한 지속적인 탐구를 통해 유아가 새로운 지식을 구성할 수 있도록 하였다.

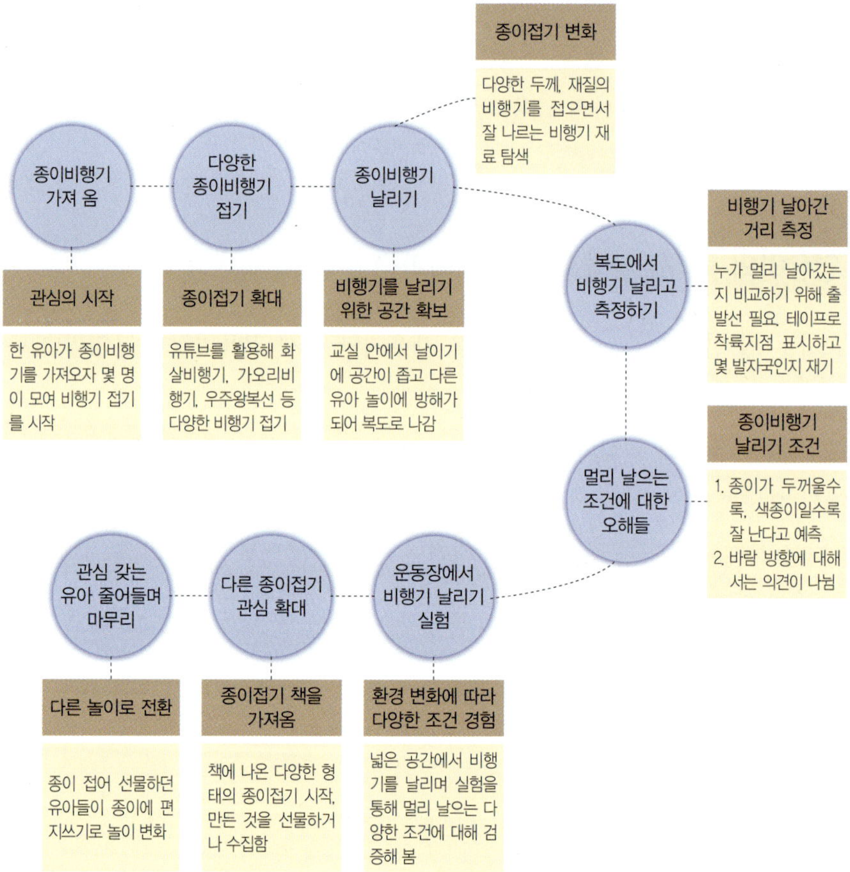

[그림 6-3] 영유아의 흥미로부터 발현된 사례

이 사례에서 교사가 고려하고 있는 교육과정의 요소가 어떻게 반영되었는지를 살펴보면 〈표 6-1〉과 같다.

〈표 6-1〉 영유아의 흥미로부터 발현된 교육과정 운영 사례에 포함된 교육과정 요소

요소	내용
내용	• 누리과정 5개 영역 중 '자연탐구 〉 탐구과정 즐기기'의 내용과 관련됨 • 거리 측정, 바람의 힘과 같은 수학과 과학 교과와 관련됨
목표	• 비행기에 대한 관심을 날아가는 거리, 종이의 재질에 따른 차이를 실험하고 탐색하도록 한 것은 탐구하는 태도를 기르고자 하는 교사의 목표가 분명함을 알 수 있음
교수 원리	• 탐색과 발견
평가	• '멀리 날아가는 것'에 대한 오해가 있음을 관찰하고 실외에서 날려보도록 한 과정을 보면 유아를 관찰해서 평가한 후, 그것을 반영한 수업을 하고 있음
교사의 역할	• 이 사례는 유아의 관심으로부터 시작된 놀이가 주를 이루는 수업으로, 교사는 주로 관찰과 평가, 지원의 역할을 하고 있음
시간	• 유아의 관심으로부터 시작하여 특정 시간을 계획하기보다는 놀이시간에 이 놀이에 관심이 있는 유아들이 자유롭게 참여할 수 있도록 함
장소	• 비행기에 대한 탐색을 돕기 위해 유튜브 동영상을 볼 수 있는 교실 내 영역, 비행기를 날리기에 적합한 공간으로 복도, 멀리 날리기 실험을 위한 실외 등 유아의 놀이가 확장됨에 따라 실내와 실외에서 필요한 공간을 사용함
집단 크기	• 집단의 크기를 교사가 계획하지 않고 이 놀이에 관심이 있는 유아들이 참여할 수 있었음
교수자료	• 한 유아가 가져온 비행기로부터 시작되어 동영상, 다양한 재질의 종이, 거리 비교에 필요한 테이프, 비행기 접기 방법을 알려 주는 책 등 유아의 놀이가 변화하는 과정에 필요한 자료들을 제공하였음

2) 우연히 일어난 교수 · 학습 순간을 활용한 교육과정 운영 사례

교실수준에서 교육과정 운영은 교사가 의해 의도하지 않았지만 교육적 의미를 가지는 순간이 나타났을 때 그 순간을 활용한 교육이 가능하다. 이러한 순간을 활용한 교육을 가르칠 수 있는 순간(teachable moment)의 교육이라 한다(Hyun & Steinerg, 2006). 교사가 무엇을 어떻게 가르칠 것인가의 문제는 곧 영유아가 무엇을 경험하고 배울 것인가와 연결된다. 교실에서 교사에게 '가르칠 수 있는 순간

(teachable moment)' 은 곧 영유아에게는 '배울 수 있는 순간(learnable moment)'이 된다. '가르칠 수 있는 순간'의 의미는 교육 대상과 내용에 따라 다소 다른 의미를 가질 수 있다. 영유아교육에서 '가르칠 수 있는 순간'은 다른 학교급이나 교과별 수업에 비해 예측하기 어려운 우연한 순간의 의미가 더 강하기 때문에 교사의 인식과 활용 능력이 중요하다(원정림, 2010).

영유아 학급에서 영유아의 놀이와 일상생활 속에서 가르칠 수 있는 순간은 수시로 나타날 수 있다. 가르칠 수 있는 순간은 교사의 민감한 관찰로 발견되고 교사가 가르칠 수 있는 순간에 적절한 언어적 · 비언어적 상호작용을 함으로써 지나쳐버릴 수 있는 순간을 교육적 의미가 있는 순간으로 활용할 수 있게 된다. 다음 사례는 놀이와 일상생활 속에서 우연히 발견되고 활용된 아주 짧은 교수 · 학습 순간의 예이다.

숲놀이터로 산책을 간 5세 하늘반 유아들이 나무 꼭대기에 걸린 모자를 발견하였다. 한 유아가 모자를 내리자고 제안하였고 어떻게 모자를 내릴지 함께 의논하였다. 나무에 올라간 유아, 나뭇가지를 주워 온 유아, 중간에 전달해 주는 유아 등 서로 협력하여 모자를 내릴 수 있었다. 교사는 유아들이 안전하게 모자를 내릴 수 있도록 도우며 관찰한 결과, 가르칠 수 있는 순간을 포착하였고 자연탐구영역 및 사회관계영역 내용을 중심으로 교육적 지원을 해야겠다고 생각하였다. 모자의 위치, 나뭇가지까지의 거리, 나무막대기의 길이에 대해 탐구하면서 유아들은 비교와 측정에 관심을 가졌다. 또한, 모자를 내리기 위해 하늘반 유아 모두가 한마음으로 협력하였고 더불어 생활하는 경험을 할 수 있었다. 교실로 돌아와 모자 구하기 사건에 대한 이야기나누기를 하였고, 유아들은 놀이시간 중에 자연스럽게 비교와 측정 활동을 하였다. 다음 산책 때 측정할 수 있는 자료를 제공하였고, 시트지, 리본끈, 종이테이프 등 비표준화 된 자료로 나뭇가지의 길이와 둘레를 예측하고 재어 보았다.

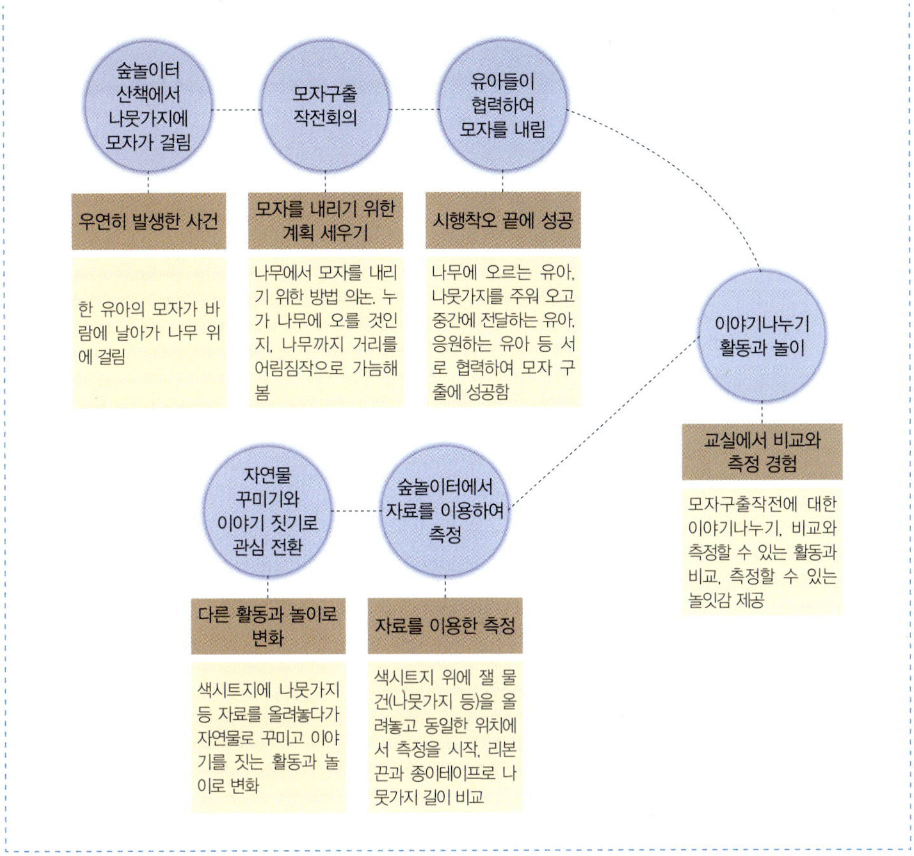

[그림 6-4] 우연히 일어난 교수·학습 순간을 활용한 사례

위의 사례에서 교사는 우연히 일어난 사건을 가르칠 수 있는 순간으로 포착하여 유아의 흥미가 의미 있는 놀이와 활동으로 지속될 수 있도록 지원하고 있다. 교사는 〈표 6-2〉와 같이 교육과정 요소에 대한 인식을 바탕으로 교육과정을 실천하고 있다.

〈표 6-2〉 우연히 일어난 교수·학습 순간을 활용한 교육과정 운영 사례에 포함된 교육과정 요소

요소	내용
내용	• 누리과정 5개 영역 중 '자연탐구영역 〉 생활 속에서 탐구하기', '사회관계영역 〉 더불어 생활하기'의 내용과 관련됨
목표	• 물체의 길이를 비교하고 측정하며 공통점과 차이점 인식
교수 원리	• 유아들이 협의를 통해 문제해결을 위해 노력하는 과정에서 유아의 주도성을 전제로 하고 있음
평가	• 관찰 순간에 유아의 언어와 행동으로부터 유아가 무엇을 알고 모르는지, 왜 그렇게 생각하는지에 대해 평가하여 유아를 어떻게 지원할지를 결정하는 데 활용함
교사의 역할	• 가르칠 수 있는 순간을 포착하고 지원함 • 직접 교수와 설명, 유아가 스스로 생각할 수 있도록 질문
시간	• 가르칠 상황이라고 인식된 순간 • 유아의 흥미와 관심을 확장하여 다른 시간에도 관련 활동 및 놀이 지속적 진행
장소	• 가르칠 상황이라고 인식된 장소 • 유아의 흥미와 관심을 확장하여 교실에서도 관련 활동 및 놀이 지속적 진행
집단 크기	• 그 순간에 그 장소에 있던 유아들 • 전체 학급 유아와 이야기 나누기를 통하여 공유함
교수 자료	• 숲놀이터 주변에 있던 나뭇가지 등 자연물 • 시트지, 리본끈, 종이테이프 등 비교와 측정을 도울 수 있는 교구와 재료

3) 교사의 계획과 의도가 실천된 교육과정 운영 사례

교사가 교실수준에서 무엇을, 왜, 어떻게 가르칠까를 결정할 때 유아가 보이는 현재의 흥미만이 그 기준이 될 수 없다. 교사는 국가수준의 교육과정에 대한 이해와 해석을 바탕으로 교사가 자신의 철학과 신념에 의한 교육내용을 결정하고 이를 영유아에게 적합한 교수 원리와 교수법을 적용한다. 다음 사례는 교사가 교육적 의도와 목표를 가지고 계획한 활동에 유아가 즐겁게 참여한 사례이다.

유아들은 5세반이 되어 간식 당번을 해 보면서 선생님이 하던 역할을 자신들이 하는 것에 자부심을 가지게 되었다. 교사는 유아들에게 스스로 할 수 있는 더 많은 역할을 부여하면 자부심과 책임감을 가질 수 있는 기회가 될 것으로 판단하였다. 그동안 부모 자원봉사로 운영되었던 사서의 역할을 유아들이 해 볼 수 있도록 계획하였다. 세부 활동으로 사서의 역할 이야기나누기, 도서 대여 도와주기, 책 소개하기 활동으로 진행되었다. 사서활동을 하면서 유아의 의견에 따라 필요한 자료들을 추가하거나 함께 준비하였다. 또한, 활동의 과정을 사진과 글로 기록하고 게시하여 유치원 내 다른 반 유아들, 교직원, 학부모가 볼 수 있도록 하였고 필요한 경우에는 유아들이 직접 설명하기도 하였다. 유아들은 누가 보러왔는지에 대해 궁금해하고 설명하는 역할에도 적극적으로 참여하였다. 이러한 과정에서 교사는 자신의 의도가 유아들에게 어떻게 받아들여지는가를 관찰하면서 각 활동마다 유아가 흥미를 가지고 참여할 수 있는 방법을 적용하였다.

사례 출처: 이화여자대학교 사범대학 부속이화유치원(2017).

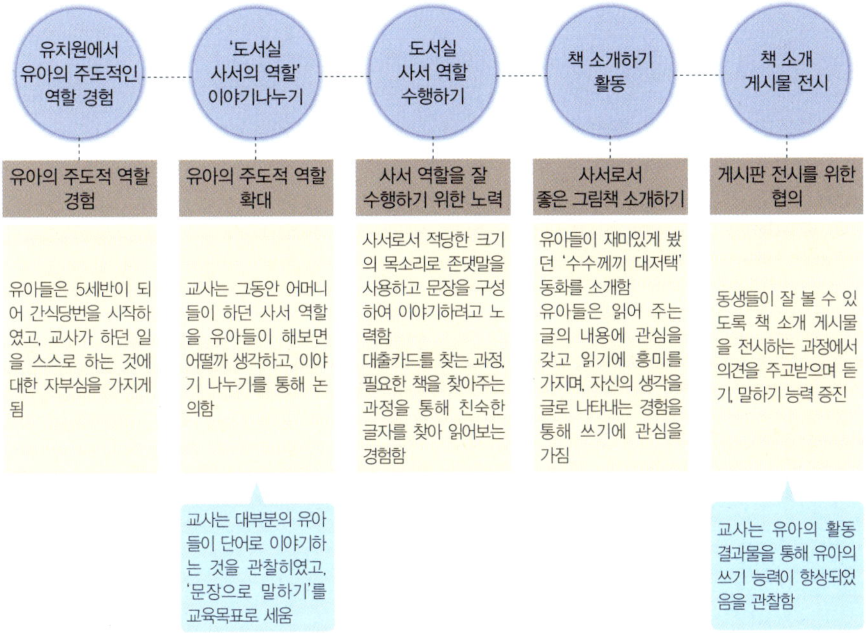

[그림 6-5] 교사의 계획과 의도가 실천된 사례

이 사례에서 교사는 교육과정 요소에 대한 분명한 인식을 나타내고 있다. 〈표 6-3〉은 교육과정 요소들이 어떻게 반영되었는가를 보여 준다.

〈표 6-3〉 교사의 계획과 의도가 실천된 교육과정 운영 사례에 포함된 교육과정 요소

요소	내용
내용	• 누리과정 5개 영역 중 '사회관계 〉 나를 알고 존중하기, 더불어 생활하기'의 내용과 관련됨 • 적극적으로 참여, 지속적 몰입, 협동과 같은 태도의 내용과 관련됨
목표	• 유아가 스스로 역할을 수행하면서 자부심과 책임감을 길러 주고자 하는 분명한 교육목표를 설정함
교수 원리	• 사서 역할, 전시 준비, 설명 등의 목표와 관련되어 교사 주도적으로 계획된 활동에 유아가 적극적으로 참여하는 방식으로 활동에 따라 교사와 유아의 상호 주체성 2단계와 3단계가 나타남
평가	• 교사가 설정한 목표와 관련하여 관찰하고 관찰에 의한 다음 활동을 계획함 • 목표가 태도와 같은 정의적 측면이었으므로 교사는 활동의 전체 과정에서 유아의 태도를 알 수 있는 반응으로부터 평가가 이루어지고 있음
교사의 역할	• 목표달성을 위한 효과적 지원 • 유아의 흥미와 관심을 반영한 체계적 활동 계획 • 각 활동에 적절한 환경 구성
시간	• 전체 계획에 필요한 이야기나누기, 사서 역할하기, 기록하고 전시하기 등 여러 가지 활동이 포함되어 있어 각각의 순서와 적절한 시간을 고려함
장소	• 주로 사서 역할을 하게 되는 장소는 정해져 있고, 기록과 전시와 같이 특정 활동이 가장 효과적인 곳을 고려함
집단 크기	• 학급 전체가 참여
교수자료	• 사례로만은 정확히 판단하기 어려우나 유아가 흥미를 가지고 참여할 수 있는 방법을 적용한다는 것에는 효과적 매체 활용을 포함하는 것으로 볼 수 있음

위의 세 가지 사례를 요소별로 정리하면 〈표 6-4〉와 같다. 세 가지 유형의 교실수준 교육과정 운영에서 일과 중 교사가 자신의 교육과정틀로 교육과정을 운영하고 있음을 보여 준다. 교사는 계획에 의해 편성되지 않았더라도 유아의 놀이와 일상생활에서 가르칠 수 있는 순간이 발견되었을 때 순간적으로 목표와 내용을 인식하고 효과적인 방법을 생각하여 지원하거나 상호작용한다. 또한, 교사의 교육철학

과 교육과정틀에 의해 계획된 목표와 내용을 적절한 유아 참여 활동으로 운영하기도 한다. 영유아 교실 상황은 정확히 예측하기 어렵고 교사에 의해 계획된 교육과정도 유아의 반응에 따라 수정하기도 하므로 위와 같은 유형의 교육과정 운영은 수시로 동시에 일어난다.

〈표 6-4〉 교육과정 운영 사례틀에 포함된 교육과정 요소 종합

사례 요소	종이비행기 사례 놀이로부터 발현	모자 구하기 사례 놀이 중 발견된 교수학습 순간	사서역할 사례 교사의 계획과 의도에 의한 실천
내용	• 탐구과정 즐기기 • 수학 및 과학 교과	• 생활 속 탐구하기 • 알아보고자 하는 태도	• 나를 알고 존중하기, 더불어 생활하기 • 몰입, 협동
목표	• 놀이로부터 설정	• 유아들이 알고 있는 것과 알 필요가 있는 것으로부터 설정	• 유아발달에 적합하고 교육적 의미를 고려하여 사전 설정
교수원리	• 탐색과 발견	• 유아 주도의 탐구와 문제해결	• 다양한 활동 참여를 통한 태도 형성
평가	• 놀이 중 유아가 오개념을 가지고 있음을 관찰	• 유아들이 알고 있는 사실과 혼동하는 것 관찰	• 이전 활동 결과에 대한 평가
교사의 역할	• 놀이 관찰과 평가 • 탐색과 발견을 지원	• 탐구하고 실험할 수 있는 자료 제공과 질문	• 목표달성을 위한 활동 계획, 환경과 자료 지원(유아의 의견 반영)
시간	• 놀이시간 전체	• 가르칠 수 있는 상황으로 인식된 직후	• 계획에 의한 과정과 순서를 고려한 활동 시간 편성
장소	• 탐색, 실험, 발견을 도울 수 있는 실내외 공간들	• 가르칠 수 있는 상황이 일어난 장소(교실)	• 각 활동별 필요 장소(교사의 계획과 유아의 의견 반영)
집단 크기	• 관심 있는 유아들	• 가르칠 수 있는 상황이 일어난 장소에 있던 유아들	• 학급 유아들 모두
교수 자료	• 유아의 놀이행동 변화에 따른 필요한 자료와 재료들	• 탐구와 실험을 도울 수 있는 재료	• 활동에 필요한 효과적 매체와 재료

이상에서 살펴본 바와 같이 실제 교실에서 운영되는 교육과정은 영유아의 관심과 흥미로부터 시작되는 놀이의 지원, 우연히 발견되는 교수 · 학습 순간에 교사의 상호작용, 교사의 계획에 의한 활동 등 여러 가지 현상으로 나타난다. 이러한 과정에서 교사의 교육과정 문해력과 교사가 가지고 있는 교육과정 요소들에 대한 생각이 반영됨을 알 수 있다.

활 · 동

* 2019 개정 누리과정 해설서의 총론 해설에 가장 많이 나온 단어를 찾고 의미를 생각해 보자.
* i-누리 포털(i-nuri.go.kr)에 탑재된 놀이중심 교육과정 사례를 한 가지 찾아 교육과정 운영 사례에 영향을 미친 요인들을 찾고 토의해 보자.

제 07 장

영유아의 소리 듣고 이해하기

학·습·목·표

1. 영유아와 교사의 상호 주체성의 의미와 중요성을 이해한다.
2. 영유아는 어떠한 존재이며, 어떻게 배우는지 설명할 수 있다.
3. 교사가 교육과정을 함께 만들어 가는 파트너로서 어떠한 역할을 해야 하는지 이해한다.

교사는 교육과정을 읽고 해석한 후 자신만의 교육과정틀을 가지고 교실에 들어가 영유아와 만난다. 2019 개정 누리과정에서는 영유아는 놀이하며 배울 수 있는 학습의 주체로서 영유아의 참여를 강조한다. 교사는 학습의 주체이며 교육과정 운영의 참여자인 영유아와 상호 협력적인 관계를 형성해 가야 하는데, 이를 위해서는 영유아가 어떠한 존재인지를 이해하는 것이 필요하다. 이 장에서는 영유아의 존재적 특성과 학습자로서의 특성을 통해 교육과정의 주체인 영유아에 대해 알아보고, 교육과정을 만들어 가는 파트너로서 교사의 역할을 살펴본 다음, 교사와 영유아의 교육과정에 대한 상호 주체성을 다루고자 한다.

1. 영유아 이해하기

영유아를 위한 교육과정은 영유아가 등원해서 귀가할 때까지의 모든 하루 일과에 담긴다. 영유아의 주체성은 교육과정을 실행하는 과정, 즉 하루 일과 안에서 발현되는데, 교사가 영유아를 어떤 존재로 인식하는가에 따라 교육과정의 과정과 결과는 달라질 수 있다. 영유아의 존재에 대한 교사의 관점은 교육과정과 관련된 의사결정에 중요한 영향을 미친다. 영유아는 어떠한 존재이며, 어떻게 발달하고, 어떻게 학습하는지에 대해 알아보기로 하자.

1) 존재적 특성 이해하기

(1) 모든 영유아는 특별하고 존엄하다

인류 역사를 놓고 볼 때, 연령, 성별, 장애 여부, 가족의 사회경제적 상황, 종교, 언어 등에 관계없이 모든 영유아가 태어나면서부터 자유롭고 동등한 존엄성과 권리를 가지고 교육을 받는다는 생각은 아주 최근의 일이다. 시대에 따라 남아와 여아에 따른 차별이 있었고, 장애를 가지고 태어나는 아이는 버려졌으며, 자녀는 부모에게 속한 재산의 일부로 여겨지기도 하고, 학교보다는 부모를 도와 가정 경제를 꾸려 나가는 노동자로 여겨지기도 하였다. 고대나 중세시대에도 일부 철학자들이 영유아의 존재를 인정하기는 하였지만, 영유아의 존재를 하나의 독립된 개체로 받아들인 것은 근대에 들어서이다. 현대 사회에 들어선 지금도 현실적으로는 모든 사회에서 영유아가 동일한 권리를 누리는 것은 아니지만 적어도 국제사회에서 모든 영유아의 권리를 존중하기 위한 합의된 조약은 존재한다. 1989년 11월 20일, 전 세계 지도자들은 유엔아동권리협약(UN Convention on the rights of the child)이라는 아동을 위한 역사적 약속을 하였다. 유엔아동권리협약은 우리나라를 포함하여 역사상 가장 많은 국가가 비준한 인권 조약으로, 전 세계 아동의 삶에 영향을 미치고 있다. 전문과 54개 조항으로 구성된 이 협약에 따르면 전 세계 모든 어린이는 생존, 보호, 발달, 참여의 4대 권리를 가지고 있다(유니세프한국위원회, 2021).

영유아는 세상에 있는 모든 사람들과 똑같이 인간답고 행복하며 건강하게 살아갈 권리가 있다. 아동권리협약에 따르면 영유아는 성인과 마찬가지로 의식주를 포함하여 적절한 생활수준을 누릴 권리(생존)를 가지며, 이에 더하여 영유아는 신체적 · 정신적으로 발달하는 과정에 있으므로 건강하게 잘 자랄 수 있도록 특별한 보호와 돌봄을 받을 권리(보호)가 있다. 영유아는 자신의 잠재능력을 최대한 발휘할 수 있도록 배우고, 쉬며, 여가를 즐기고, 놀 권리가 있다. 영유아는 문화생활을 하고 정보를 얻을 수 있고, 생각과 표현의 자유를 가지며, 자신의 생활에 영향을 주는 일에 대해 의견을 말할 수 있다. 영유아는 모두 소중하며, 문화적 주체성을 가질 수 있고 다양성을 존중받을 수 있어야 한다(발달의 권리). 영유아는 가족과 학급에 속해 있는 일원이면서 동시에 분리되는 개별화되고 독립적인 위치를 갖는다. 영유아는 어리고 보호를 받아야 하지만, 자신의 삶과 관련된 모든 일을 스스로 생각하고 결정하고 행동할 수 있다. 영유아의 생각과 아이디어는 현명하고 창의적이며, 문제해결을 하기에 충분하다(참여의 권리)(유니세프한국위원회, 2020).

영유아에 대한 생각은 교사의 역할과 행동에 영향을 미친다. 교실에서 만나는 영유아가 존엄과 권리를 가진 특별한 존재라고 여긴다면 교사는 영유아를 존중하고 영유아의 목소리에 귀를 기울일 것이다. 교사는 영유아가 가진 다양한 지식과 경험을 교실에서 드러낼 때 그것을 존중하며 관심을 가지고 교육과정에 반영해야 한다.

교사는 자신의 생각보다 영유아의 생각이 더 좋은 해결 방법이 될 수 있다고 생각하고, 영유아의 제안을 따를 수 있어야 한다. 또한, 교사는 영유아와 교실에서 일어나는 상황을 공유하고 의사결정할 기회를 제공해야 한다. 영유아의 생각과 행동이 존중받을 때 영유아는 자신의 생각을 당당히 말할 수 있고 자신의 생각대로 행동함으로써 주체성을 발현할 수 있다.

"영유아는 모두 특별하고 소중하다"

(2) 모든 영유아는 유능하다

영유아가 학습과정에서 어떤 역할을 하는가에 대한 관점 또한 시대나 학자마다 다르다. 근대 이전에는 영유아가 스스로 학습하는 역량이 부족하거나 심지어는 백지와 같은 상태로 태어난다는 주장도 있었다. 그러나 지금은 영유아는 능동적이고 주도성을 가진 존재로, 자신과 타인 및 세상에 대해 이해하기 위해 호기심을 갖고 적극적으로 탐구함으로써 스스로의 성장에 기여한다는 것이 보편적인 관점이다.

영유아는 특별히 놀이에서 유능성을 보인다. 교사가 영유아의 놀이를 민감하게 들여다본다면 놀이하며 배우는 유아의 유능성을 발견할 수 있다. 영유아는 태어나면서부터 직관적 지식과 기술을 가지고 있고 놀이와 생활에서 그런 지식과 기술을 드러내고 활용한다. 그런 면에서 영유아는 많은 가능성과 잠재력을 가지고 세상에 능동적으로 참여하며 변화를 만들어 내는 존재이다. 피아제의 인지발달이론에 영향을 받았던 20세기 초에는 영유아의 추상적 사고나 상위인지능력이 제한된 것으로 여겨지기도 하였으나 최근의 많은 연구들은 영유아가 아주 어린 연령부터 놀이 상황에서 추상적 사고나 초인지능력을 발휘한다고 보고하고 있다(Otsuka & Jay, 2017; Lockl & Schneider, 2002; Whitebread & Neale, 2020).

영유아가 무능하고 학습에서 수동적인 존재라는 관점을 가진 교사는 교육과정을 운영하는 모든 단계에서 영유아의 소리를 무시하고 교사중심으로 이끌어 간다. 반면에 영유아의 유능함을 충분히 인정하는 교사는 영유아의 소리를 민감하게 듣고 함께 만들어 가는 교육과정을 운영할 수 있다.

**"영유아는 이미 많이 알고 있으며,
세상에 참여할 동기, 의지, 주체성을 가지고 있다."**

(3) 영유아는 놀이를 하는 존재이다

영유아는 어떻게 놀이하는지 배우지 않아도 자연스럽게 놀이한다. 역사적으로 유아교육사상가들은 놀이가 영유아의 내재적 본성이 발현되는 것으로 이해한다. 놀이는 내적으로 동기화되고 목적과 결과보다는 과정에 의미를 두며, 무엇이 된 것처럼 가장하거나 상상하는 특성이 있고, 몰입함으로써 얻는 즐거움 등의 긍정적인 정서를 동반할 뿐 아니라 형태나 맥락에 있어 융통성을 지닌다. 놀이는 어린이 삶의 일부이고 발달과 학습의 맥락을 제공하기 때문에 영유아교육과정의 근간이 된다. 영유아는 놀이를 하는 동안 발달적으로 적합한 지식과 기술을 사용하고 세상을 향해 행동함으로써 의미 있는 이해 및 세상을 실제 살아 낼 수 있는 역량을 형성하기 때문이다.

놀이는 영유아의 발달과 성장에 있어 필수적이다. 영유아는 재미를 느낄 때 가장 잘 배울 수 있다. 놀이는 재미와 즐거움을 주며, 주의를 기울이고 집중할 수 있게 만든다. 놀이는 스스로 하고 싶고 반복하고 싶고 도전하고 싶은 생각과 기회를 주기 때문에 그 어떤 활동보다도 더 잘 배울 수 있는 맥락을 제공한다. 영유아는 자신이 존재하는 세상에 대해 알고 싶고 배우고 싶어 한다. 영유아는 놀이를 하는 동안 세상에 대해 많은 것을 배우기 위해 많은 전략과 기술을 사용한다. 영유아는 놀면서 사전에 알고 있는 것과 할 수 있는 기술을 사용할 뿐 아니라 놀이를 통해 지식과 기술을 확장해 간다. 교실에서 영유아의 놀이와 활동이 연계될 때 영유아의 지식과 기술의 사용은 더 확장된다.

영아가 실로폰이 있는 곳까지 기어가서 채를 집어 들고 주변 사물을 두들기고 놀이할 때 교사가 긍정적으로 반응한다면 영아는 무엇을 배울까? 영아는 놀이를 통해 주변 사물의 재질에 따라 모두 소리가 각각 다르게 난다는 것을 배울 뿐 아니라 몸을 움직이는 대근육 운동기술을 연습할 것이고, 교사의 따뜻한 상호작용으로부터 반응적인 관계를 맺게 될 것이다. 유아가 실로폰 채를 사람으로, 실로폰을 배로 가상해 자신의 경험을 이야기로 꾸며 또래와 놀이를 한다면 유아는 무엇을 배울까? 자신이 한 경험을 상상해서 이야기로 표현하는 것을 배울 뿐 아니라 또래와 놀이 에피소드를 만들고 바꾸어 가면서 문제를 해결하고 협력하는 경험을 하게 될 것이다. 유아는 모래를 파내어 물길을 만들고 터널을 뚫는 동안 물과 모래의 특성, 견고한 구조와 형태를 구성하는 물리적 지식, 적절하게 움직임과 힘을 조절할 수 있는 기술, 목표를 향한 끈기와 인내, 서로 공감하고 책임 있게 행동할 수 있는 태도 등을 배울 것이다.

"영유아는 놀이하는 동안 지각, 몰입, 예측, 실험, 발견을 경험한다."

2) 영유아의 학습 및 발달적 특성 이해하기

(1) 영유아는 개인 혹은 사회적으로 지식을 구성한다

영유아는 태어나면서부터 세상과 관계를 맺으며 자신과 주변에 대해 알아가기 시작한다. 영유아는 각자 궁금하고 좋아하는 관심사가 있을 때, 주의를 기울이고 도전하여 자신이 선호하는 방식으로 탐구하며 세상에 대해 학습한다. 영유아는 이전의 경험과 지식을 바탕으로 현재 자신을 둘러싼 환경에 자신만의 방식으로 반응하고 탐구하며 지식을 구성해 간다.

영유아가 개인의 관심사에 따라 주변을 탐색하고 탐구하며 지식과 기술, 태도 등을 구성하는 동안 능력 있는 또래나 성인이 이러한 과정에 도움을 줄 수 있다. 영유아의 개별적인 경험과 지식은 또래 유아들과의 언어적 소통을 통해 전달되면서 복잡해지고 새롭게 구성된다. 비고츠키에 따르면 또래는 교실 공간에서 학습을 구성하는 데 가장 중요한 구성원이다. 영유아는 흥미 있는 상황을 탐구하거나 발생한 문제를 해결하기 위해 또래나 성인의 도움을 받기도 하고, 의견을 나누기도 하면서 지식과 경험의 폭을 넓혀 간다. 특별히 놀이는 영유아로 하여금 실패하지 않고 안전한 상황 속에서 많은 경험을 할 수 있는 맥락이 되어 준다. 예를 들어, 기차를 만들어 놀이하는 유아는 가장 빠른 기차가 KTX이며, KTX가 지나가는 기차역이 어디 있는지 또래와 함께 놀면서 더 많이 알게 된다. 또한, 기차가 끊어지지 않도록 길게 만들려면 블록을 어떻게 끼우고 끌고 갈 때 속도를 어떻게 조절해야 하는지 또래와 끊임없이 탐구하고 방법을 찾아간다. 기차놀이를 하는 동안 갈등이 생길 때 유아들은 서로 대화하고 진지하게 들으며 대안을 찾고 타협안을 결정하기도 한다. 영유아는 기찻길을 복도까지 확장하기 위한 아이디어를 또래 및 교사와 협의하며 놀이 공간 사용에 대한 타당성을 확보하고 규칙을 만들기도 한다. 영유아는 스스로 배우고 싶은 것을 배우고 관심과 흥미가 있는 것을 탐구하며 또래와 함께 자율적이고 주체적인 배움을 실현해 갈 수 있다. 영유아는 세상에 대한 자신의 이해를 교실 상황에서 만나는 사회적 관계 안에서 서로 지원하면서 협력적 주체성을 발현해 간다.

"영유아는 구조물을 만들고 놀이하면서,
또래와 함께 세상에 대한 의미를 창조한다."

(2) 영유아의 발달에는 민감기가 있다

영유아의 개인 혹은 연령별 발달에 대한 이론은 영유아교육과정에 다양한 방식으로 영향을 미쳐 왔으며, 이는 1장에서 자세하게 다룬 바 있다. 개인이나 연령의 발달적 특성이 곧 교육과정의 내용이나 수준을 결정하는 것은 아니지만, 그럼에도 불구하고 발달에는 민감기가 있다는 것을 인식하고 있는 것은 중요하다. 민감기라는 것은 해당 시기를 지나도 발달이 이루어지지만, 다른 시기에 비해 그 시기에 적절한 자극이 주어졌을 때, 가장 빨리 발달이 이루어진다는 의미로 받아들일 수 있다. 최근 두뇌발달에 대한 연구들은 교육자들에게 발달 영역별 민감기에 대해 유용한 정보를 제공하였다. 다음의 그림을 보면, 영아기는 시각이나 청각과 같은 감각발달이 민감기에 있고, 1~2세는 감정 조절이나 주변 자극에 대한 반복적인 반응에 대한 민감기를 지나간다. 만 3~4세는 언어와 또래와 관련된 사회적 기술이 가장 민감하게 발달하는 시기이다. 영유아의 두뇌발달에 대한 연구결과들은 교사들이 특별히 교육과정을 운영하면서 중점을 두고 지원해야 하는 영역에 대한 정보를 제공한다.

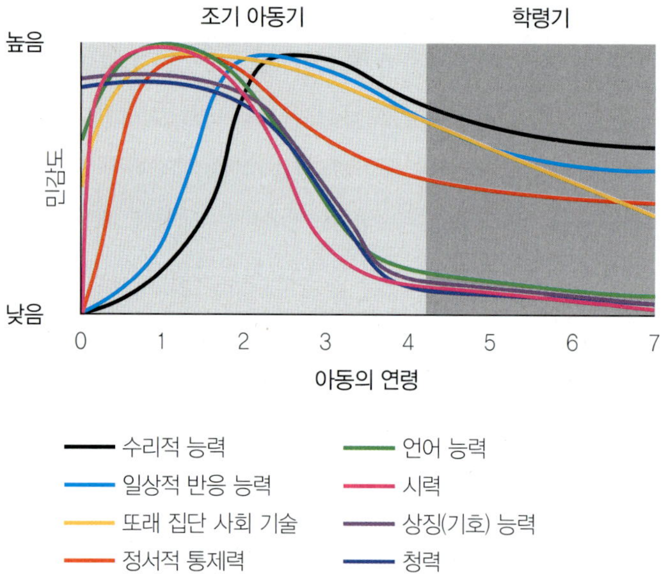

[그림 7-1] 유아 두뇌 발달의 민감기

출처: Nash(1997); Early Years Study(1999); Shonkoff(2000), 육아정책연구소(2019)에서 재인용.

2. 교사의 역할 이해하기

교육과정 실천에 있어 교사의 주체성 또한 매우 중요한 요소이다. 교사는 교육과정을 해석하여 교실수준에서 영유아와 함께 교육과정을 만들어 갈 때 영유아와 동등한 주체성을 가질 수 있어야 한다. 일반적으로 '유아중심'의 교육과정은 유아의 흥미에 따른 교육과정을 의미하는데 이때 교사의 의도나 개입이 이루어져서는 안 된다고 생각하는 경향이 있다. 그러나 교사의 의도가 전혀 반영되지 않는 교육과정은 방향성이 없어 자유방임과 같은 상태가 되기 때문에(Miller & Almon, 2009), 교사는 교육과정을 적극적으로 해석하여 교육과정을 운영하고 영유아의 흥미를 반영하여 참여를 이끌 수 있어야 한다. 2019 개정 누리과정은 전문성에 기반을 둔 교사의 자율성을 강조하는데 이는 교사의 역할을 축소하거나 제한하는 것을 의미하지 않는다. 교사는 유능한 영유아를 신뢰하고 영유아의 교육과정에 대한 의사결정을 존중하면서도 지속적인 놀이 지원 계획을 수립하고 학습을 지원하는 역할을 충분히 할 수 있어야 한다. 교육과정 실천자로서 교사가 어떤 역할을 구체적으로 해야 하는지 관찰자, 계획자, 지원자, 연구자(정혜욱, 김은영, 윤진주, 송정아, 안정원, 정혜원, 2019)로 구분해 구체적으로 살펴보고자 한다.

1) 관찰자: 교육과정 운영을 위해 영유아를 주의 깊게 관찰하기

교사는 하루 일과 안에서 영유아의 놀이와 생활을 주의 깊게 관찰해야 한다. 교사가 영유아를 관찰하는 목적은 다양할 수 있으나 교사는 일차적으로 교육과정을 개발하고 운영하기 위해 관찰한다. 교사는 영유아가 놀이 중 보이는 대화와 행동을 통해 놀이에 대한 영유아의 생각, 사물을 사용하고 다루는 방법, 발달과 학습, 놀이의 목적 등을 관찰할 수 있다. 교사는 관찰을 통해 영유아가 무엇에 흥미가 있는지, 영유아의 마음을 사로잡는 게 무엇인지, 무엇이 영유아를 흥미롭게 만들고 있는지 살펴볼 수 있다. 또한, 놀이 주제(어떤 놀이를 하는지, 놀이에 반복되는 아이디어가 있는지), 놀이 상황과 흐름(무슨 일이 일어나는지, 놀이 친구와 자료 등 무엇이 변화하는지), 놀이 의도(어떤 의도가 있는지, 왜 계속 이 놀이를 하는지), 표상언어와 스토리(무엇을 이야기하는지, 놀이나 대화에 오해는 없는지, 교사에게 무슨 질문을 하는지), 놀이 공간과 놀이 자료(공간과 자료를 어떻게 사용하는지, 공간에 대한 요구가 있는지, 자료를 어떻게 탐색하고 실험하는지, 제공한 자료에 어떻게 반응하는지) 등을 관찰할 수 있다(Stacey, 2015). 교사가 영유아의 놀이를 민감하게 관찰할 때 교사는 유아의 흥미와 요구에 기초한 교육과정을 만들어 갈 수 있게 된다.

교사가 관찰을 통해 영유아의 놀이에 대한 생각과 의도를 명확하게 파악하는 것은 쉽지 않으나 교사는 영유아의 놀이에 대한 생각을 알 수 있게 상호작용하면서 영유아의 대화, 표상물 등 구체적인 것에 집중할 필요가 있다. 교사가 관찰을 통해 영유아의 놀이에 대한 생각에 민감하게 반응하고 수용할 때 영유아가 교육과정에 주체성을 가지고 참여하는 것이 가능해진다. 관찰을 통한 교사의 효과적인 상호작용과 개입은 유아의 놀이를 지속·확장시켜 놀이경험을 더욱 풍부하게 한다(정혜욱 외, 2019). 따라서 교사의 관찰은 계획하지 않은 가르침과 배움의 순간을 포착할 수 있게 하고, 영유아와 함께 만들어 가는 교육과정의 시작이자 변화의 계기가 되므로 영유아의 놀이와 학습을 연결해 주는 가장 기초적이고 중요한 역할이라고 할 수 있다.

2) 계획자: 교육과정의 계획과 실천의 융통성 갖기

교사는 교육과정을 해석하여 전체적인 교육과정틀을 통해 교육과정을 개발하기 위한 준비를 한다. 영유아의 놀이를 통한 학습이 풍부하고 의미 있게 일어나기 위해서는 교사의 계획과 준비가 필요하다. 영유아의 흥미가 학습을 이끌며, 영유아는 놀이와 활동을 하면서 사전 지식과 기술을 사용하고 확장하여 세상에 대한 이해를 넓혀 간다. 이때 교사는 영유아의 이전 학습경험이 새로운 학습경험으로 재구성될 수 있도록 필요한 교육적 지원을 계획할 수 있어야 한다. 교사가 계획을 한다는 뜻은 영유아의 놀이를 통한 학습을 지원하기 위해 목표, 내용, 교수 원리, 평가, 시간, 공간, 자료, 집단 크기 등 교육과정의 거미줄 망을 구성하고 계획한다는 의미이다. 또한, 교육과정의 거미줄 망은 영유아의 놀이를 관찰하고 영유아의 흥미와 요구를 반영하는 과정에서 융통성 있게 변화되어야 한다. 교사는 영유아의 의미 있는 경험을 위한 놀이가 일어나도록 계획을 수립함과 동시에 영유아의 놀이를 따라가며 계획을 수정하고 바꾸어 갈 수 있어야 한다.

2019 개정 누리과정에서는 계획과 관련해 개정 누리과정을 바탕으로 각 기관의

실정에 따라 적합한 계획을 수립하여 운영하도록 안내하고 있다. 계획안에는 교사가 기관과 교실수준에서 영유아의 놀이를 지원하기 위해 필요한 사항을 미리 생각하여 준비하는 모든 과정이 포함될 수 있다(교육부, 보건복지부, 2019). 또한, 개정 누리과정은 유아가 경험해야 할 내용을 바탕으로 배움의 통합성과 융통성을 강조하므로 영유아의 경험이 교육적 가치를 가지도록 놀이를 중심으로 기록하고 지원 방안을 기술하는 계획안을 작성할 수 있다(교육부, 보건복지부, 2019). 따라서 교사의 융통성 있는 계획은 영유아의 교육과정의 주도성을 인정하고 영유아에게 가장 최적화된 학습이 일어나도록 지속적인 방향성을 제공한다는 점에서 매우 중요한 역할이라고 할 수 있다.

3) 지원자: 상호 주체성을 갖고 교육과정 운영하기

교사는 교육과정을 실천하는 과정에서 영유아의 놀이와 학습을 지원하기 위해 구체적인 교수·학습을 실천하고 구현한다. 교사는 영유아의 다양한 놀이와 경험을 지원할 수 있도록 시간, 공간, 자료, 집단 크기, 상호작용, 안전 등을 고려한다. 교사는 하루 일과 편성을 통해 충분한 놀이시간과 학습경험의 기회를 가질 수 있도록 영유아를 지원해야 한다. 영유아에게 가장 필요한 놀이가 충분히 일어나는 시간을 2시간 이상 확보할 필요가 있다(교육부, 보건복지부, 2019). 영유아의 학습이 일어나는 놀이시간은 공간과 같이 연결된다. 영유아가 놀이하는 동안 교실을 상호 개방하고 공유공간을 함께 활용하도록 지원한다면 영유아의 놀이경험은 더 풍부하게 연결되며 통합될 수 있다.

교사는 놀이를 관찰하면서 영유아가 놀이 공간에 부여하는 의미와 요구를 파악할 필요가 있다. 영유아의 교실과 놀이 공간은 함께 놀이하고 생활하는 교실 구성원과 상호작용을 통해 공간의 의미를 창조하고 공유함으로써 학습을 완성해 간다고 볼 수 있다. 교사는 영유아의 놀이 공간에 융통성을 발휘하고 실내외 공간을 놀이를 위해 다양하게 활용하도록 지원할 수 있어야 한다. 또한, 교사는 영유아가 자신이 원하는 목적에 따라 놀이 자료를 자율적으로 사용하고 다룰 수 있도록 지원해야 한다. 놀이 자료는 유아가 세상을 만나고 자신의 생각과 감정을 표상하는 매개체로 학습이 효과적으로 일어나게 돕는다. 교사는 영유아가 사용하는 놀이 자료의 활용 방법을 격려하며 수용해 줄 수 있어야 한다. 영유아의 놀이와 활동은 영유아의 요구와 교사의 지원 계획에 따라 다양한 집단 크기로 운영될 수 있다. 교사의 지원은 영유아 개별적 요구에 맞추어 질 수도 있고 놀이에 직접 참여하고 관심 있는 유아들을 중심으로 소집단 또는 대집단으로 운영될 수 있다. 마지막으로 교사는 영유아의 안전을 고려하면서 다양한 관계를 통한 상호작용을 경험하도록 지원할 수 있어야 한다. 놀이가 이루어지는 동안 교사는 영유아와 상호작용하면서 영유아가 알고 있는 것과 현재의 놀이경험을 연결하도록 격려할 수 있다(정혜욱 외, 2019). 교사는 영유아의 흥미를 지속시키는 데 초점을 두고 영유아의 놀이에 대한 생각을 더 잘 이해하고 공유하기 위해 적절한 기회에 영유아와 상호작용할 수 있다. 교사가 영유아의 놀이시간 · 공간 · 자료 · 주제 등에 대해 우선적으로 선택하고 통제한다면 영유아는 스스로 자신의 삶 안에서 일어나는 문제들에 대해 생각하고 배울 수 있는 기회를 빼앗기게 된다. 영유아는 슈퍼맨 놀이를 하는 동안 공격성을 배우기보다 놀이 안에서 주어진 역할에 따라 스스로를 조절하고 타협하는 기회를 충분히 경험할 뿐 아니라 정의와 옳고 그름에 대해 영유아 자신의 생각을 공유하고 토의하는 기회를 갖기도 한다(Kinard, 2015). 교사가 영유아와 상호 주체성을 가지고 교육과정을 지원하는 것은 영유아의 놀이를 확장시키며, 영유아 스스로 주체적인 학습을 실현해 간다는 점에서 교육과정 실천의 중요한 역할이라고 할 수 있다.

4) 연구자: 반성적으로 성찰하며 교육과정 실천하기

교사는 교육과정을 실천하는 과정에서 많은 의사결정의 순간을 맞닥뜨리며 고민한다. 교사는 의사결정의 상황을 정확하게 이해하고 해결하기 위해 연구자처럼 생각하고 방법을 찾는 노력을 기울인다. 교사는 영유아의 놀이와 일상을 관찰하고 교육의 내용과 방법 등과 연결하기 위해 늘 반성적으로 사고할 수 있어야 한다. 교사는 영유아와 함께 만들어 가는 교육과정을 실천해 갈 때 교사의 관점, 영유아의 관점, 놀이와 학습의 관점 등을 탐구하고 성찰할 수 있다(Curtis, & Carter, 2007). 영유아의 놀이경험을 누리과정의 5개 영역으로 읽는다면 현재 어떠한 학습경험이 일어나고 있는지, 관찰한 유아의 흥미와 반응은 무엇을 말해 주는지, 교사가 궁금한 것은 무엇인지, 영유아의 놀이와 경험을 풍부하게 하려면 무엇이 더 필요한지, 교사가 지원한 방법은 영유아의 놀이에 어떤 변화를 가져왔는지, 놀이와 관련되는 영유아의 사전 경험 · 지식 · 활동은 무엇이었는지, 영유아가 무엇을 알고 있는지, 영유아가 알거나 할 수 있는 것을 드러낼 수 있는 방법은 무엇인지 등을 교사는 깊이 생각하면서 계획을 수정하고 변화시켜 교육과정을 만들어 가게 된다.

교사는 놀이를 관찰하고 지원하는 과정에서 발생하는 고민과 질문을 교사 자신의 관찰과 기록, 교사가 제공한 공간과 자료의 활용 등을 활용해 검토할 수 있다. 교사의 반성적 성찰은 관찰한 내용과 이후의 교육적 지원을 연결하는 과정으로 교육과정의 의사결정을 위해 필요하다(Stacey, 2015). 따라서 교사의 반성적 성찰은 교육과정의 운영이 적절했는지, 또는 영유아에게 의미 있는 학습경험이 일어났는지에 대한 평가와 연결된다. 평가는 다시 이후의 교육적 지원과 연결되어 계획–실행(놀이 · 활동)–평가가 일관성을 갖게 된다.

교사는 관찰한 내용을 동료 교사와 공유하고 협력적으로 성찰하면서 보다 폭넓은 사고를 통해 교육과정에 대한 실현가능성을 점검할 수 있게 된다. 교사는 함께 놀이에 대해 이해 · 해석하는 과정에서 영유아의 놀이를 이해하고 적극적으로 반응할 수 있게 되며, 교육과정의 계획을 위한 근거를 찾을 수 있게 된다. 교사는 협력적인 성찰의 과정을 통해 영유아의 놀이와 학습에 대해 다양한 관점으로 생각할 수 있고, 영유아의 놀이를 지원하고 흥미로운 환경을 구성하는 데 보다 창의적으로 접근할 수 있다. 교사의 교육과정 실천에 대한 탐구는 반성적 사고를 통한 교육과정 전문성을 향상시킬 뿐 아니라 교실수준 교육과정 운영 지식을 동료 교사와 협력적으로 공유 · 구성해 간다는 점에서 중요한 역할이라 할 수 있다.

3. 영유아와 교사의 상호 주체성 형성하기

1) 상호 주체성의 의미

OECD 교육 2030 프로젝트에서는 교육과정 실천에 참여하는 모든 관련자들의 주체성을 강조한다. 특별히 영유아는 교육과정을 실천하는 데 가장 핵심적인 존재로, 학습자로서 주체성(student agency)을 가지며, 교사 · 부모 · 지역사회 등은 협력적 주체성(co-agency)을 가진다. 영유아의 주체성(student agency)은 영유아가 자신 주변의 일에 관심을 갖고 책임감 있게 생각하고 참여함으로써, 자신의 행복뿐만 아니라 주변 사람들과 사회환경에도 긍정적인 영향을 줄 수 있는 것을 의미한다(OECD, 2019c). 협력적 주체성(co-agency)은 학습자의 역량을 지원하기 위해 교사, 또래, 부모, 지역사회가 쌍방향적으로 협력하고 상호 지원하는 관계를 의미한다(최수진, 김은영, 김혜진, 박균열, 박상완, 이상은, 2019; Andreas Schleicher, 2019). 본 장에서는 영유아와 교사의 상호 주체성에 대하여 자세하게 설명하고 다른 구성원의 관계에 대해서는 10장에서 자세하게 다루고자 한다.

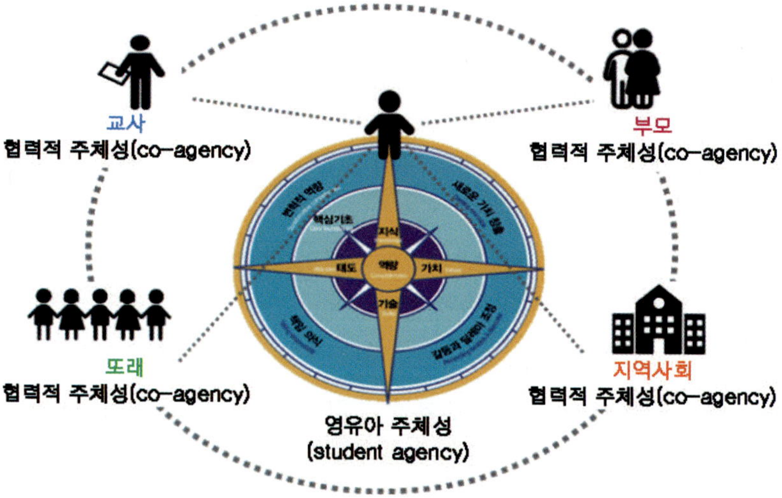

[그림 7-2] 교육과정 실행의 영유아 주체성과 협력적 주체성

출처: OECD(2021). The OECD Learning Compass 2030. http://www.oecd.org 그림을 저자가 재구성.

2) 상호 주체성의 수준

영유아와 교사의 상호 주체성은 4가지 수준으로 구분해 볼 수 있는데, 이를 영유아를 중심으로 자세히 살펴보면 다음과 같다.

4. 성인과 유아가 상호 주도함
- 유아와 성인의 주체성이 모두 높음
- 유아가 놀이 등을 주도하되 의사결정은 유아와 교사가 서로 공유함
- 진행과정에서 유아와 교사는 동등한 파트너십을 가짐

3. 유아 주도
- 유아의 주체성은 높으나 교사의 주체성은 비교적 낮음
- 유아가 교사의 도움을 받아 과제, 프로젝트 등을 시작하고 진행과정에서 교사의 도움을 받기는 하나 모든 결정은 궁극적으로 유아가 주도함

2. 교사 주도
- 교사의 주체성은 높지만, 유아의 주체성은 비교적 낮음
- 대체적으로 교사가 의사결정을 하고, 유아는 참여만 함
- 교사가 의사결정을 할 때, 유아의 의견을 고려하는 경우도 있지만 최종결정권은 교사에게 있음

1. 비참여
- 교사가 유아의 참여가 결정을 전혀 고려하지 않음

[그림 7-3] 교사와 유아의 상호 주체성(co-agency)

출처: OECD(2016). p.4.

(1) 비참여

교육과정을 계획하거나 실행 혹은 평가할 때 영유아의 소리를 전혀 반영하지 않는 수준을 의미한다. 교사가 영유아의 흥미나, 관심사, 현재 진행되고 있는 놀이의 주제와 관련 없는 활동을 제공하거나, 문제 해결이나 의사결정 과정에서 영유아를 완전하게 배제하는 수준을 말한다.

(2) 교사 주도

이 수준은 대체로 교사가 의사결정을 하고 유아는 참여만 하는 단계이다. 교사가 의사결정을 할 때, 유아의 의견을 고려하는 경우도 있지만, 최종결정권은 교사에게 있다. 영유아가 이전에 들었던 동화를 또 듣기 싫다고 할 때에도 교사가 준비한 것을 그대로 들려주는 경우, 3~4가지의 미술활동을 준비해서 영유아에게 선택권을 주는 것 같아도 준비한 활동 자체가 교사의 의견만 반영된 경우를 예로 들 수 있다. 이러한 놀이나 활동은 교사의 주체성은 높지만 유아의 주체성은 비교적 낮은 수준이다.

(3) 영유아 주도

영유아가 교사의 도움을 받아 놀이, 활동, 프로젝트 등을 시작하고, 진행과정에서 교사의 도움을 받기는 하나 모든 결정은 궁극적으로 유아가 주도하는 수준을 말한다. 이 수준에서 유아의 주체성은 높으나 교사는 단순 지원에 그치기 때문에 교사의 주체성은 낮다.

(4) 영유아와 교사의 상호 주도

영유아 주도에서 마찬가지로 영유아가 놀이나 활동을 시작하고, 진행과정에서 교사가 지원하는 것은 이전 수준과 동일하나, 이 수준에서는 교사도 적극적으로 의견을 제시하고, 최종적인 의사결정은 영유아와 교사가 공유한다. 영유아와 교사가 동등한 파트너십을 가지기 때문에 유아와 성인의 주체성이 모두 높은 수준이다. 이러한 영유아와 교사의 협력적인 상호작용은 지속적으로 사고를 공유하는 것(sustained shared thinking)을 의미한다. 지속적인 사고의 공유는 '두 명 이상의 개인이 지적인 방식으로 문제를 해결하고, 개념을 명확히 하고, 활동을 평가하고, 이야기를 확장하는 과정에서 생겨나는 효과적인 상호작용'을 의미하는 것으로 문제를 해결하거나 의사결정을 할 때 일종의 집단지성을 발휘하는 것을 말한다(Siraj-Blatchford, 2009, p.79). 영유아는 교사 또는 또래와 1:1로 상호작용하거나 협력적으로 여럿이 함께 집중하는 놀이나 활동을 할 때 지속적인 사고의 공유가 더 많이 일어난다. 지속적인 사고의 공유는 영유아와 교사가 대화를 나누거나 활동에 몰입하여 더 많은 것을 알아볼 때, 언제 어디서나 서로의 관심이 공유되는 가운데 발생하고 학습경험을 확장하게 한다. 영유아와 교사의 지속적인 사고의 공유는 교사가 영유아의 말과 행동을 주의 깊게 살피고 반성적으로 사고하는 것을 전제로 한다(Purdon, 2016).

3) 상호 주체성 만들어 가기

(1) 영유아의 소리 듣기

영유아는 교실에서 일어나는 교육과정의 모든 과정에 참여하고 구성해 갈 힘이 있다. 교실수준의 교육과정은 영유아와 교사가 각 주체성을 발휘하고 존중하는 가운데 완성된다. 영유아는 교실 현장에 자신의 삶과 경험을 가지고 참여하며 놀이를 하면서 자연스럽게 또래, 교사, 환경과 상호작용함으로써 영유아의 경험은 서로 통합되고 확장된다. 영유아는 교실에서 자신이 원하는 것을 마음껏 하면서 놀고만 있는 것이 아니라 놀이를 시작하고 전개하고 변화시키는 과정을 통해 서로 아이디어를 공유하고 협력하며 관계를 맺고 세상을 탐구한다. 영유아의 놀이는 삶과 경험의 실제가 구현된다는 점에서 교육과정의 실제가 되며, 교사 역시 이 과정에 함께 참여한다. 교사는 놀이가 이루어지는 동안 무심한 방관자로 영유아가 무엇이든 원하는 대로 하게 내버려 두는 것이 아니라 영유아의 관심과 흥미를 반영하여 교육적 경험을 지원할 수 있는 교육자로 참여해야 한다. 따라서 교사는 교육과정을 구성해 나갈 힘을 가진 영유아의 소리를 듣고 영유아의 관점에서 그 소리를 이해할 수 있어야 한다.

교사의 교육과정 문해력은 영유아와 만날 때 교육과정이 생성되는 가능성으로 전이된다. 교사의 교육과정 문해력이 교사 주도의 계획이 되지 않으려면 교사는 영유아의 소리를 듣고 협력적인 상호작용을 할 수 있어야 한다. 영유아의 긍정적인 학습경험은 교사와 상호작용을 통해 효과적인 지원을 받았을 때 가능하다(Sylva et al, 2004). 특히, 교사가 영유아를 깊이 생각해 보도록 자극하고, 영유아로부터 시작된 관심과 흥미를 상호작용을 통해 지원할 때 영유아는 의미 있는 학습을 경험한다(Siraj-Blatchford et al., 2002).

즉, 영유아와 교사가 놀이를 통해 교육과정을 함께 만들어 가는 과정에서 영유아의 관심과 성향이 중요하며, 교사는 영유아와 공통되는 생각을 공유하고 영유아가 학습에 대한 책임을 받아들일 수 있도록 하는 것이 중요하다(Jordan, 2009; Olusoga, 2009). 교사가 영유아의 소리를 듣는다는 것은 지속적으로 사고를 공유하는 상호작용의 경험이 일어나도록 영유아의 말과 행동, 관심과 생각을 민감하게 관찰하고 그 의미를 해석하기 위해 반성적으로 사고함을 의미한다. 교사가 영유아의 소리를 들을 때 지속적인 사고의 공유가 일어나며, 영유아는 교사와 함께 탐구하고 질문 · 대화하며 참여를 통해 배워 나가게 되면서 만들어 가는 교육과정을 구현하게 되는 것이다.

(2) 영유아와 교사의 상호 주체성 만들어 가기

영유아와 교사의 상호 주체성이 발현되는 과정을 교육과정의 계획, 실행, 평가의 측면에서 살펴보면 [그림 7-4]와 같다. 영유아는 교실에서 놀이와 활동, 일상생활로 구성된 하루 일과를 경험한다. 영유아는 교실에서 놀이하고 생활하는 가운데 자신이 관심과 흥미가 있는 환경에 반응한다. 영유아는 능동적으로 놀잇감과 환경을 탐색하며 또래와 함께 놀기 시작한다. 영유아는 준비된 것이 아닌 다른 것에 관심과 흥미를 보일 수 있으며, 교사는 영유아의 관심과 흥미가 무엇에 있는지 열린 마음으로 면밀히 파악한다. 교사는 관찰을 통해 영유아의 흥미와 관심을 파악하여 교육적 가치가 있는 적합한 주제 및 놀이를 계획할 수 있다. 교사는 영유아와 지속적으로 사고를 공유하는 상호작용을 통해 계획을 구체화하거나 변경하기도 한다. 또한, 모든 영유아가 같은 놀이와 주제에 관심을 가지는 것은 아니므로 동시에 지원할 수 있는 다양한 방법을 고려한다. 그러므로 영유아는 자신이 사전 지식과 경험, 관심과 흥미를 놀이로 발현함으로써 교육과정 계획에 대한 주체성을 발현한다. 또한, 교사는 영유아의 반응에 기반을 둔 교육과정을 계획하고 지속적으로 영유아와 사고를 공유하고 대화하며 교육과정의 목표와 내용을 구성해 간다.

유아	– 관심/흥미 있는 환경에 반응 – 경험이 담긴 놀이 시작 – 관심 있는 주제 및 놀이 요구	– 주도적 놀이 참여 – 영유아의 경험과 지식을 반영한 놀이/활동 – 놀이 자료의 주도적 탐색 및 활용 – 놀이 공간의 주도적 활용 – 놀이 및 활동 아이디어 제안 – 창의적 문제 해결 – 규칙 제안 및 민주적 의사결정	– 관심사 기록 및 표상화 – 놀이 과정과 결과물을 또래 유아들과 공유 – 영유아의 생각을 반영하여 놀이 기록물(documentation) 구성 및 제작 참여 – 영유아의 놀이에 대한 평가
운영과정	교육과정 계획	교육과정 실행	교육과정 평가
교사	– 열린 마음으로 영유아의 목소리 듣기 – 관심사를 통한 주제 및 놀이 계획	– 교육과정 운영 목적으로 영유아의 놀이 관찰 – 관찰을 토대로 반성적 성찰 – 놀이자료, 공간, 활동 계획 및 재구성 – 교실 및 학습상황 파악 – 놀이와 활동의 통합 – 영유아의 학습경험 기록 – 학부모, 지역사회와 연계	– 놀이를 통한 영유아발달 및 학습 확인 – 평가를 위한 자료수집 및 해석 – 교육과정 성찰 및 평가 – 생활기록부 작성

[그림 7–4] 교육과정 운영과정에서 발현되는 영유아와 교사의 상호 주체성

다음으로 영유아는 교육과정이 실행되는 동안 주도적으로 놀이에 참여하며 학습 상황을 촉발한다. 날마다 반복·심화되거나 복잡하게 다른 양상으로 흘러가는 놀이 안에서 영유아는 놀이와 활동에 대한 아이디어를 제안한다. 영유아는 교사, 또래와 개별적으로 또는 여럿이 협력하는 상호작용을 통해 지식과 경험을 공유하고 통합하며 공동으로 학습을 구성한다. 또한, 놀이 자료, 놀이 공간을 자신의 놀이 목적에 맞게 활용하거나 필요한 자료를 찾고 구하며 문제가 되는 상황을 창의적으로 해결하기도 한다. 영유아는 필요한 사회적 상황에서 규칙을 제안하고 민주적

으로 의사결정하면서 놀이와 학습상황에 대한 주체성을 드러낸다. 영유아는 교육과정이 실행되는 동안 자신이 무엇을 알게 되고 무엇을 할 수 있게 되었는지 다양한 표상을 통해 기록하고 공유한다. 교사는 이때 교육과정의 운영을 목적으로 유아의 놀이를 관찰한다. 관찰을 토대로 교사는 영유아의 관심과 흥미가 무엇인지를 파악하고 교육적인 의도를 왜, 언제, 어떻게, 무엇을, 누구에게 반영할 것인지 고려하여 전개한다(정혜욱 외, 2019). 영유아의 반응에 따라 교육적 지원이 필요한 부분이 무엇인지 파악해 놀이와 활동을 재구성하고 변경하며 환경과 상호작용을 통해 지속적으로 지원한다. 또한, 영유아가 무엇을 배우고 경험하는지 기록하여 학급 영유아, 학부모와 공유하며 지역사회와 연계해 영유아를 협력적으로 지원한다. 교육과정의 실행에서 영유아는 놀이 과정에서 적극적인 참여자로 또래와 지식과 경험을 구성하는 주체성을 발현하며, 교사는 영유아의 관심과 성향 및 놀이 현상을 분석하고 적절한 지원을 제공함으로써 교육과정을 함께 실행해 간다.

마지막으로 영유아는 충분한 탐색과 학습이 실현되면 놀이를 마무리하며 새로운 놀이와 주제를 탐색해 간다. 영유아는 교육과정이 실행되는 동안 생성된 놀이 및 활동에 대한 결과물과 기록을 전시하거나 공유하면서 새로 구성된 지식과 학습경험을 확인한다. 영유아는 놀이하는 과정에서 발견한 내용들을 교사와 함께 선정하고 수정하여 정리하고 구성할 수 있다. 도로를 만들며 시작한 놀이가 점차 복잡한 차선, 터널, 다양한 건물과 영유아가 사는 지역사회로 확장되어 갈 때 영유아의 놀이 흐름, 다양한 표상과 참여, 지역사회에 대한 경험 등을 다른 유아들과 함께 토의하고 평가하며 그 과정과 결과를 반영한 기록 등을 공유할 수 있다. 이때 교사는 영유아의 발달과 학습을 확인하고 놀이 변화를 통한 영유아의 진보를 보여 주는 자료와 기록을 수집한다. 교육과정 운영 전반에 걸쳐 계획, 실행 및 변경 사항을 점검하며 반성적으로 평가한다. 평가의 결과는 다음의 교육과정 계획에 반영하며, 교육과정의 운영과 결과를 학부모와 공유한다. 교육과정의 평가에서 영유아는 학습경험을 주도적으로 검토하고 공유하고 평가하는 주체성을 발현하며, 교사는 영유아의 학습과 교육과정을 평가함으로써 생성된 교육과정의 의미를 분석하고 다음 계획에 반영한다.

활 · 동

* “영유아는 ~이다.”와 같은 비유하는 문장을 완성하고, 왜 그렇게 생각하는지 예를 들어 설명해 보자. 또는 어린이와 관련된 속담과 명언을 찾고, 그 속담과 명언에서 어린이를 어떻게 바라보고 있는지 생각해 보자.
* 어렸을 때 다닌 영유아교육기관에서 경험한 ‘교사의 이미지’를 그리고, 교사가 어떤 역할을 했었는지 동료와 공유해 보자.

제 08 장

교실수준 교육과정 편성 · 운영하기

학 · 습 · 목 · 표

1. 영유아교육과정의 주간교육과정 편성 · 운영 과정과 절차를 이해한다.
2. 영유아교육과정 일과 편성 운영의 기본 원리를 알고 계획할 수 있다.

교육과정의 편성은 기관에서 영유아가 어떻게 지낼 것인가에 대한 교육내용과 시간을 조직하는 것이고, 연간학사일정 편성, 월간 · 주간 · 일일 편성, 일과 편성을 포함한다. 교육과정 운영은 교실수준에서 교육과정을 사용하고 실천하는 과정을 의미한다(홍후조, 2016). 본 장에서는 교육과정 편성과 교수 · 학습 실천을 통한 교실수준의 교육과정 운영에 대해 알아본다. 교육과정 운영 중 평가는 9장에서 다룬다.

1. 교육과정 편성하기

교실수준의 교육과정 편성은 상위 수준의 법령과 지침에 의하되, 교사는 자율적으로 학급의 교육과정을 편성한다. 교사의 교육과정 편성을 연간학사일정 편성하기, 월간 · 주간 · 일일 편성하기, 일과 구성하기로 구분하여 살펴보고자 한다.

1) 연간학사일정 편성하기

연간교육계획은 기관, 지역사회, 교사, 학부모, 영유아 등 여러 구성원의 요구와 물리적 · 사회적 여건에 따라 형식과 내용을 자유롭게 구성할 수 있다. 교사는 기관 전체의 구성원이 공유해야 하는 주요 경험을 중심으로 유아의 놀이에 반응하여 융통성 있는 교육과정을 계획할 수 있어야 한다. 2019 개정 누리과정에서는 연간계획에서 고려할 사항을 다음과 같이 안내한다.

> 연간계획은 개정 누리과정에서 추구하는 인간상, 기관의 철학, 지역사회의 특성, 개인수준의 다양성을 고려하여 자율적으로 수립할 수 있다. 연간계획은 학급 차원보다는 기관 차원에서 수립하는 것이 일반적이며, 일 년간의 중요한 경험(예: 기관 적응, 계절, 명절, 그해의 특별한 국가적 행사, 기관 행사, 진급 등)을 미리 염두에 두고 계획한다. 연간계획은 한 학급에서만 공유되는 것이 아니라 기관 전체의 구성원이 공유하는 자료이므로 기관 차원에서 연간계획을 검토해야 한다. 또한, 유아에게서 발현되는 놀이 주제

가 학기를 진행하는 동안 즉각적으로 반영될 수 있도록 여지를 남기고 연간계획을 작성한다. 개정 누리과정은 유아와 교사가 함께 '만들어 가는 교육과정'이기 때문에 연간계획이 수립되었다 하더라도 유아들의 놀이경험에 따라 시기와 기간 등이 바뀔 수 있다.

출처: 교육부, 보건복지부(2019) p.25.

교사는 연간학사일정을 편성할 때 철학과 교육목적 · 목표, 시간적 요소, 영유아 관련 요소, 교사 관련 요소, 학부모 및 지역사회 관련 요소 등 여러 가지를 고려해야 한다. 이를 구체적으로 살펴보면 다음과 같다.

- 철학적 요소와 목적 · 목표: 누리과정의 추구하는 인간상 · 목적 · 목표, 시 · 도교육청의 교육목적과 목표 등을 고려해 유아교육기관과 각 학급 수준에서 연간교육의 방향을 설정하는 교육철학, 목적, 목표 등을 제시한다.
- 시간적 요소: 유아교육기관의 연간 운영 시 필요한 학사일정을 포함한다. 교육과정 편성은 3월부터 내년 2월까지의 해당 학년도를 기준으로 한다. 월간과 주간 일정 표시, 수업일수 및 공휴일, 개학일과 방학일, 입학식이나 수료 및 졸업식 등의 시기와 기간을 기입한다. 「유아교육법」에 따라 유치원의 수업일수는 매 학년도 180일 이상을 기준으로 원장이 정하며, 천재지변의 발생과 연구학교의 운영 등 교육과정의 운영에 필요한 경우 등에는 수업일수를 줄일 수 있다(「유아교육법 시행령」 제12조제3항).
- 영유아 관련 요소: 영유아의 발달과 학습을 지원하기 위해 고려해야 하는 것으로 적응프로그램 및 발달 · 학습준비도 검사 등이 있다. 또한, 교육내용 및 교육 행사와 같이 기관 전체가 공유해야 하는 사항으로 연령별 중점 프로그램, 소풍, 현장학습, 김장 등이 있다.
- 교사 관련 요소: 교사연수, 교사장학, 교육실습지도 등에 대한 내용으로 구성된다.
- 학부모 관련 요소: 오리엔테이션, 부모교육, 부모 면담(집단 면담, 개별 면담), 부모 참여 수업, 급 · 간식 모니터링, 자원봉사, 운영위원회 등 학부모가

참여하는 행사 관련 내용이다.

- 지역사회 관련 요소: 지역사회와 연계하여 교육과정을 진행하는 프로그램으로, 지역사회기관 현장학습이나 행사 등이 포함된다. 예를 들어, 주변 특수학교와 연계한 장애통합이해교육 프로그램이나 지역 복지관과 연계한 바자회 등을 계획할 수 있다.
- 건강 · 안전 관련 요소: 구강 검사, 체격 검사, 소방대피훈련, 학교안전교육 7대 표준안에 따른 안전교육 등 영유아의 건강 및 안전과 관련하여 반드시 실시해야 하는 내용이다.
- 행사 및 기관의 특수성 요소: 기관별 특색교육(예: 지속가능발전교육, 예술통합교육 등)과 방과후 특성화 교육이 포함되며, 기관 특수성에 따라 부활절, 성탄절 등 종교적 행사를 교육과정 차원에서 운영할 수 있다.

기관별 연간학사일정 편성은 국가수준에서 제시하는 기준을 고려하면서 기관 실정에 적합하게 할 수 있다. 〈표 8-1〉은 A대학부속유치원의 연간학사일정 사례이다. 3월부터 2월까지 유치원 전체의 공통 학사일정과 연령별 주요 내용으로 작성하였다. 시기별 주제는 봄, 여름, 가을, 겨울의 계절별 주제를 제시하고, 연령별로 필요 주제를 선정하였다. 교사 관련 요소로는 교사연수와 교육과정 협의회를 계획하고, 학부모 관련 요소로는 집단 면담, 부모 수업참관, 가족참여일, 부모 개인면담 등이 있다. 지역사회 관련 요소는 교정 야외학습, 현장학습 등이 있으며, 건강 · 안전 관련 요소로 매월 소방대피훈련을 실시하고 체격검사 등을 실시한다. 주요 학사일정을 주 단위로만 표기하여 실제 교육과정을 운영하면서 구체적인 날짜를 결정할 수 있도록 하고 있다.

〈표 8-2〉는 공립 B유치원의 연간학사일정 편성 사례이다. 1학기와 2학기로 구분하여 방학, 교육과정 관련 유아 행사, 학부모 교육과 행사, 교사 관련 연수와 평가를 계획하였다. 이 유치원은 교육과정 운영 관련 체험학습, 견학, 특별한 날들이 계획되고 연수, 컨설팅, 교직원 평가 등 교사 관련 일정이 계획되고 운영위원회 선출, 상담 등 부모 관련 일정을 구체적인 날짜를 확정하여 계획하고 있다.

〈표 8-1〉 A유치원 연간학사일정

주제	월	연령별 주요 학사일정						
		3세		4세		5세		전체 행사
		학급 주제	주요 행사	학급 주제	주요 행사	학급 주제	주요 행사	
봄	3	유치원		우리 반		우리 반		2일 입학 운영위원회
	4	꽃	대학 캠퍼스 야외학습	교통안전 (자전거)	동춘당 야외학습	식물	생태공원 야외학습	체격검사 (키, 몸무게) 봄 소풍(우암공원)
	5				꽃가게 견학		가양도서관 견학 서점 견학	가족의 날(토요일)
여름	6				교내 베이커리 견학 및 체험 학습		도서대여프로 그램	교사연수 물놀이
	7		감자 캐기				원내 캠프	24일 교육과정 방학
	8							영화 상영(방과후) 20일 교육과정 개학
가을	9		교내기관 연계 학습(공놀이)				시립미술관 견학	운영위원회 교사연수
	10		대학캠퍼스 야외학습	먹을 수 있는 식물	모과 수확			학부모 개인 상담 송편 만들기
	11				교내 체험학습 (도예체험)		무, 배추 수확 김장	운동회
겨울	12		대학 내 모의 철도 운전교육 장 견학		대학 도서관 견학			부모 참여수업 (토요일) 24일 교육과정 방학
	1					초등학교 입학	초등학교 견학	20일 교육과정 개학 교육과정협의회 (평가 및 다음 학년도 계획)
	2		수료행사		수료행사		졸업식	
건강 · 안전교육	월1회 소방대피훈련, 안전점검							
	7대 안전교육, 교직원 성폭력 교육, 교직원 응급처치 교육							
	교내 잔디구장, 체육관, 벚꽃 동산 등 활용 신체 활동 수시 운영							

〈표 8-2〉 B유치원 연간학사일정

일월	1학기 학사일정												일월
일월	3월		4월		5월		6월		7월		8월		일월
1	월	삼일절	목		토	개교기념일 근로자의 날	화		목	유치원경영 컨설팅	일		1
2	화	입학식	금		일		수	찾아가는 교통안전교육	금		월		2
3	수		토		월	반별 체육대회(~7일) 수업 컨설팅(신체)	목	찾아오는 다문화 교육(유아)	토		화		3
4	목	안전점검의 날	일		화	안전점검의 날	금	안전점검의 날	일		수	안전점검의 날	4
5	금		월	안전점검의 날	수	어린이날	토		월	안전점검의 날	목		5
6	토		화		목		일	현충일	화		금		6
7	일		수		금	수업 컨설팅(게임)	월		수	소서	토	입추	7
8	월		목		토		화		목		일		8
9	화		금		일		수		금	원내체험학습(물놀이)	월		9
10	수		토		월		목	교사 다문화 연수	토		화	말복	10
11	목		일		화		금		일	초복	수		11
12	금		월		수		토		월	맞춤형 교통안전교육	목		12
13	토		화		목		일		화		금		13
14	일		수		금		월		수		토	칠석	14
15	월	등록 마감 1학기 체격검사	목		토		화		목		일	광복절	15
16	화		금		일		수		금		월		16
17	수		토		월	동료장학(~20일)	목	독서 페스티벌	토		화		17
18	목		일		화		금		일	제헌절	수		18
19	금		월	장애-인성주간(~23일)	수	석가탄신일	토		월	동화퀴즈대회	목		19
20	토		화	다문화교육 컨설팅	목		일		화	여름방학식	금		20
21	일		수	찾아오는 숲체험 (나래, 해온)	금	원내체험학습 (찾아오는 범퍼카)	월	합동소방훈련	수	방과후과정 방학(~27일)	토		21
22	월	학부모 상담주간(~26일)	목	놀이중심환경 구성 컨설팅	토		화		목	대서	일		22
23	화		금		일		수	원내체험학습(도자기공예)	금		월	처서	23
24	수		토		월		목		토		화		24
25	목	학교운위원회 위원 선출	일		화		금		일		수		25
26	금		월		수	시장놀이	토		월		목		26
27	토		화	수업 컨설팅(음악 및 동시)	목		일		화		금		27
28	일		수		금		월		수		토		28
29	월		목		토		화		목		일		29
30	화		금	원내체험학습(원예체험)	일		수		금		월		30
31	수	원내체험학습(인형극)			월	나라사랑주간(다문화)			토		화		31
수업일수	22		22		19		22		14		0		
1학기	2021. 3. 1. ~ 2021. 8. 31.(99일) (여름방학 35일간)												

2학기 학사일정													
일월		9월		10월		11월		12월		1월		2월	일월
1	수	개학식	금		월	교원능력개발평가 학부모만족도조사	수		토	신정	화	설날	1
2	목		토		화		목		일		수		2
3	금		일	개천절	수		금		월		목		3
4	토		월	안전점검의 날	목	안전점검의 날	토	안전점검의 날	화	안전점검의 날	금	입춘 / 안전점검의 날	4
5	일	개교일	화		금		일		수	소한	토		5
6	월	안전점검의 날	수		토		월		목		일		6
7	화	백로	목		일		화	대설	금		월	개학식	7
8	수	유 · 초연계컨설팅	금	가족운동회	월	특성화공개수업(~10일)	수		토		화		8
9	목	찾아오는 국악 뮤지컬	토	한글날	화		목		일		수		9
10	금		일		수		금	원내체험학습 (뮤지컬-구둣방 할아버지)	월		목		10
11	토		월		목	현장체험학습 (119시민센터-4세)	토		화		금		11
12	일		화	현장연구 컨설팅	금	현장체험학습 (119시민센터-5세)	일		수		토		12
13	월		수		토		월		목		일		13
14	화		목	찾아오는 다문화 교육(유아)	일		화		금		월	종업식, 졸업식	14
15	수		금		월	2학기 체격검사	수		토		화		15
16	목		토		화		목		일		수		16
17	금	원내체험학습(송편 만들기)	일		수		금	원내체험학습(케이크 만들기)	월		목		17
18	토		월		목	대학수학능력 시험일	토		화		금		18
19	일		화		금		일		수		토	우수	19
20	월		수		토		월	동화퀴즈대회	목	대한	일		20
21	화	추석	목		일		화	겨울방학식	금		월		21
22	수		금	현장체험학습(찬샘마을)	월	학부모 상담주간(~26일)	수		토		화	방과후과정 방학(~28일)	22
23	목	추분	토		화		목		일		수		23
24	금	현장체험학습 (부여땅자연미술학교)	일		수	교직원 성폭력예방교육	금		월		목		24
25	토		월	교원능력개별평가 동료평가(~29일)	목		토	성탄절	화		금		25
26	일		화		금	원내체험학습(김치 만들기)	일		수		토		26
27	월		수	교직원 결핵검진	토		월		목		일		27
28	화		목	학부모 참관수업 학부모 연수	일		화		금		월		28
29	수		금		월		수		토				29
30	목	교사 다문화 연수	토		화		목		일				30
31			일				금		월				31
수업일수		19		21		22		15		0		6	
2학기	2021. 9. 1. ~ 2022. 2. 28.(83일) (겨울방학 41일간)												

2) 월간 및 주간 편성하기

교사는 연간학사일정을 고려하여 학급 수준에서 월 단위 및 주 단위로 놀이와 활동을 편성하고 주 단위의 편성을 기준으로 하루 일과를 편성한다. 일반적으로 월 혹은 주 단위의 편성 문서를 월간교육계획안, 주간교육계획안이라 부른다. 이러한 편성 계획안은 반드시 구분하여 작성해야 하는 것은 아니고 작성 기간, 형식, 범위 또한 교사가 자율적으로 할 수 있다. 교사에 따라 월간교육계획과 주간교육계획을 통합하여 작성하거나 하나의 주제가 시작되고 마무리될 때마다 일지 형태로 작성하기도 한다. 이러한 편성 계획은 사전에 계획했다 하더라도 유아의 흥미와 관심, 교실 맥락에 따라 수정될 수 있다. 아래 내용은 2019 개정 누리과정에서 월간 · 주간 · 일일교육계획안의 자율적 작성에 대한 해설이다.

월간, 주간, 일일계획안은 기관과 교사의 필요에 맞게 형식이나 분량이 자율적으로 구성될 수 있다. 월간, 주간과 일일계획을 모두 수립하여야 하는 것은 아니며, 하나만 선택하여 작성할 수도 있다. 개정 누리과정은 교사가 유아의 경험을 미리 조직하기보다 유아의 놀이를 관찰하고 이를 지원하는 방식을 제안한다. 유아의 놀이는 교사가 계획한 대로 진행되는 것이 아니라 시시각각 변화하고 교사의 기대 이상으로 심화될 수 있기 때문에 모든 놀이 지원 계획을 미리 수립하기는 어렵다. 교사는 매일 진행된 유아의 놀이를 기록하고 다음 날 지원할 내용을 간단히 계획할 수 있다. 매주 혹은 유아의 놀이 주제에 맞추어 지원 계획을 수립할 수도 있다. 계획안의 양식과 내용, 작성 주기는 각 기관의 실정과 철학, 학급의 상황 및 교사의 신념을 고려하여 자율적으로 결정하면 된다.

개정 누리과정에서는 연간, 월간, 주간, 일일계획안을 자율적이고 융통성 있게 작성하도록 하고 있다. 기존의 계획안에 생활주제, 소주제, 일과 중의 시간 배치, 누리과정 5개 영역이나 목표, 활동 개요, 준비물 등을 모두 기록하고 있었음에도 불구하고 실행된 교육과정을 충분히 반영하지 못하고 있다면 이를 어떻게 반영할 것인지 고민해 보아야 한다. 기관에 따라서 계획안이라는 문서에 실행과 평가를 동시에 기록하고 있으므로 계획, 기록, 평가를 통합한 양식을 놀이기록과 평가, ㅇㅇ반 놀이 이야기 등 다양한 명칭으로 부를 수도 있다.

출처: 교육부, 보건복지부(2019). p.26.

교사는 교육과정을 편성할 때 시간적 요소, 목표, 내용, 놀이 관찰 및 해석, 놀이 지원 계획, 평가, 건강 · 안전 관련 요소 및 행사, 학부모 관련 요소 등 여러 가지를 고려해야 한다. 교사가 교육과정 편성에 포함되는 내용을 기관 및 학급 상황, 교사 신념에 따라 자율적으로 구성할 수 있다. 이를 구체적으로 살펴보면 다음과 같다.

- 시간적 요소: 교사가 자율적으로 구성한 기간, 주요 학사일정을 포함한다. 월간으로 계획될 경우 기간과 주차, 주간으로 계획될 경우 날짜와 요일 등을 기입한다.
- 목표: 영유아의 흥미와 관심을 반영한 놀이 및 주제를 통해 영유아가 경험하게 될 내용을 목표로 수립한다. 세부적인 목표보다 포괄적인 목표로 작성하되 누리과정의 인간상 · 목적 및 목표와 연계할 수 있다.
- 내용: 영유아의 흥미와 관심을 반영한 놀이 및 주제의 내용으로 영유아가 경험하거나 경험할 내용을 기술할 수 있다. 예로 봄 · 여름 · 가을 · 겨울과 같은 사전에 계획한 주제 관련 내용이 되기도 하고, 관찰을 통해 영유아의 흥미와 관심을 파악하여 지원하게 된 주제(예: 경사로, 미로) 내용, 발현된 영유아의 놀이 주제와 놀이 흐름(예: 팽이, 반짝이끈 놀이) 등이 될 수도 있다. 따라서 내용은 관찰을 통해 확인한 영유아의 경험과 배움을 풀어서 기술할 수도 있고, 포괄적으로 대강화한 '제목'의 형태로 놀이와 활동을 구분하여 제시할 수도 있다.
- 놀이 관찰 및 해석: 영유아의 일상생활과 놀이를 통해 알 수 있는 말과 행동 등을 교육과정의 운영을 목적으로 관찰한 내용을 제시한다. 관찰을 토대로 영유아가 무엇에 관심이 있는지, 놀의 의도는 무엇인지, 어떠한 배움이 일어났는지 해석하고 평가한 내용을 포함할 수 있다.
- 놀이 지원 계획: 교사의 관찰과 해석을 기반으로 영유아의 놀이를 지원하는 내용과 방법 등을 제시한다. 시간, 공간, 자료, 상호작용 등의 내용을 포함할 수 있다.
- 평가: 관찰하고 기록한 영유아의 놀이 상황과 일상생활을 수집해 영유아의

발달 및 학습 관련 내용을 개별 또는 집단으로 간략하게 평가할 수 있고, 누리과정의 운영 내용을 평가할 수 있다.

- 건강 · 안전 관련 요소 및 기타 행사: 사전에 계획된 필수 안전교육, 기관 특색교육, 연령별 중점 교육, 씨앗 및 모종 심기 · 소풍 등의 행사를 필요에 따라 제시한다.
- 학부모 관련 요소: 영유아의 놀이를 가정에서 지원하고 연계할 수 있도록 요청하는 내용, 학부모에게 안내해야 하는 공지사항 등을 포함할 수 있다.

다음에 제시된 사례는 교사가 계획한 주간교육계획에 유아의 관심과 의견을 반영하여 수정되고 실행된 것이다. 교사는 계절을 주제로 월간교육계획안을 작성하였고 놀이, 활동, 바깥놀이, 안전교육의 항목으로 주간교육계획을 구성하였다. 교사는 봄 소풍을 다녀온 후 유아의 소풍 경험을 바탕으로 놀이를 계획하였으나 유아들은 소풍에서 '보물찾기' 보물로 책을 받았고 그 책이 모두 다른 책이라는 것을 알게 되었다. 유아들은 다른 친구들의 책도 보고 싶고 서로 빌려주는 것이 좋겠다는 의견을 제시하였다. 유아들의 생각과 교사의 교육적 의도가 반영되어 도서관 놀이가 시작되었고, 도서관 놀이는 서점 견학과 새로운 책을 구입하기 활동으로 확장되었다.

A유치원 5세반 5월 3주					
	16일(월)	17일(화)	18일(수)	19일(목)	20일(금)
실내놀이	공간블록, 복사용지 상자, 테이프말이 등 다른 재질의 큰 블록 활용 놀이 오솔길과 정자로 구성한 언어영역(지난주 소풍경험과 연계한 놀이 계획)				
	* 계획안에 없었지만 진행된 놀이 *책갈피 만들기 / 책 표지 그리기 / 도서관 놀이*				
실외놀이	게이트볼 / 멀리 뛰기				
	* 계획안에 없었지만 진행된 놀이 *천연염색놀이*				
활동	도서관 견학 ~~동화(생쥐도서관)~~	이야기나누기 '도서관에 다녀왔어요.'	~~책 속에서 숫자 찾기 게임~~	체조 '어린이 리듬 체조'	*서점 견학 및 책 구매(유아들의 의견을 수용한 활동 추가)*

A유치원 5세반 5월 3주					
	일(월)	일(화)	일(수)	일(목)	일(금)
관찰 및 지원 교사 협의 내용	소풍 보물찾기 책이 각자 다른 책임을 알고 바꾸어 보기를 원하고 도서관 견학을 통해 도서관을 만들고자 함	도서관 견학 후 도서 대출 과정에 관심을 보임 필요한 놀이 자료 및 도구 제공	책 『쪽빛을 찾아서』와 연계하여 염색놀이 제안 『봉숭아물들이기』와 같은 다른 책 제공	실외놀이 시작 전 스트레칭을 위한 체조에 모두 적극적으로 참여함	도서관에 새로운 책을 비치하기 위해 서점 견학
주간 평가	• 소풍에서 보물찾기(동화책)가 책에 대한 관심으로 이어져 서점 견학, 도서관놀이가 되어 놀이에 필요한 활동이 다양하게 이루어짐 – 관심 있는 이야기나누기에 매우 집중을 잘함 • 실외놀이 시 매일 하는 체조가 습관화되어 스스로 함 – 다음주에 체조 만들기 계획 • 멀리뛰기 놀이에서 측정하고 비교하는 것에 흥미를 보이고 정확해야 한다는 것을 강조하기 시작함 – 표준화 단위에 관심이 생김 • 유치원 내에서 책에 대한 놀이와 활동에 관심이 높고 활발히 진행되어 도서대여프로그램 시작 시기를 더 늦추어도 좋겠음(도서대여프로그램 목적을 다시 생각함)				

3) 일과 편성하기

일과 편성은 놀이, 활동, 일상생활로 이루어진다. 영유아는 기관에 등원할 때부터 하원할 때까지 매 순간 의미 있는 경험을 하므로 일과 구성에서 놀이, 활동, 일상생활이 어떠한 내용과 순서 및 비율로 구성되는지는 매우 중요하다. 교사는 일과를 구성할 때 우선적으로 교육과정 편성 시간을 고려한다. 누리과정의 편성시간은 1일 4~5시간을 기준으로 편성하되 기관의 실정과 특성을 반영하여 시간을 확장하여 편성할 수 있다. 표준보육과정의 일일 편성 시간은 9:00~16:00까지 기본보육시간과 16:00 이후 연장보육시간으로 구분된다. 2019 개정 누리과정과 제4차 어린이집 표준보육과정에서는 바깥놀이를 포함하여 영유아의 놀이가 충분히 이루어지도록 편성 · 운영할 것을 강조하고 있다. 등 · 하원, 급 · 간식, 화장실 다녀오기와 손 씻기, 안전 및 생활지도 등 일상생활도 영유아의 발달을 고려하여 주의 깊게 편성되어야 한다. 활동은 유아의 놀이와 연계되어 놀이를 지원하고 확장하는 방안으로 편성되기도 하고 교사가 영유아에게 필요한 내용으로 판단되는 내용을 적합한 유형의 활동으로 편성할 수 있다. 2019 개정 누리과정에서는 일과 편성에 대해 다음과 같이 안내한다.

> 교실에서의 하루는 유아의 놀이와 매일 반복되는 일상생활 그리고 활동으로 구성된다. 개정 누리과정에서는 일과에서 바깥놀이를 포함하여 유아의 놀이가 충분히 이루어지도록 편성하여 운영할 것을 강조한다. 일과에는 놀이 외에도 등원과 하원, 간식과 점심, 손 씻기와 화장실 다녀오기, 안전에 대한 지도 등 매일 반복되는 일상생활도 포함된다. 또한, 교사는 유아의 놀이를 지원하는 활동도 계획할 수 있다. 놀이, 일상생활, 활동이라는 일과는 교사가 미리 계획할 수 있지만 유아와 의논하여 순서를 정할 수도 있고, 날씨의 변화나 놀이에 대한 흥미 지속 여부에 따라 달라질 수 있다. 교사는 유아가 놀이에 충분히 몰입하고 진정한 배움이 일어날 수 있도록 놀이와 일상생활, 활동을 유연하게 운영할 수 있어야 한다.

출처: 교육부, 보건복지부(2019). p.27.

놀이, 활동, 일상생활은 일과 운영의 단위이면서 동시에 교실수준의 교육과정이 실행되는 방식이다. 하루 중 가장 많은 시간에 놀이가 이루어져야 하고 놀이, 활동, 일상생활은 연계되고 통합되는 것이나 각각의 원리를 구분하여 설명하면 다음과 같다.

(1) 놀이(play)

영유아의 놀이는 시간, 환경, 함께 놀이하는 사람 등의 요인에 영향을 받는다. 먼저, 시간의 측면에서 교사는 일과 운영에서 영유아의 충분한 놀이시간 확보와 환경 구성, 놀이 중에 다양한 상호작용이 일어날 수 있도록 지원한다. 교사가 하루 일과에서 놀이시간 편성과 운영을 할 때에는 시기와 계절과 같은 요소를 고려할 수 있다. 즉, 학기 초에 영유아의 기관 적응 시기와 학기 중간에 활발한 놀이가 일어나는 시기의 놀이시간 편성이 달라진다. 또한, 실외놀이시간은 계절과 날씨를 고려하여 편성한다.

두 번째, 환경의 측면에서 교사는 영유아의 놀이를 지원하기 위해 기관의 철학, 교실의 구조, 영유아의 연령, 흥미, 연간 계획 등을 고려하여 교실 공간을 구성한다. 교실 공간은 단순한 물리적 공간이 아니라 영유아가 놀이를 통해 의미를 생성하는 공간이 된다. 영유아는 놀이를 위해 공간을 넓히거나 변형하기도 하고, 구조물을 설치하거나 제거하면서 공간과 상호작용한다. 영유아는 자신의 놀이에 필요해서 공간을 인식하고 놀이하면서 공간에 의미가 부여된다. 예를 들면, 복도는 지나다니는 통로이지만 KTX 놀이를 할 수 있는 긴 길로 인식되고 놀이가 진행되는 동안 복도는 더 이상 통로가 아닌 특별한 놀이 공간이 된다.

놀이에서 자료는 영유아가 놀이에 사용하고 조작할 수 있는 자원으로 상품화된 것이나 놀이를 위해 제작된 자료 이외에도 영유아가 놀이에 의미 있게 활용하는 사물 및 자연물, 심지어 자연현상도 놀이 자료가 될 수 있다. 영유아는 자료가 없이도 놀이할 수 있지만 놀이 자료에 의해 영유아의 놀이가 시작될 수 있으므로 놀이 자료는 교사가 찾고 배치하기도 하고 영유아가 발견하기도 한다. 또한, 놀이 자료는 한 가지 유형의 자료만 있을 때보다는 여러 자료가 복합적으로 제시되었을 때 놀이가 다양화되고 발전된다.

마지막으로 영유아의 놀이에서 환경, 또래, 교사와 상호작용은 영유아가 놀이를 통해 어떤 경험을 하는가에 영향을 미친다. 영유아는 놀이 중에 직접적이거나 간접적으로 또래와 끊임없이 상호작용하면서 의사소통하고 사회적 관계에 필요한 능력을 발달시킨다. 또한, 앞서 다룬 바와 같이 공간과 자료와의 상호작용을 통해 자료의 특성을 탐색하거나 자신의 생각을 표현하거나 새로운 아이디어를 떠올리기도 한다. 영유아의 놀이에서 교사는 놀이자로 참여하거나 관찰을 하면서 질문, 상황에 대한 제안, 영유아의 의견 듣기, 공간과 자료 제공과 수정, 칭찬과 격려, 필요한 경우 설명과 지시 등 다양한 상호작용을 한다. 교실에서 영유아의 놀이는 동시에 다른 놀이들이 일어나므로 교사 자신도 의식하지 못하는 교사의 철학과 신념에 근거한 상호작용을 하게 된다. 따라서 놀이에서 교사의 상호작용에 대한 검토가 필요하다.

(2) 활동(activity)

영유아교육에서 활동은 교사의 교육적 의도에 의해 계획되고 운영되는 교수방법으로, 활동의 유형은 2장에서 살펴본 바와 같이 이야기나누기, 동화/동시/동극, 노래, 게임 등으로 운영되어 왔다. 활동은 놀이와 마찬가지로 영유아가 경험을 통해 배울 수 있는 다양한 방법이므로 교사가 계획하는 활동이 유아의 발달 및 흥미와 무관하지 않아야 함은 당연한 일이고, 특정한 활동 유형만으로 제한할 필요는 없다. 활동은 필요에 따라 교사가 계획하고 제안하거나, 영유아의 놀이로부터 계획되거나, 영유아의 요구에 따라 운영될 수 있다.

영유아가 주도하는 놀이 내용과 활동의 연계는 영유아의 자발적인 참여와 내적인 배움을 이끈다는 점에서 매우 중요하다. 교사는 영유아의 놀이를 관찰하여 다양한 개념을 이해하거나 무엇인가를 할 수 있는 능력이 형성되도록 지원하는 활동을 운영할 수 있다. 활동은 동일한 놀이에 관심을 갖는 몇몇의 유아들에게 제공되는 소집단으로 운영될 수도 있고, 학급 전체 유아들과 공유하는 경험이 되도록 대집단으로 운영될 수도 있다. 활동은 영유아의 놀이를 공유하고 확장하게 하는 기회, 놀이에서 나타난 갈등이나 문제를 해결하는 기회로 활용되기도 하고 영유아가 새로운 개념 습득과 사고를 확장하도록 하는 방식으로 활용되기도 한다. 예로, 교사는 3세 유아가 경험의 재현으로 시작한 카페 놀이를 지원하기 위해 빵 가게로 현장학습을 계획하여 빵과 음료를 구매하고 간식으로 먹고 오는 활동을 할 수 있다. 빵집에서 빵을 고르고 계산을 한 후 간식으로 먹어 본 경험은 유아의 카페 놀이에서 다양한 역할 수행과 상호작용을 지원하고 유아의 놀이와 교사의 교육적 의도가 통합되는 결과를 가져온다.

(3) 일상생활(transitions and routines)

영유아교육기관에서 편성 단위로서 일상생활은 일과 중 전이, 급·간식, 등·하원, 손 씻기 및 화장실 다녀오기, 낮잠 등 영유아의 기본적인 욕구 충족과 기본생활 습관·자조기술·인성 교육 등을 할 수 있는 시간이다. 일상생활은 영유아의 안전 및 건강과 관련되므로 영유아의 신체운동능력 발달과 생리적 욕구를 고려한 일정한 시간으로 편성하고 구체적이고 정확한 지도 방법을 적용해야 한다. 또한, 영유아시기에 반드시 필요한 기본생활습관과 관련된 지도는 가르칠 수 있는 상황과 기회가 있을 때마다 자연스럽게 이루어진다.

2. 교육과징 운영하기

영유아교육기관의 교육과정 운영은 매일매일의 시간이 모여 실행된 교육과정이다. 교실수준에서 실행된 교육과정에서 교사의 교육과정틀이 반영되어 무엇을, 어떤 방법으로 운영하고 평가하는가를 알 수 있다. 이 장에서는 일과 운영 원리, 환경 구성 원리, 교수 · 학습 원리 등 교육과정 운영의 기본 원리와 사례를 통한 교육과정 운영의 실제를 살펴본다.

1) 기본 원리

(1) 일과 운영 원리

영유아교육기관에서 일과는 영유아의 흥미와 요구를 반영하고, 다양한 놀이와 활동을 경험하면서 풍부한 상호작용을 통해 학습이 이루어지도록 운영되는 것이 바람직하다. 일과 운영 시 고려할 원리는 다음과 같다(이정환, 김희진, 2017; Decker & Decker, 2005).

- 하루의 일과는 영유아를 따뜻하게 맞이하는 것으로부터 시작한다.
- 일과 운영에는 충분한 놀이와 휴식, 간식과 점심, 배변과 같은 유아의 신체적 욕구를 반영한다.
- 개인 및 집단의 욕구를 조화롭게 반영한다. 놀이, 개별활동, 집단 활동, 개별적 상호작용과 집단적 상호작용을 고르게 경험하도록 한다.

- 영유아의 자발적인 흥미와 그날의 특별한 상황을 반영하여 융통성 있게 운영한다.
- 영유아가 일과 운영의 순서를 이해할 수 있어서 다음 활동이 무엇인가를 예측하고 준비할 수 있도록 한다.
- 하루 일과를 마무리할 때는 영유아와 함께 회상하고 평가해 볼 수 있는 시간을 가져서 영유아가 성취감을 느낄 수 있도록 한다.

이상의 원리에 기초하여 영유아의 연령, 1일 교육과정 운영 시간, 인적 · 물적 환경, 유아와 교사의 수 등을 고려하여 계획하고 운영한다. 〈표 8-3〉은 영아와 유아 학급의 일과 운영의 예이다.

〈표 8-3〉 영아 학급과 유아 학급의 일과 운영의 예

<table>
<tr><th colspan="2">A어린이집 만 1세 영아 학급 일과 구성</th><th colspan="2">B유치원 만 4세 유아 학급 일과 구성</th></tr>
<tr><td>7:30~8:30</td><td>등원 및 통합보육</td><td>8:30~9:00</td><td>등원</td></tr>
<tr><td>8:30~9:00</td><td>놀이</td><td>9:00~10:20</td><td>놀이</td></tr>
<tr><td>9:00~9:40</td><td>기저귀 갈기, 수유 및 간식</td><td>10:20~10:50</td><td>간식</td></tr>
<tr><td>9:40~10:30</td><td>놀이</td><td>10:50~11:40</td><td>바깥놀이</td></tr>
<tr><td>10:30~11:30</td><td>오전 낮잠 및 휴식</td><td>11:40~12:00</td><td>이야기나누기</td></tr>
<tr><td>11:30~12:30</td><td>일어나기, 기저귀 갈기, 놀이</td><td>12:00~12:40</td><td>점심 및 휴식</td></tr>
<tr><td>12:30~13:30</td><td>수유 및 점심</td><td>12:40~13:30</td><td>놀이</td></tr>
<tr><td>13:30~15:30</td><td>오후 낮잠 및 휴식</td><td>13:30~13:50</td><td>게임</td></tr>
<tr><td>15:30~16:00</td><td>일어나기, 기저귀 갈기</td><td rowspan="4">13:50~14:00</td><td rowspan="4">귀가지도</td></tr>
<tr><td>16:00~16:30</td><td>수유 및 간식</td></tr>
<tr><td>16:30~17:30</td><td>놀이</td></tr>
<tr><td>17:30~19:30</td><td>통합보육, 귀가</td></tr>
</table>

(2) 환경 구성 원리

영유아교육기관의 환경은 일상생활을 위한 환경과 놀이를 위한 환경이 영유아의 발달, 기관의 물리적 환경 조건, 교육과정 특성에 따라 구성된다. 영유아교육기관의 교육과정 운영에 필요한 환경 구성의 기본 원리는 다음과 같다(이기숙, 김정원, 이현숙, 전선옥, 2008; Decker & Decker, 2005).

- 영유아가 놀이하고 활동하기에 충분한 실내와 실외 공간을 확보한다.
- 영유아의 발달을 고려한 시설과 설비를 제공하여 영유아 스스로 사용하고 정리할 수 있도록 구성한다.
- 영유아 및 교직원의 건강과 안전이 보장되는 환경이 구성되어야 한다.
- 창의성, 심미감, 활동성을 고려한 다양한 공간을 구성한다.
- 영유아의 흥미와 요구를 반영하여 융통성 있게 재배치하고 활용할 수 있어야 한다.

2019 개정 누리과정 해설서(교육부, 보건복지부, 2019)에는 환경을 중요한 교육적 자원으로 인식하여 다양한 놀이와 활동을 경험할 수 있도록 실내외 환경을 구성하도록 제시하며, 안전한 공간 운영과 풍부한 놀이 자료 제공을 중요함을 강조한다. 2019 개정 누리과정 실행자료(교육부, 보건복지부, 2019)에서는 유아의 연령과 흥미에 따른 자율적 공간 구성과 운영을 위한 방법으로 유아의 흥미와 놀이 흐름에 따라 공간의 크기 조정, 유아 스스로 놀이 공간을 배치하거나 변경할 수 있도록 공간의 주도권 부여, 교실이나 실외 놀이터 외에도 안전이 허락되는 한에서 유아가 찾아낸 공간이나 우연히 발견한 공간도 놀이 공간으로 활용하는 것을 제안한다.

(3) 교수 · 학습 원리

영유아교육과정에서 교수 · 학습 원리는 영유아의 발달 특성에 따라 어떻게 배우는가와 관련된다. 인간발달에 대한 연구는 교수 · 학습에 대한 기본적인 통찰을 제공한다. 미국심리학협회(American Psychological Association)는 '일과 중 고려해야 할 교수 · 학습의 원리로, 학습자가 자신의 능력에 대해 긍정적인 인식하도록 하기, 이미 알고 있는 것과 경험한 것으로부터 새로운 것으로 확대하기, 학습자의 내적 동기로부터 학습을 즐기도록 하기, 다양한 사회적 맥락 고려하기' 등을 제시하고 있다(APA, 2015).

우리나라 영유아교육과정에서 제시하는 교수 · 학습 원리는 2장 유치원 교육과정에서 제시한 '교수 · 학습 방법' 혹은 '지도상의 유의점'의 내용으로부터 유추할 수 있다. 1차부터 2019 개정 누리과정까지 지속적으로 강조되고 있는 교수 · 학습 원리는 직접경험을 통한 학습, 놀이를 통한 학습, 쉬운 것과 구체적인 것으로부터 추상적인 것으로 가르치기 등이다. 전문가들에 의해 제시되고 있는 영유아교육과정의 교수 · 학습 원리를 정리해 보면 아래와 같다(이정환, 김희진, 2017; 이현옥, 박희숙, 2014).

❶ 놀이중심의 원리

영유아는 발달 특성상 자신의 흥미와 욕구에 의해 결정하고, 직접 경험하고 구체적으로 탐색하는 방식으로 가장 잘 학습한다. 이러한 영유아가 학습하는 가장 적절한 방식이 놀이이다. 놀이는 계획 및 전개 과정에 영유아가 스스로 선택하고 결정하며, 능동적으로 참여하는 것이 바람직하다. 유아의 주도성과 자발적 참여를 강조하는 것이 교사가 방임해도 좋다는 것을 의미하지는 않는다. 교사는 교육과정에 대한 이해를 바탕으로 놀이 환경을 구성하고 영유아가 몰입할 수 있도록 지원한다.

❷ 생활중심의 원리

영유아는 지시나 설명보다는 일상생활 속에서 직접적인 경험을 통해서 더 잘 학습한다. 즉, 영유아 살고 있는 실제 생활 속에서 일어나는 관심과 흥미를 적절한 환경으로 구성할 때 보다 효과적으로 배울 수 있다. 따라서 영유아의 일상생활, 생활맥락에서 일어나는 일, 특별한 상황과 관련된 놀이와 활동이 교수방법으로 적용되는 것이 바람직하다.

❸ 개별화의 원리

영유아는 같은 연령이라 할지라도 월령의 차이뿐 아니라 타고난 기질과 성격, 사전 경험, 성장 환경 등이 다양하므로 각 영유아가 유아교육의 목적과 목표에 부합할 수 있도록 개별적인 특성과 능력을 고려한 교수 · 학습 방법을 적용하여야 한다. 영유아의 개별적 특성을 이해하기 위해서 교사는 영유아를 관찰하고 평가하며, 가정과의 의사소통을 통해 정보를 수집한다. 영유아를 대상으로 교수 · 학습 방법으로서 놀이와 활동을 계획할 때 학급 전체의 발달적 수준을 고려하되 개별 영유아들이 존중될 수 있도록 수준과 내용을 다양하게 조절한다. 또한, 교사가 놀이 환경을 준비하고 활동을 계획하더라도 영유아가 자신의 능력과 흥미에 따라 스스로 선택할 수 있도록 하고 교사는 개별적인 상호작용을 통해 성장과 발달이 이루어지도록 지원한다.

❹ 탐구 학습의 원리

영유아들은 주변 사물이나 현상을 직접 경험하면서 호기심이 생기고 호기심을 충족하기 위해 자신의 감각을 사용하여 자발적으로 탐색한다. 이러한 과정에서 사물과 세상에 대한 지식, 사회적 태도, 논리적 사고력, 문제해결능력, 창의력, 의사소통능력 등이 발달된다. 교사는 다양한 환경과 풍부한 경험거리를 제공하여 영유아의 탐구 학습이 일어나도록 한다. 이때 교사는 영유아가 탐색하고, 실험하고, 사고하고, 새로운 시도를 하면서 학습 성향을 발달시킬 수 있도록 돕는다.

❺ 통합의 원리

영유아의 발달은 명확하게 구분되기보다 긴밀하게 연계되고 통합되기 때문에 교수 · 학습에서도 통합의 원리를 고려해야 한다. 영유아가 한 가지 놀이를 하더라도 그 놀이는 영유아의 신체, 사회, 언어, 인지, 정서적 측면과 관련이 있다. 또한, 통합의 원리는 앞서 제시한 놀이중심, 생활중심, 탐구학습의 원리와 연결된다. 영유아교육과정의 운영에 있어서 통합이란, 국가수준 교육과정 5개 영역별 내용 간 통합, 놀이와 활동을 통한 교육적 경험과 일상생활과의 통합, 드러나지 않으나 교육과정 5개 영역에 포함되어 있는 각 교과 간의 통합이 일어나는 것을 말한다. 교육과정이 통합적으로 운영되기 위하여 교사는 영유아가 통합적으로 학습할 수 있도록 교육과정을 계획하고 교수 · 학습 방법을 적용한다. 따라서 영유아교육과정을 계획하고 운영할 때 '통합'은 형식보다는 내용의 통합을 고려하여야 한다.

이상의 원리에 더하여 ⑥ 유아 참여의 원리를 추가할 수 있다. 이는 학습자중심 교육과정과 만들어 가는 교육과정을 강조하는 측면에서 교사와 유아의 상호 주체성(co-agency)과 관련된다. 전통적으로 영유아교육에서 영유아중심을 추구해 왔지만 실제로 영유아가 의견을 표현하고 교사가 영유아의 의견을 적극 수용하며 교사와 영유아가 함께 의사결정한다는 것의 의미와 수준에 대해 구체적으로 생각해 볼 필요가 있다. 7장 '영유아와 교사의 상호 주체성 형성하기'에서 교사 주도, 유아 주도, 교사와 유아가 상호 주체성을 가지고 교육과정을 운영하는 단계를 설명하였다. 유아의 참여를 높인다는 의미가 교사의 주체성을 포기하는 것은 아니므로 유아 참여의 원리는 교사와 유아의 상호 주체성이 중요하고, 유아의 참여가 실제적 참여인지 참여처럼 보이는 것인지를 검토할 필요가 있다.

2) 교실수준 교육과정의 일과 운영 실제

교실수준의 교육과정은 교사의 교육과정틀에 의해 다양한 형태로 운영된다. 놀이와 교육과정이 통합되는 정도에 따라 영유아의 놀이를 교육과정 운영에 적극적으로 반영하기도 하고 주제를 중심으로 계획하여 다양한 놀이와 활동을 통합적으로 운영하기도 한다(김희진, 2017). 또한, 각 기관의 운영 방침에 따라 다양한 접근법과 프로그램이 활용되기도 한다. 〈표 8-4〉는 주제를 중심으로 통합적으로 운영한 일과와 놀이가 적극적으로 반영된 일과의 예이다.

〈표 8-4〉 교실수준 교육과정의 일과 운영 실제 예시

주제 중심 계획과 통합적 운영 일과	
08:40~9:00	등원
09:00~10:00	실내놀이 – 영역별 주제와 관련된 교구 놀이 – 나뭇잎 찍기 결과물 활용 출석판 만들기
10:00~10:10	정리
10:10~10:30	노래 「나뭇잎」
10:30~11:00	간식
11:00~11:50	실외놀이 – 나뭇잎 주워 책갈피에 끼우기 – 낙엽 밟기
11:50~12:00	정리
12:00~12:40	점심
12:40~13:30	실내놀이 – 오전 놀이 확장 – 내일 요리활동에서 몇 번째로 할 것인지 선택 표시 만들기
13:30~13:50	게임 – 나뭇잎 자리 바꾸기(원 대형)
13:50~14:00	귀가지도

유아의 놀이를 적극적으로 반영한 일과	
08:40~9:00	등원
09:00~11:50	실내놀이 – 자유 간식 – 월요일부터 시작된 딱지와 관련 놀이들 지속(여러 종류의 종이로 딱지 접기, 딱지에 숫자 적기, 딱지 접기 순서 그림 그리기, 딱지 시합 등)
11:50~12:00	정리
12:00~12:40	점심
12:40~13:30	실외놀이 – 어제 일부 유아들의 나뭇잎 빻기 놀이로 모인 나뭇잎 가루 그림(체, 절구공이와 절구, 작은 맷돌 추가 제공)
13:30~13:40	정리
13:40~14:00	이야기나누기 – 오늘 했던 놀이 소개하기
14:00	귀가

주제를 중심으로 계획된 통합적으로 운영된 일과는 '가을' 주제에서 '나뭇잎'과 관련된 놀이와 활동이 계획되었다. 교사는 일과 운영 원리에 따라 놀이, 일상생활, 활동을 계획하고 다양한 놀이와 활동을 위해 전날과 다음 날의 활동과 연계되도록 계획하여 운영하고 있다. 반면에 유아의 놀이를 적극적으로 반영한 일과 운영 사례에서는 교사가 계획하지 않았으나 유아가 시작한 '딱지치기' 놀이와 '나뭇잎 빻기' 놀이에서 재료에 대한 탐색과 재료를 활용한 유아의 그림 표현이 나타날 수 있도록 지원한다.

활 · 동

* 유치원 알리미에서 2개 기관의 유치원 운영계획을 찾아 연간학사일정 계획을 비교하고 기관별 특징에 대해 토의해 보자.
* i-누리 포털(i-nuri.go.kr)에 탑재된 놀이중심 교육과정 사례를 한 가지 찾아 교수 · 학습 원리가 어떻게 적용되고 있는지 토의해 보자.

제 09 장

교실수준 교육과정 평가하기

학·습·목·표

1. 교육과정 평가의 의미와 내용에 대해 이해한다.
2. 교실수준 교육과정 평가를 위해 유아 평가와 교육과정 운영 평가를 설명할 수 있다.

교육과정 평가는 교육평가의 일부로서 교육과정 개발의 전 과정과 유아교육기관의 교육과정 운영 전반에 걸친 평가를 이른다. 교육과정 평가는 목적, 대상, 시점, 방법 등 요소에 따라 달라질 수 있으나 교육의 대상자인 유아를 중심으로 입체적이고 다차원적으로 진행되는 것이 바람직하다. 교육과정의 계획-실행-평가-질문의 순환적 주기 속에서 평가는 때로는 숨겨져 있기도 하고, 녹아 들어가 있기도 하므로 이를 적절히 활용하고 포착하는 교사의 역할이 중요하다. 본 장에서는 교육과정 평가에 대해 이해하기 위해 교육과정 평가의 의미와 내용에 대해 알아보고, 교사가 실천하는 유아 평가와 교육과정 운영 평가를 살펴보고자 한다.

1. 교육과정 평가 이해하기

1) 교육과정 평가의 의미

교육 평가는 인간 행동의 변화를 위해 의도된 교육을 실행하고 학습자의 학습과 행동 발달 정도를 교육의 목표에 비추어 측정하고 판단하는 일이다. 교육 평가의 큰 틀 안에서 교육과정 평가는 교육과정을 운영하는 데 필요한 자원과 요소를 시점, 대상, 방법에 맞게 실시하는 것이다. 교육과정은 교사의 입장에서 가르친 것이고 학습자의 입장에서 경험하고 배운 것이므로 학습자에게 교육을 제공하는 일련의 과정인 교육과정이 효과적이었는지 확인하기 위해 교육과정 평가가 필요하다. 또한, 교육과정 평가는 교육과정 질 개선을 위해 반드시 필요한 과정으로, 수립한 교육목표를 얼마나 달성하였는지 확인하고, 교육내용과 교수 · 학습 방법이 학습자에게 적합한지를 교사, 기관, 제도, 정책 등 다양한 수준에서 시행할 수 있다.

교육과정 평가는 지속적으로 교육과정의 질을 개선하기 위한 노력의 일환으로 수행되므로 중요한 의미를 가진다. 교육철학, 교육목표, 교육내용, 교수 · 학습 방법, 평가 등 교육과정 운영의 매 단계에서 적합한 규모와 방법에 따른 평가를 시행하고 순환적 환류(Feedback) 과정을 거쳐 긍정적이었던 부분을 향상시키고 개선할 점을 찾아 유익한 교육이 되도록 노력한다. 교육철학은 기관과 교사가 가진 신념과 연결되고, 시대적 · 지역적 맥락을 반영하여 어떠한 교육이 바람직한지 결정하는 데 영향을 미치므로 교육철학을 검토함으로써 교육과정의 방향이 적절한지 평가하고 개선할 수 있다. 또한, 교육목표 달성을 위한 노력과 성취를 확인하고, 학습경험의 선정이 어떻게 이루어졌으며 효과적으로 조직하여 학습자에게 전달되었는지 교육내용과 교수 · 학습 방법을 평가한 결과를 반영하여 교육과정을 운영한다. 영유아교육과정이 운영되는 과정에서 이루어지는 평가는 지속적으로 교육과정에 반영되기 때문에, 평가와 영유아교육과정은 유기적으로 순환된다.

과거 교육과정 평가는 교사 주도로 교육과정 종료 후 학습자의 성취를 확인하여 교사-학습자가 분리된 형태로 운영되어 왔으나, 학습자중심 교육 패러다임의 전환에 따라 교육과정-수업-평가의 일체화가 강조되고 있다(박승철, 이원재, 강정화, 이영선, 2015). 영유아교육과정에서 교육과정-수업-평가 일체화는 낯선 용어이지만, 실제로 유아교육현장에서는 자연스럽게 발현되어 왔던 개념이다. 영유아의 특성에 따라 계획의 주기가 짧고 융통적으로 운영하며 교육과정을 수시로 다듬어 나가기 때문이다. 하나의 주제, 프로젝트, 놀이가 진행되고 추후 평가가 이루어지기도 하고, 하루의 놀이 진행 속에서도 교사는 수시로 평가를 실시하여 유아에게 필요한 놀이 자료를 제공하고 공간을 확보해 주는 등 환경을 변화하기도 한다. 유아교사들이 '평가' 하면 관찰, 일화기록, 서류작업, 기관평가 등의 단어를 떠올리며 부담스러워하지만, 실제로 평가는 영유아가 기관에서 지내는 시간 동안 모든 순간에 대해 의미와 가치를 부여하는 것으로, 자연스러운 과정이라고 할 수 있다. 2019 개정 누리과정에서도 문서 작업을 최소화하고 간소화된 양식으로 평가하도록 권고하고 있다.

2) 교육과정 평가의 내용

(1) 교육과정 편성

교육과정 편성 측면에서는 사회적 기초에 해당하는 원장/감, 교원, 유아, 학부모 등 구성원의 요구 분석을 통해 교육과정을 평가할 수 있다. 철학적 · 심리적 기초에 의하여 수립한 유아교육기관의 교육철학 및 목표가 적절한지 연간교육계획 및 운영계획을 설정하기에 앞서 검토한다. 전년도 교육과정 운영 평가 결과를 바탕으로 학기 말 또는 신학기 시작에 앞서 유아교육기관의 교육과정 편성 자체 평가를 시행한다. 연간교육과정 편성 계획이 수립되고 나면 연간교육계획안, 월간교육계획안(월생활예정안) 등의 자료를 통하여 교육과정위원회(운영위원회)의 심의를 거쳐 본격적으로 교육과정이 시작된다. 2019 개정 누리과정에서는 교육과정 편성 평가를 위해 지역 특성과 각 기관 및 학급의 상황과 요구를 고려하여 누리과정 운영을 개선하기 위한 자율적인 평가 계획을 수립하도록 안내하고 있다. 평가의 내용, 평가 주기 및 시기, 평가 방법 등에 대한 계획은 원장/감, 교원, 운영위원회 등 각 기관 구성원들 간 민주적 협의를 통해 결정할 수 있다.

(2) 교육과정 운영

교육과정 운영 평가 측면에서 교사는 시기별로 일일, 주간, 월간, 학기 말 등으로 구분하여 평가를 실시할 수 있다. 일일교육계획에 기초하여 하루 동안의 교육과정, 환경, 안전, 운영 등을 평가하여 내일의 교육과정을 개선하여 운영한다. 주간교육계획에 근거하여 한 주 동안의 교수 · 학습활동 등 교육과정 운영을 평가하고, 놀이, 주제, 프로젝트 등이 마무리될 때 교육과정 운영에 대한 평가가 이루어지기도 한다. 학기 말 또는 학년 말에는 교육과정, 교육환경, 건강 및 안전, 운영관리 등 평가를 실시한다.

다음으로 교육과정 운영 시 유아 평가를 실시할 수 있다. 유아 평가는 개별 유아의 발달과 진보를 관찰하며 특성과 변화를 이해하는 목적으로 시행되며, 관찰, 검사, 면접, 작품분석, 포트폴리오 등 다양한 방법을 활용할 수 있다. 평가의 목적에 따라 진단평가, 형성평가, 총괄 평가를 실시할 수 있다(홍후조, 2016). 진단평가의 경우에는 학기 초 유아개인조사서와 기본생활습관 체크리스트, 학습준비도 검사 등을 통해 유아의 발달 및 생활에 대해 학부모의 평가를 바탕으로 교육목표를 수립할 수 있다. 일과 중에 유아를 관찰하여 어떻게 지원해야 할지 결정하는 과정은 형성평가의 성격을 가지며, 교사 스스로 교육과정 운영 시에도 형성평가를 실시하여 교육내용과 교수·학습 방법에 대해 반성하고 각 활동을 유연하게 수정하여 진행할 수 있다. 1년간 유아의 발달 상황 및 교육과정 성취에 대해 생활기록부를 작성하는 것과 학기 말에 실시하는 유치원 교육과정 운영에 대한 학부모 평가는 총괄평가의 성격을 가진다.

마지막으로 교육과정 운영과 관련하여 학부모 및 지역사회의 인적·사회적 환경과 유아교육기관 내외 물리적인 환경 등 교육과정 운영 지원 체제에 대한 평가를 실시할 수 있다. 기관과 학부모가 교육철학을 공유하고 교육과정의 이해를 돕기 위해 기관이 노력하는지, 교육과정 운영에 있어 기관과 가정, 기관과 지역사회 유관기관이 협력적 관계를 유지하고 있는지 등을 평가할 수 있다. 또한, 교육과정의 실제에서 영유아의 심미성과 창의성을 지원하는 환경과 자료를 제공하는지, 교육과정 운영 시 다양한 공간을 활용하는지 등을 평가할 수 있다. 교육과정이 유아중심·놀이중심으로 적절하게 운영되고 있는지 점검하고 놀이시간이 충분히 확보되고 있는지, 유아의 놀이와 배움을 촉진할 수 있는 교육과정이 구성되었는지, 교사가 놀이 지원을 충실히 이행하고 있는지 등을 평가할 수 있다.

(3) 교육과정 성과

교육과정 성과 측면에서는 학기/학년 말 영유아에 대한 평가를 종합하여 생활기록부를 작성하는데, 교육과정 평가의 주요 내용은 신체운동·건강, 의사소통, 사회관계, 예술경험, 자연탐구의 5개 영역별 발달 상황을 기록한다. 학기 말 또는 학년 말에 수집된 자료를 토대로 개별 유아의 특성과 변화 정도를 종합적으로 이해하고 부모 면담 자료 및 유아 생활지도에 활용할 수 있다. 유아교육기관 운영관리 측면에서도 중요한 역할을 하는 학부모의 교육과정 만족도 조사와 교원능력개발평가를 통하여 연간교육과정 운영을 되돌아보고 노력을 지속하는 과정을 통하여 교육과정의 질을 향상시킬 수 있다.

유아교육기관평가(유치원 평가 및 어린이집 평가제)는 운영관리 측면뿐 아니라,

교육과정 평가와 밀접한 관련을 맺는다. 유아교육의 질을 결정하는 변인은 구조적 요인과 과정적 요인으로 구분된다. 구조적 질의 요인에는 교사 대 유아 비율, 학급 크기, 교사의 학력과 경력, 교사의 임금과 안정성, 건물과 공간 등 물리적 환경 등이며, 과정적 요인의 질로는 교사-유아 간 상호작용, 교사의 민감성과 반응성, 교사-부모-동료-유아 간의 긍정적 의사소통, 발달적으로 적합한 활동과 경험 제공 등이 포함된다(이기숙, 강수경, 2012). 구조적 질과 과정적 질의 요인은 교육과정 운영 및 평가와 영향을 주고받으므로 분리해서 생각하기 어렵다. 예를 들어, 구조적 요인의 교사 대 유아 비율이 지나치게 높으면 과정적 요인의 교사-유아 간 상호작용의 질이 저하될 우려가 있으므로 교육과정 운영에도 영향을 미친다. 유아교육과정을 운영하는 기관의 평가와 모니터링을 위해 유치원 평가 및 어린이집 평가가 실시 중이며, 구조적 요인 및 과정적 요인의 내용을 포함하여 평가 지표가 구성되어 있다.

유아교육기관 운영에 행정적이고 재정적인 지원이 시작되면서 책무성을 확인하고 교육과정 질을 개선하기 위하여 국가 차원의 기관평가가 시작되었다. 5주기 유치원평가(2020~2022)의 영역은 크게 세 가지로, 유아중심 교육과정 및 방과후과정, 민주적 유치원 운영, 안전하고 쾌적한 교육환경 및 유아를 위한 건강 · 안전으로 구분된다(서울특별시교육청 유아교육진흥원, 2020).

교육과정 평가에 대한 내용은 '유아 · 교육과정 평가 및 환류' 평가지표에 제시되어 있으며, 평가지표의 내용은 다음과 같다.

- 교사는 유치원 일과 운영 전반에 나타난 유아의 흥미와 놀이 모습에 근거하여 유아의 변화 및 특성, 발달 상황을 포괄적으로 파악한다.
- 유치원에서는 자연스러운 일상 놀이 상황에 초점을 맞춘 다양한 평가 방법을 개발하여 유아 이해 및 지원, 교육과정 재구성과 연계하여 평가를 운영한다.
- 유치원에서는 구성원 간 자율적이고 민주적인 협의를 통해 수립한 평가 계획에 따라 교육과정 편성 · 운영 및 교육과정 지원체제의 적절성, 실효성 등을 평가하여 교육과정 질 관리 및 환류를 담보한다.

- 유치원에서는 참여, 소통, 협력을 기반으로 하는 유아 놀이 실천-평가-환류가 체계적으로 운영되고 있다.

2020 어린이집 평가의 영역은 크게 네 가지로 보육과정 및 상호작용, 보육환경 및 운영관리, 건강 · 안전, 교직원으로 구분된다(보건복지부, 한국보육진흥원, 2020). 평가에 대한 내용은 보육과정 및 상호작용 평가영역의 1-5. 보육과정 평가지표에 제시되어 있으며, 내용은 다음과 같다.

- 반별 보육일지에 하루 일과 및 놀이 실행에 대한 기록이 있고, 필요한 경우 그 내용을 다음 놀이 지원 및 활동 계획에 반영한다.
- 영유아의 일상생활, 실내외 놀이 및 활동에 대한 관찰 내용을 기록하고, 영유아의 발달 특성과 변화를 평가한다.
- 원장은 각 반별 보육과정 운영에 대한 평가를 통해 어린이집 전체 보육과정 운영을 파악하고 있다.

이처럼 교육과정 평가는 목적, 대상과 주체, 시기, 범위 등에 따라 매우 다양하다. 국가 차원에서 실시하는 기관 평가를 위해 유아교육기관에서는 유아 평가 및 교육과정 평가 현황에 대한 자체 평가를 실시하기도 하고, 교사가 실제로 교육과정을 운영함에 있어서 유아의 성장과 발달을 확인하거나 학부모 면담을 위해서, 그리고 교사 자신의 평가를 위한 목적 등 여러 차원에서 평가를 실시한다.

2. 교실수준 교육과정 평가하기

교사수준 교육과정 실천하기의 전반적인 과정 중에 교육과정 평가가 이루어진다. 개별 유아 및 학급 유아 평가를 종합하여 교육과정 운영 평가가 이루어지기도 하고, 교육과정 운영 중에 의도적이거나 우연히 발생한 상황에 의하여 평가의 자료를 수집하기도 한다.

1) 유아 평가

유아 평가에 대해 학습하기 전에 놀이 관찰이나 기록 등의 용어와 어떠한 차이점이 있는지 알아보도록 하자. 2장에서 살펴본 세계 여러 나라의 교육과정에서는 평가를 assessment와 evaluation으로 구분하여 제시하고 있다. assessment는 사정으로 번역되는데, 영유아의 행동과 발달 정도에 대해 수집하는 일련의 과정으로, 관찰, 기록, 서술 등의 과정을 의미한다. 영유아의 전반적인 발달을 파악하고 어떻게 발전하고 변화하였는지를 이해하도록 돕기 때문에 교사가 언제 어떻게 지원을 해야 할지, 적절한 개입 및 교수 시기 등을 판단하는 데 도움을 준다. 평가(evaluation)는 수집한 자료를 해석하고, 자료에 근거하여 판단하며 교육적으로 종합적인 의사결정의 과정을 이르는 것으로, 사정에 비하여 포괄적인 개념이라고 할 수 있다(최일선, 조운주, 2020). 따라서 관찰은 평가와 동일시되기보다는 평가를 위한 하나의 방법이라고 할 수 있다.

관찰은 교사가 주로 사용하는 평가 방법으로 기록, 해석, 평가의 단계를 거친다(김희진, 박은혜, 이지현, 2018). 교사는 관찰한 것을 기록할 때 관찰 장면을 최대한 자세하고 객관적으로 적는다. 관찰, 기록 자료를 바탕으로 교사는 주관적이지만 전문가의 관점으로 영유아의 말과 행동에 대한 원인, 감정, 전후관계 등을 추측해 보고 의미를 찾는 해석을 한다. 관찰, 기록, 해석을 종합하여 축적된 관찰자료를 바탕으로 현재의 상태와 앞으로의 방향에 대한 결론을 내리는 평가를 한다.

유아 평가의 방법은 표준화 검사, 관찰법, 면접법, 작품분석법, 포트폴리오 평가 등 목적에 따라 다양하다(김희진, 박은혜, 이지현, 2018). 형식적인 평가 방법인 표준화 검사는 객관적인 도구를 바탕으로 수량화할 수 있어 유아가 평균 대비 어느 위치에 있는지 쉽고 빠르게 파악할 수 있는 장점이 있는 반면, 인위적인 상황에서 개별 유아를 대상으로 실시해야 하고 검사 상황에 따라 결과가 달라질 수 있어 유아교육기관에서 수시로 시행하기 어렵다. 유아를 대상으로 면접법을 사용하여 평가하는 방식은 궁금한 점을 질문하여 정보를 구할 수 있는 장점이 있지만, 유아가 질문을 이해하지 못하거나 대답하고자 하는 의지가 없을 경우 원활한 면담이 이루어질 수 없다. 관찰법은 일화기록, 표본식 기술, 시간표집법, 사건표집법, 행동목록법, 평정척도법 등이 있으며, 유아교육기관에서 현실적으로 교사가 가장 자주 많이 사용하는 관찰법은 일화기록이다. 학급 전체를 통솔해야 하는 여건상 개별 유아만 오랫동안 지속적으로 관찰하기 불가능하여 비교적 짧은 시간 동안 핵심적인 내용만 파악할 수 있는 일화기록이 유용하게 활용되고 있다. 포트폴리오 평가는 유아가 가진 기술, 생각, 지식, 능력, 흥미, 성취 등에 대한 증거를 모은 뒤 이를 토대로 평가하는 방법을 이른다(김희진, 2018). 사실상 유아 평가의 모든 방법이 포트폴리오 평가를 위한 자료가 될 수 있고, 교사는 연간 학급 교육과정 운영에 있어 지속적으로 자료를 수집하여 그 결과를 토대로 평가를 시행하므로 유아를 다각도로 평가할 수 있다. 포트폴리오 평가를 위한 누리과정 영역별 수집 자료 유형 및 종류는 다음 〈표 9-1〉과 같다(최일선, 조운주, 2020).

〈표 9-1〉 포트폴리오 평가를 위한 누리과정 영역별 수집 자료 유형 및 종류

영역	자료 유형	자료의 예
신체운동 · 건강 영역	작업 표본	• 가위질 결과물 • 긁적거리기, 글자나 숫자 쓴 것 • 바느질 결과물
	유아 면담	• 유아가 좋아하는(싫어하는) 사람, 놀이, 음식, 동물 또는 기본 상태 등에 대한 자기보고
	사진	• 대 · 소근육 활동에 참여하는 모습 사진 및 관찰 기록 • 끈 끼우기, 단추나 지퍼 잠그기 등의 모습 사진 및 관찰 기록 • 그림 그릴 때 자료나 도구 사용에 대한 사진 및 관찰 기록
	관찰 기록	• 신체표현, 실외놀이, 게임 등의 활동에서 신체 움직임에 대한 일화기록 • 손유희, 점토, 조작놀이, 쓰기 도구 사용에 대한 일화기록
의사소통 영역	작업 표본	• 다양한 그림, 쓰기 결과물 • 동화나 음악을 듣고 그린 그림이나 쓰기 결과물 • 유아 자신의 일이나 활동에 대하여 쓴 글이나 의견 • 책이나 글을 선택한 이유를 적은 글
	유아 면담	• 읽기와 쓰기 태도에 관한 면담 자료
	사진	• 책 읽기, 동극, 이야기하기, 주말 발표 등에 관한 사진 및 관찰 기록

<table>
<tr><th>영역</th><th>자료 유형</th><th>자료의 예</th></tr>
<tr><td rowspan="2">의사소통 영역</td><td>녹음 및 녹화</td><td>• 책 읽기, 동극, 이야기하기, 주말 발표 등에 관한 녹음 및 녹화 자료</td></tr>
<tr><td>기타</td><td>• 읽은 책의 목록</td></tr>
<tr><td rowspan="5">사회관계 영역</td><td>작업 표본</td><td>• 사회과학 지식에 대한 쓰기 결과물
• 자기를 표현한 그림 결과물
• 공동 작업 결과물</td></tr>
<tr><td>사진</td><td>• 소집단 프로젝트 수행 시 협동 놀이 사진 및 관찰 기록</td></tr>
<tr><td>유아 면담</td><td>• 자아개념에 대한 유아의 자기보고
• 친구관계에 대한 사회측정법</td></tr>
<tr><td>관찰 기록</td><td>• 또래와의 상호작용이나 친구관계에 대한 일화기록
• 문제 해결에 대한 일화기록
• 다른 사람과의 관계 및 리더십에 대한 일화기록</td></tr>
<tr><td>표준화검사</td><td>• 사회 성숙도 검사(김승국, 김옥기, 1995)
• 유아 성격 검사(송인섭, 1995)</td></tr>
<tr><td rowspan="4">예술경험 영역</td><td>작업표본</td><td>• 쌓기나 프로젝트 결과물
• 조형 활동 작품 결과물</td></tr>
<tr><td>사진</td><td>• 조형 활동 작품 결과물의 사진
• 노래, 율동, 손유희, 신체표현 등에 대한 사진 및 관찰 기록</td></tr>
<tr><td>녹음 및 녹화</td><td>• 노래, 율동, 손유희, 신체표현 등에 대한 녹음 및 녹화 자료</td></tr>
<tr><td>관찰 기록</td><td>• 창의적 동작 표현에 대한 일화기록
• 미술, 음악 등을 감상하는 태도에 대한 일화기록</td></tr>
<tr><td rowspan="4">자연탐구 영역</td><td>작업 표본</td><td>• 관찰 및 탐구 활동에 대한 관찰 기록지</td></tr>
<tr><td>사진</td><td>• 요리, 관찰, 실험 활동 사진 및 관찰 기록</td></tr>
<tr><td>유아 면담</td><td>• 유아가 가장 좋아하는 물건, 동식물, 날씨에 대한 면담</td></tr>
<tr><td>관찰 기록</td><td>• 사물, 동식물의 변화 탐구에 대한 일화기록
• 분류 패턴, 서열, 상징부호, 수 개념 등의 사용에 대한 일화기록</td></tr>
</table>

다음 〈표 9-2〉는 만 4세 유아 평가의 사례로 교사는 일화기록법을 활용하여 유아를 관찰하였고 교육목표(교육과정 영역별)와 세부내용에 따라 분류하여 학부모와 상담을 실시하였다. 유아 관찰 결과, 학부모 의견, 교사의 평가를 종합하여 유아 개별목표를 설정하고 중점 지도 사항을 마련하여 유아의 성장과 발달, 학습을 지원한다. 다음 〈표 9-3〉의 사례 유아의 경우, 신체운동 · 건강영역 차원에서 처음 접

하는 대근육 신체활동에 대한 두려움이 있어 쉽게 도전하지 못하는 특징을 가지고 있음을 관찰하고 교사가 유아 개별목표 및 중점지도사항으로 정하였다. 그러나 학급의 다른 유아들이 신체활동에 적극적으로 참여한다면, 해당 교사는 전체 학급 유아의 신체운동능력 증진을 위해 대근육 신체활동 시간과 장소를 마련하되, 도전적인 영역과 사례 유아가 쉽게 참여할 수 있는 영역을 함께 구성하여 사례 유아가 좌절하지 않으면서 흥미 갖고 활동할 수 있도록 지원해야 한다.

〈표 9-2〉 유아 평가 사례

시기	2020. 5. 27. (수)~ 2020. 6. 19. (수)		유아명	최○○	
교육목표	세부내용	유아 관찰	학부모 의견	교사 평가	유아개별목표 및 중점지도사항
건강하게 생활하기 (신체운동 · 건강)	• 신체활동 즐기기 • 건강하게 생활하기 • 안전하게 생활하기	– 처음 접하는 대근육 신체활동에 대한 두려움이 있어 쉽게 도전하지 못함 – 편식하는 식습관이 있어 가정에서도 식사 시 어려움을 겪고 있음	– 어릴 때부터 처음 접하는 활동에 대해 도전하지 못하는 경향성이 있어 계속 동기를 부여해야 할 듯함 – 식습관 지도는 가정에서도 다양하게 접해 보도록 하겠음	– 처음 접하는 활동 시 함께해 볼 수 있도록 계속 동기를 부여하고 있으며, 앞으로도 활동 시 즐기며 활동하도록 지도해 보겠음 – 식습관 지도는 가정과 연계가 필요하다고 느낌	* 신체활동 시 흥미를 갖고 활동하도록 유도하기 * 식습관 지도
상상하며 즐기기 (자연탐구)	• 탐구과정 즐기기 • 생활 속에서 탐구하기 • 자연과 더불어 살기	– 생활 속에서 탐구하기를 즐기는 모습을 보이며, 생명체와 지구를 보호하는 생활습관에 관심이 높음	– 꽃이나 식물에 대해서도 관심이 많아 실외활동 시 즐겨 관찰하는 편임 – 가정에서도 자연물에 많은 관심을 보임	– 생태활동에 관심을 갖고 즐겁게 참여하는 모습을 보여 적극적으로 활동에 임하고 있음 – 탐구하고 그 과정을 즐기는 것이 계속될 수 있도록 지도하고자 함	* 생태활동 및 자연탐구 활동에 참여할 수 있도록 지속적으로 지도하기

교육목표	세부내용	유아 관찰	학부모 의견	교사 평가	유아개별목표 및 중점지도사항
듣고 말하고 이야기 즐기기 (의사소통)	• 듣기와 말하기 • 읽기와 쓰기에 관심 가지기 • 책과 이야기 즐기기	– 자신의 생각을 말할 수 있으나, 자신감이 부족하여 말하기에 좀 더 적극적인 태도가 요구됨 – 친숙한 글씨를 읽고 쓸 수 있음 – 책을 아끼고 소중히 여기는 태도가 돋보임	– 글에 대한 관심을 갖고 있는 것 같아서 가정에서도 계속 한글과 친숙해지도록 노력하겠음	– 글자에 대한 관심이 계속 이어져 한글에 대한 흥미가 학습과 연결될 수 있도록 원과 가정의 활동이 연계될 필요성이 있다고 평가됨 – 계속적인 지도와 흥미 유발이 되도록 가정에 부탁함	* 한글 활동에 계속적인 관심과 흥미를 가질 수 있도록 가정 연계 활동이 요구됨
아름다움 느끼기 (예술경험)	• 아름다움 찾아보기 • 창의적으로 표현하기 • 예술 감상하기	– 예술 표현에 있어 색감을 고루 사용하며, 꼼꼼하고 세밀하게 표현하는 모습을 보임 – 자신의 느낌을 표현하는 것에 자신감이 부족하여 자신감 있는 태도가 요구됨	– 세밀하고 꼼꼼하게 표현하는 것을 잘하기는 하지만 너무 집착하는 것 같기도 해서 활동할 때 좀 더 자유롭게, 가볍게 표현해 보는 것도 지도해 주셨으면 좋겠음	– 예술 활동에 흥미를 느끼고 있으나, 이를 표현하는 활동에는 소극적인 모습을 보여 좀 더 적극적으로 표현하고 발표해 볼 수 있도록 지도하겠음	* 예술 활동 시 다양하게 표현할 수 있는 기회를 주고, 유아의 참여를 독려할 필요가 있음
더불어 생활하기 (사회관계)	• 나를 알고 존중하기 • 더불어 생활하기 • 사회에 관심 가지기	– 처음 만난 친구들과 어울리는 연습이 필요하며, 친구와 익숙해지는 데 시간이 필요함 – 나의 불편한 감정에 대해 친구들에게 표현하는 연습이 필요함	– 5세 때는 친구들과 어울리는 것에 상당히 어려움을 겪었는데, 6세 되어서는 친구들과 어울리는 것에 낯가림이 덜해져서 앞으로도 이렇게 어울려 보면 좋겠음	– 친구들과 어울리고 먼저 다가가는 것이 점차 나아지고 있어, 앞으로도 친구와 주변에 관심을 갖고 더불어 생활해 보도록 이끌고자 함	* 더불어 생활하는 유아의 태도에 칭찬과 격려를 할 필요가 있음

다음 〈표 9–3〉과 같이 교사는 학기/학년 말 영유아에 대한 평가를 종합하여 생활기록부를 작성한다. 교육과정 평가의 주요 내용은 신체운동·건강, 의사소통, 사회관계, 예술경험, 자연탐구의 5개 영역별 발달 상황을 기록한다.

〈표 9-3〉 유치원생활기록부 사례

연령	영역별	발달 상황
만 3세	신체운동 · 건강	두 가지 이상의 감각을 협응하여 활용할 수 있고 대근육보다 소근육을 이용한 활동을 잘한다. 손과 이를 깨끗이 하고 자신의 주변을 깨끗이 하는 데 참여한다. 음식의 소중함을 알고 있으나 싫어하는 음식을 가끔 버리기도 한다.
	의사소통	낱말과 문장을 듣고 그 뜻을 이해하고 동화, 동요, 동시 듣기에 관심이 있다. 또한, 경험, 생각, 느낌을 바탕으로 주제에 대해 이야기할 수 있으며, 친숙한 글자 모양 변별이 가능하다. 글자의 형태에 대해 탐색해 보고 간단한 단어를 써보려고 노력한다.
	사회관계	자기 물건을 정리정돈하며 기다려야 할 때와 장소가 있음을 알고 차례를 지킨다. 나와 다른 사람의 같은 점과 다른 점이 있음을 알고 자신의 감정을 조절하여 표현하기가 가능하다. 하고 싶은 일을 계획하고 실천하며 스스로 해야 할 일을 실천한다.
	예술경험	여러 가지 도구를 사용하여 생각이나 느낌을 그려 보는 것에 관심이 있으며, 주위 환경에 있는 조형적 형태에 대한 관심이 높다. 또한, 좋아하는 노래를 반복해 부르며 노랫말 기억과 노래 부르기, 리듬악기 연주에 대한 관심도 많다.
	자연탐구	생활을 편리하게 해 주는 도구와 기계의 바른 사용법을 알고 사용한다. 여러 가지 사물의 같은 점과 다른 점을 알며, 두세 개의 사물을 한 가지 준거에 따라 순서대로 배열할 수 있다. 또한, 두세 개의 물체를 속성에 따라 비교 가능하다.
	종합 발달 상황	동적인 활동보다 정적인 활동에 관심이 많으며, 특히 미술활동을 즐긴다. 자신의 생각과 느낌을 정확하게 표현할 수 있으나 자신감을 갖고 다른 사람에게 전달하는 것에 수줍음을 보이기도 한다. 또래관계가 원만하며 타인을 배려할 줄 안다.

출처: 안유빈(2015).

2) 교육과정 운영 평가

교육과정 운영 평가는 앞서 살펴본 유아 평가와 중첩되는 부분이 있으나, 본 절에서는 개별 유아의 학습을 포함한 학급 전체 유아의 관점에서 살펴보고자 한다. 또한, 연간이나 학기별과 같이 비교적 장기간 이루어지는 교육과정 운영 평가가 아닌, 교사가 보다 자주 실시하는 일일 및 주간, 주제별 교육과정 운영 평가의 미시적인 수준에서 살펴보고자 한다.

(1) 교육과정 거미줄 망 요소에 따른 평가

본서의 4장에서 교육과정 거미줄 망 요소에 대해 학습한 바 있다. 다음의 유치원 사례를 거미줄 망 요소에 따라 평가한 사례를 〈표 9-4〉와 같이 제시하였다. 구슬 놀이가 종료된 후 교육과정 운영 평가를 실시하였지만, 놀이가 진행되는 중에도 거미줄 망 요소에 의해 점검하고 즉각 수정하고 지원하여 교육과정 운영 중에도 지속적인 평가가 이루어졌다. 예를 들어, 구슬놀이 장소에 대한 불편함을 피력하는 유아들의 요구에 의해 공간을 재배치하고 수정한 결과는 교육과정 중 형성평가 결과가 반영된 것이다.

김 교사는 유아의 놀이를 관찰하면서 구슬놀이에 흥미를 보인다는 것을 발견하고 이야기 나누기 활동을 통해 구슬놀이에 대한 학급 유아의 생각을 들어보았다. 구슬놀이를 더 재미있게 하기 위한 방법을 생각해 보며 구슬을 안전하게 가지고 노는 방법, 사이좋게 나누어 쓰는 방법 등 유아의 생각을 정리하고 아이디어를 공유하는 시간을 가졌다.

교사는 유아가 구슬놀이터 만드는 것을 지원하며, 유아가 제안한 아이디어를 정교화시키고 실현할 수 있도록 조력하였다. 유아들은 구슬 경기장, 구슬 미로, 구슬집, 구슬 워터파크, 구슬 감옥 등의 놀이터를 자발적으로 구성해 보았고, 구슬 숨기기, 구슬치기, 구슬 팽이 등 구슬로 할 수 있는 놀이를 하며 놀았다.

유아는 "장 위에서 하면 구슬이 자꾸 침대 밑으로 떨어져요.", "아랫칸에서 하면 머리를 부딪히기도 하고 어둡고 불편해요." 등 자리를 넓은 곳으로 이동하자는 의견을 제안하였고 교사는 이를 받아들여 장을 옮기고 좋은 점과 불편한 점에 대해 유아의 의견을 듣고 문제를 해결할 수 있도록 지원하였다.

2주간 놀이 후 교사는 유아가 직접 구성한 구슬놀이터를 평가해 보고 확장시킬 수 있는 방법에 대해 이야기 나누는 시간을 가져야겠다고 생각하였다. 구슬에 대한 관심을 다양한 놀이로 확장하기 위해 교사는 유아와 함께 인터넷을 통해 여러 가지 구슬을 검색해 보고 구슬을 활용한 놀이, 연주, 구슬 경주 등을 알아보고 활동을 해 보았다. 교사는 유아가 교실 내 구슬치기 놀이를 할 수 있도록 공간을 마련해 주기도 하였다. 구슬이 자꾸 밖으로 굴러 나가자 유아들이 스스로 벽돌블록을 가져와 울타리를 만들고 구슬을 남을 그릇도 마련하며 문제를 해결해 나가는 모습을 포착하여 개별 유아의 관찰 기록으로 정리해 두었다. 또한, 교사는 구슬을 위로 올릴 수 있는 리프트를 구입하여 유아들이 놀이를 확장할 수 있도록 지원하였다. 구슬 그림 그리기, 구슬과 비슷한 구 형태의 솜공과 시트지를 활용하여 벽면과 책상에서 자유롭게 표현하기, 여러 가지 크기의 솜 공을 붙이고 던지고 굴려보며 모양을 만들기도 하고 재료의 성질을 탐색해 보았다.

구 형태의 물체를 탐색해 보면서 유아의 관심은 미끄럼 놀이, 경사로 놀이로 확장되었다. 교사는 관찰한 내용을 토대로 가르칠 수 있는 순간을 포착하고 물체를 굴려 볼 수 있는 미끄럼틀을 제공하였고, 유아가 경사로에 대한 관심을 지속할 수 있도록 지원하였다.

출처: 청암초 병설유치원.

〈표 9-4〉 교육과정 거미줄 망 요소에 따른 교육과정 운영 평가

요소	평가 내용
내용	• 유아의 일상생활과 경험을 조사하고 유아와의 상호작용을 통해 교육내용을 결정한 과정이 타당하였다고 평가함 • 신체운동 · 건강, 의사소통, 사회관계, 예술경험, 자연탐구 각 영역의 내용이 통합적으로 담길 수 있도록 교육과정을 진행하였음
목표	• 구슬놀이를 통하여 궁금한 것을 탐구하는 과정에 즐겁게 참여하고 탐구과정에서 서로 다른 생각에 관심을 가지는 것을 목표로 설정하였으며, 목표 설정이 적절하였다고 평가함
교수 원리	• 개별 유아 및 학급 유아의 강점, 흥미, 성향, 목표 등을 파악하고 유아의 흥미와 관심에 따른 놀이가 진행될 수 있도록 교수 원리를 적용하였음 • 탐구의 원리를 적용하여 유아들이 시행착오를 통하여 스스로 깨달을 수 있도록 실험 환경을 조성하였음

요소	평가 내용
평가	• 유아 놀이 관찰 기록을 통해 평가 자료를 수집하고, 유아들은 스스로 실험 조건을 설정하고 물리적 지식을 습득해 나간다는 것을 발견할 수 있었음
교사의 역할	• 놀이 관찰과 이야기나누기 활동을 통하여 유아의 구슬놀이 관심을 포착함 • 유아의 구슬놀이터 만들기를 위한 환경과 자료를 지원하였으나, 보다 다양한 자료 지원이 필요함
시간	• 구슬놀이에 대한 관심이 시작되고 본격적으로 놀이가 진행된 2주 뒤 평가를 진행하여 구슬놀이를 심화·확장하였고, 총 4주의 기간이 지난 뒤 경사로 놀이로 전환되어 놀이 기간이 충분하였다고 평가함 • 구슬놀이를 충분히 할 수 있도록 놀이시간을 편성하고, 이야기나누기, 악기 연주, 게임,·미술 등 활동 시간을 편성하여 구슬놀이를 지원함
장소	• 교실 내 장을 옮기고 구슬이 굴러가지 않도록 경계를 만들어 주는 등 유아와 협의하여 장소를 마련하였으므로 가능한 한 유연한 환경을 제공하였다고 평가함
집단 크기	• 개별, 소집단, 전체 학급 유아가 함께 참여할 수 있도록 다양한 집단 크기를 경험하도록 구성함
교수자료	• 교육적이고 안전한 유아의 탐구와 놀이를 지원하였으나, 유아와 함께 교수자료를 탐색하려는 기회가 부족하였음

(2) 교육과정-수업-평가 일체화

교육과정-수업-평가 일체화는 용어 그대로 교육과정의 각 요소가 합쳐진 개념으로, 초·중등학교급에서 학습자중심 교육과정의 강화로 최근 새롭게 정의된 용어이다. 교사가 교육과정을 편성·계획한 뒤 수업을 운영하고 지필고사를 통해 평가를 하는 일직선적인 방식에서 수업 중에 학생의 역량을 발견하고 다각도로 평가하는 방식으로의 전환을 의미한다. 본서의 5장에 제시된 교육과정 문해력을 갖춘 교사는 교육과정 문서와 자료를 찾고 해석하여 교육과정틀을 갖고 교실수준의 교육과정을 개발할 수 있다고 언급한 바 있다. 교육과정 문해력과 교육과정-수업-평가 일체화는 일맥상통하는 면이 있어서 교육과정-수업-평가 일체화를 지속적으로 실천하는 교사는 교육과정 문해력이 자연스럽게 증진된다.

개념화된 용어를 사용하지는 않았지만, 수업 중에 평가를 함께하는 이와 같은 방법은 유연한 교육과정을 운영해 온 유아교사들이 이미 실천하고 있는 개념이다. 유아교육과정의 교육과정-수업-평가 일체화는 두 가지 차원으로 해석할 수 있다.

첫째, 교사가 교육과정틀을 갖고 교실에서 수업을 실행할 때 수업을 관찰 · 평가하여 교육과정을 변형해 갈 수 있다. 예를 들어, 만 3세 교사가 유희실에 징검다리용 매트를 설치하고 두 발을 동시에 뛰어 건너는 활동을 준비하였다고 가정해 보자. 대부분의 유아가 뛰었을 때 징검다리에 착지하지 못한다면, 교사는 즉각 관찰 결과를 반영하여 징검다리를 좀 더 가깝게 놓을 수 있다. 둘째, 교사가 평가하고자 하는 요소와 방법을 교육과정과 수업 내에 포함하여 자연스러운 상황에서 유아를 관찰하고 평가할 수 있다. 예를 들어, 내근육 발달 상황을 평가하기 위하여 '개구리 연못 건너기' 게임 활동을 준비하여 두 발을 모아 일정 간격을 점프하여 건널 수 있을지 수업 중에 관찰할 수 있다.

교육과정, 수업, 평가 및 기록을 연속된 교육활동으로 보고 유기적으로 통합 · 운영함

교육과정		수업		평가		기록
교육과정 문서를 읽고 해석해서 교육과정틀을 만들고 활용	+	교실에서 이루어지는 놀이, 활동, 일상생활	+	관찰 · 분석을 통한 영유아의 학습 및 교육과정 운영 검토	+	수업(놀이, 활동, 일상생활)에서 수집한 영유아의 성장 기록, 생활기록부 작성

[그림 9-1] 교육과정-수업-평가의 일체화

교실수준에서 이루어지는 교육과정-수업-평가의 일체화는 [그림 9-1]로 나타낼 수 있다. 교사는 교육과정, 수업, 평가 및 기록을 연속되고 동시에 일어나는 교육활동으로 보고, 이 과정을 유기적으로 통합하여 운영할 수 있어야 한다. 교사는 국가, 지역, 기관수준의 교육과정을 이해 · 해석하여 거미줄 망의 교육과정 요소로 재구성한 교사만의 교육과정틀을 가지고 교실수준 교육과정을 실천할 수 있어야 한다. 교사는 재구성한 교육과정틀을 수업(놀이, 활동, 일상생활)에 활용하며, 동시에 놀이 및 학습 상황을 관찰 · 분석하고 영유아의 학습 및 성장을 확인할 수 있는 자료로 수집 · 기록한다. 또한, 교사는 교실 수업에서 영유아의 학습이 잘 구현되었는지, 교육과정이 적절하게 운영되었는지 평가하여 교육과정을 변형해 간다. 따라서 교실의 하루 일과 안에서 교육과정, 수업, 평가 및 기록의 교육활동은 영유아와 교실 상황에 따라 수시로 통합 · 반복되어 일어난다고 볼 수 있다. 예를 들어, 소풍을 다녀온 유아들이 보물찾기 놀이를 교실에서 하다가 불편함을 느끼는 것을 관찰한 교사는 보물찾기 놀이를 바깥놀이에서도 할 수 있도록 공간과 시간을 지원할 수 있다. 이때 보물을 숨기고 찾는 유아들의 인지적 전략이 어떻게 변화하는지 포착해 학습과 성장을 보여 줄 수 있는 기록으로 남기거나 새로운 놀이 지원 방법을 계획하여 교육과정을 확장해 갈 수 있다. 교육과정-수업-평가의 일체화의 다양한 사례(강남대학교사범대학부설유치원)를 살펴보면 다음과 같다.

[사례 1] 유아의 관찰 결과를 분석하고 평가한 결과를 교육과정 구성에 반영하기

정 교사는 유아의 놀이를 관찰하다가 유아가 교통수단에 관심을 가지고 자석을 이용하여 자동차를 움직이는 활동을 신기해한다는 것을 발견하였다. 놀이 관찰 및 평가를 토대로 자석 자동차 놀이를 확장할 수 있도록 넓은 공간을 마련하고 블록과 자동차 모형 등을 제공하였다. 이 과정에서 유아들은 꽤 정교한 도로를 구성하고, 자석의 원리를 자연스럽게 깨달아 과학적 경험을 하였다. 놀이를 통한 학습과 성장을 지원하기 위해 교육 환경, 교수전략, 교수 · 학습 방법 등에 대해 고려하였고, 유아에게 충분한 놀이 공간과 자료가 제공되고 적절한 놀이 지원이 이루어졌다고 평가하였다.

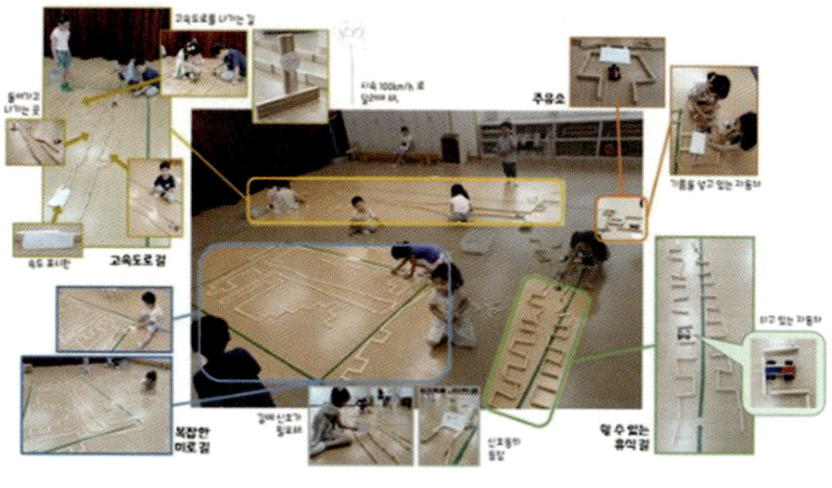

출처: 강남대학교 사범대학 부설유치원.

[사례 2] 영유아의 놀이와 활동을 관찰·분석하여 학습과 성장을 평가하기

'배'에 관심이 생긴 유아들을 위하여 교사는 놀이와 활동을 계획하고 다양한 방식으로 표상할 수 있도록 지원하였다. 쌓기놀이 영역 '돛이 있는 배', 수 · 조작 영역 '낚시놀이', 음률 영역 '물소리 탐색', 이야기나누기 '다양한 돛', 동시 「종이배」, 음악감상 등의 활동을 계획하였다. 유아들은 언어영역에 비치된 배 그림책의 사진을 보거나 본인이 타 본 적 있는 배를 그림으로 그려 보았다. 오리배, 바구니배, 잠수함 등을 정교하게 그림으로 표현해 보고 친구들의 배 그림에 흥미를 가지는 모습을 보고 교사는 메모리카드 게임으로 제작한 뒤 수 · 조작영역에 제공하였다. 유아들은 스스로 뿌듯함과 성취감을 느끼고 자신이 제작한 게임에 열중하는 모습을 보였다.

교사는 유아들이 다양한 배의 모양을 탐구하는 동안 서로 다른 차이점을 찾아내는 또래의 생각을 듣고 배에 대해 궁금한 것을 계속 찾아가는 것을 관찰하였다. 교사는 관찰 내용을 평가하면서 유아들은 자연탐구영역의 '탐구과정 즐기기'의 학습뿐 아니라 친구가 직접 그린 배 그림을 기억하고 공유하면서 긍정적인 관계를 형성하는 등 사회관계 영역의 학습도 일어남을 확인할 수 있었다. 메모리카드 게임 놀이를 즐기며 교사가 평가하고자 계획한 자연탐구 영역의 요소도 발견되었으나, 친구들이 직접 그린 그림을 기억하고 공유하는 유아들의 모습에서 사회관계 영역의 학습도 관찰할 수 있었다.

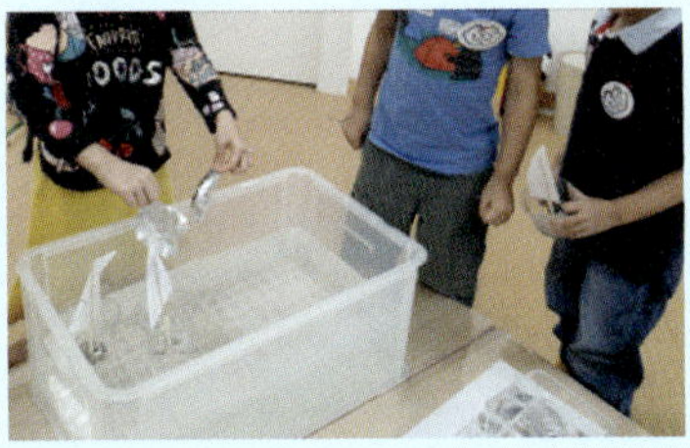

동시와 음악감상을 통해 배에 대한 관심이 높아졌고 배가 어떻게 물에 뜨는지 궁금해하여 수조를 제공하였다. 유아들은 수조에 물을 받고 다양한 조건에서 물에 잘 뜨는 배를 찾고 실험해 보았다. 유아들은 궁금한 것을 탐구하는 과정에 즐겁게 참여하고, 탐구과정에서 다른 유아들의 생각을 존중하고 관심을 가졌다. 이 과정에서 교사는 지속적으로 교육과정-수업-평가를 일체화하여 평가를 토대로 수업에 반영하고 교육과정을 수정하여 적용하였다.

[사례 3] 유아 평가와 교육과정 운영 평가의 결과를 학부모에게 공유하기

정 교사는 지난 몇 주간 진행된 교통수단 주제에 대한 교육과정 실행 결과를 정리하고 유아 평가와 교육과정 운영 평가를 실시하였다. 교사는 자석자동차 놀이나 배 프로젝트에서 소외된 유아는 없었는지, 유아의 학습경험을 보여 주는 자료가 편중되어 수집되지는 않았는지, 유아에 따라 표상하는 방식이 언어, 글씨, 그림, 동작, 놀이 등 다르게 나타나므로 유아의 학습 스타일이 다양하게 수용되었는지 점검해 보았다. 교사는 누리과정의 영역별로 수집된 자료와 함께 유아의 학습을 기록하였으며, 그동안의 놀이와 학습의 과정을 정리하여 학부모에게 공유하였다.

<학부모 가정통신문 일부 내용>

배에 대한 어린이들의 실제 경험과 알고 있는 지식들을 이야기하며 흥미가 더욱 더 커져만 가고 놀이 속에서도 그러한 모습들이 스며들고 있습니다. 어린이들의 지속적인 흥미와 관심에 따라 '배' 프로젝트를 통하여 다양한 배와 그 구조 및 특징을 탐색하며 배의 힘(부력, 추진력 등)에 대해 깊이 있게 나누는 시간을 가졌습니다. 가정에서도 어린이들의 관심사에 귀 기울여 주시고 많은 이야기를 나눠 주시기 바랍니다.

활 · 동

* 'tvn 나의 첫 사회생활'을 시청하고 각 유아의 관찰 결과를 작성해 보자. 누리과정의 영역별로 구분하여 분석하고 교사로서 어떠한 지원을 할 수 있을지 토론해 보자. (https://www.youtube.com/watch?v=ZJ8D_IjO1-M)

* 누리과정의 영역별로 구분하여 분석하고 교사로서 어떠한 지원을 할 수 있을지 토론해 보자.

누리과정 영역	관찰 유아 A	관찰 유아 B	관찰 유아 C
신체운동 · 건강			
의사소통			
사회관계			
예술경험			
자연탐구			
교사 지원 방안			

제 10 장

교육 공동체와 협력적 관계 맺기

학 · 습 · 목 · 표

1. 교육 공동체의 의미에 대해 알고 각 주체와 역할에 대해 이해한다.
2. 유치원과 어린이집의 만들어 가는 교육과정을 위한 교육 공동체의 협력 방안에 대해 모색한다.

"한 아이를 키우려면 온 마을이 필요하다."라는 말처럼 교육과정을 둘러싼 부모, 가족 및 지역사회 등 공동체는 영유아의 전인적 성장과 발달에 중요한 위치를 차지한다. 과거의 교육과정이 학교와 교사에 의해 학생에게 하달되는 방식이었다면, 최근에는 교육과정을 구성하고 지원하기 위한 파트너십, 교육 공동체 형성이 중시되고 있다. 학교의 공식적 조직(formal organization) 역할에서 공동체(community) 역할로 전환되고 있는 것이다. 영유아가 잘 성장하도록 교육하는 일은 교사, 학부모, 가족, 지역사회가 함께 참여하여 협력하고 책임을 공유할 때 가능하다. 영유아의 가까운 가족에서부터 이웃, 유아교육기관과 학교, 도서관, 주민자치센터 등 주변 지역사회에 이르기까지 많은 수준의 관계는 서로 영향을 주고받는다. 지역사회가 함께 교육에 참여할 때 영유아교육기관과 지역사회는 돌봄과 배움의 공동체로서 협력할 수 있다. 성공적인 교육 공동체를 이루어 나가기 위해서는 구성 요소 간 상호 협력과 신뢰를 바탕으로 자발적인 문화를 형성하고 지역사회와의 협력적 관계가 뒷받침되어야 한다(Bower, Kraayenoord, & Carroll, 2015; Kitching & Ferreira, 2012). 본 장에서는 만들어 가는 교육과정의 구성원인 가족과 지역사회를 중심으로 협력적 관계에 대해 알아보고, 교사 학습 공동체에 대하여 살펴보겠다.

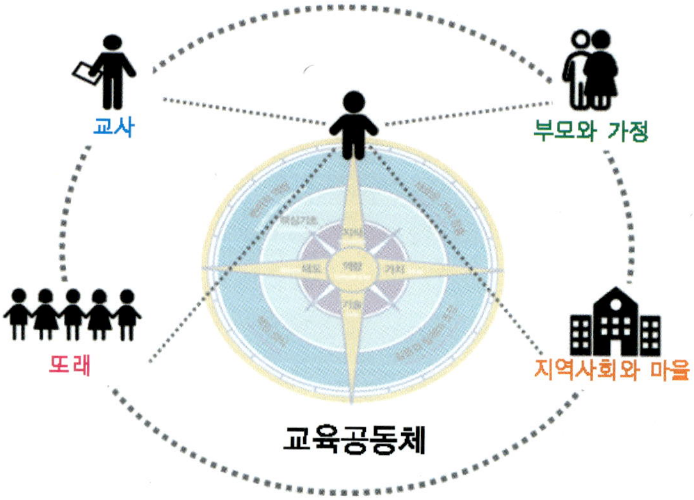

[그림 10-1] 유아교육 공동체

1. 부모 및 가정과 협력적 관계 맺기

'2019 개정 누리과정'의 성격에 "유아, 교사, 원장(감), 학부모 및 지역사회가 함께 실현해 나가는 것을 추구"할 것이 제시되어 있고, 가정과 지역사회의 협력과 참여에 기반하여 교육과정을 운영하는 편성 · 운영 지침이 마련되어 있다. 이전 시기의 누리과정에 부모와 각 기관의 실정에 따라 부모교육을 실시한다는 내용으로 부모참여와 지원에 대해 제시되어 있는 것에 비하여 2019 개정 누리과정에서는 보다 적극적으로 유아교육과정 운영에 있어 유아를 둘러싼 구성원들이 힘을 합해 함께 실현해 나가도록 하고 있어 부모와 지역사회의 역할이 보다 커졌음을 알 수 있다. 다음 [그림 10-2]는 '2019 개정 누리과정'에 대하여 학부모를 대상으로 카드뉴스를 통해 홍보하고, 원격수업 시 학부모를 지원할 수 있는 내용으로 누리과정 포털 사이트에 탑재된 자료이다.

[그림 10-2] 개정 누리과정 부모 홍보 및 지원 자료

출처: i-누리 - 누리과정 포털 사이트(https://www.i-nuri.go.kr/).

유아교육과정의 경우에는 학부모와의 협력이 교육과정 운영의 중요한 원리로 작용해 왔고, 우리나라 유치원도 과거부터 교육과정을 운영함에 있어 학부모의 참여를 적극 활용해 왔다. 어린 유아를 대상으로 하는 기관의 특성상 가정과 학부모와의 의사소통이 곧 교육과정 운영에 지대한 영향을 끼쳤기 때문에 부모교육, 부모참여, 부모상담 등 다양한 방식으로 협력해 왔다(김희진, 2017). 3장에서 학습한 바와 같이 가정과의 연계 및 부모교육 실시에 대한 내용은 3차 유치원 교육과정부터 현재에 이르기까지 운영 지침에 제시되어 왔다. 지역사회와의 연계는 1차에서 간략히 언급된 이후 2차부터 2007 개정까지는 제시되지 않았다가 누리과정부터 강조되기 시작하였다.

영유아교육과정의 목표는 영유아의 건강한 성장과 발달을 추구하는 전인교육에 있으므로 영유아를 둘러싼 가족의 요인은 기관에서 교육과정을 운영하는 데 있어 중요한 영향을 미친다. 영유아의 성장은 주변 환경과 밀접한 관련을 맺으며 이루어지므로 바른 인성과 민주 시민의 기초를 형성해 가는 사회화 과정 속에서 가정과 기관은 상호 보완적인 역할을 수행한다. 가족과 기관은 구조와 성격이 크게 다르고, 영유아에 대한 요구사항과 기대치가 다르다. 부모의 양육을 받고 자라 온 영유아는 첫 번째 교육기관인 유치원과 어린이집에서 사회화 경험을 시작하고 이 과정에서 가정과 기관의 긴밀한 의사소통을 통해 영유아의 성장과 발달을 지원한다. 긍정적이고 협력적인 의사소통을 통해 영유아가 기관 생활에 잘 적응할 수 있고 교육과정의 효과적인 운영을 돕는다.

교육과정 운영에 있어서 유아교육기관과 부모의 파트너십은 관점에 따라 차이를 보인다. 만일, 학부모와 가정에서 유아교육기관에서 일방적으로 교육한다고 생각하거나, 교사와 원장(감) 등 교육자들이 유아와 부모를 교육 수요자로만 생각하여 가정과 분리된 것으로 본다면 유아의 입장에서는 가정과 유아교육기관은 단절된 공간이자 시간일 것이다. 학부모가 교사와 교육기관에 대해 신뢰가 부족하거나, 학부모의 높은 교육열과 교사의 입장에서 지나친 요구를 할 경우, 교사의 신념과 부모의 요구 간 불일치, 의사소통 문제(배율미, 조유진, 2014; 안지혜, 2012, 이채영, 2020; 정계숙, 2011) 등은 유아교육기관과 가정 간의 긍정적인 관계를 위협하는 요소이므로 이를 개선하기 위한 개인적·정책적인 노력하에 모두의 협력이 필요하다.

유아를 둘러싼 유아교육기관과 가정에서 서로를 협력적인 교육과정의 구성원으로 본다면, 유아의 교육과 발달을 함께 책임지는 파트너로 여기게 되어 자연스럽게 긍정적인 효과가 나타날 것이다. 파트너는 유아에 대한 공동의 관심과 책임을 인식하고 유아를 위한 더 나은 기회를 제공하고 유익한 프로그램을 만들기 위해 협력하는 관계로 교육과정 운영의 효과를 증진시키는 데 도움을 준다(Epstein, 2010). 유아교육기관과 가정이 신뢰를 바탕으로 동반자적인 관계를 형성하여 유아에게 일관된 교육을 제공할 때 유아교육과정의 효과가 가장 크다(Reynolds, Magnuson, & Ou, 2010; Tan & Goldberg, 2009).

부모 및 가족이 교육과정 운영에 참여하도록 운영위원회 제도가 마련되었다. 2009년 교육부는 질 높은 유아교육 서비스 제공, 생애 초기 출발점 평등 보장, 선진 유아교육 기반 마련의 목표를 가지고 유아교육선진화를 추진하였고, 이러한 배경에 따라 유치원 운영의 투명성과 책무성을 강화하며, 유치원 운영에 대한 주요 사항을 교원 및 학부모가 심의 또는 자문하는 것을 목적으로 유치원운영위원회를 통해 교육과정 전반의 의사결정을 내린다. 「유아교육법」(제19조의3)에 의하면 유치원 운영의 자율성을 높이고 지역의 실정과 특성에 맞는 다양한 교육을 창의적으로 실시할 수 있도록 하기 위해 유치원에 유치원운영위원회를 두어야 하고, 운영위원회 구성은 해당 유치원의 교원 대표 및 학부모 대표로 구성하고 유치원 교육과정 및 운영관리 전반에 대한 내용을 결정하고 심의하게 되어 있다. 유치원운영위원회 위원의 업무로는 유치원 규칙, 환경 점검, 교육계획서 검토, 안건 점검, 발전 계획서 수립 등 교육과정 운영과 관련되어 있다(서울학부모지원센터, 2020).

어린이집에서는 「영유아보육법」(제25조)에 의거하여 어린이집 원장, 보육교사 대표, 학부모 대표 및 지역사회 인사로 구성된 어린이집운영위원회를 구성하고 연 4회 이상 회의를 진행하여 어린이집과 지역사회 협력에 관현 사항을 논의해야 한다.

어린이집 보육과정 운영 지원 및 관리 · 감독을 위해 부모 모니터링, 참관, 열린 어린이집 제도 등이 운영되고 있다. 먼저, 부모, 보육 · 보건 전문가로 구성된 부모 모니터링단(「영유아보육법」 제24조의2)은 어린이집 급식, 위생, 건강 및 안전관리 등 운영 상황 모니터링, 어린이집 보육환경 개선을 위한 컨설팅 등을 통하여 어린이집 보육과정 운영을 지원한다. 보호자의 어린이집 참관(제25조3)이 가능한데 보호자는 영유아의 보육환경 · 보육내용 등 어린이집의 운영 실태를 확인하기 위하여 어린이집 원장에게 어린이집 참관을 요구할 수 있다. 열린어린이집 제도 운영을 통하여 영유아 부모의 참여가 활발히 이루어질 수 있도록 어린이집을 개방하여 운영하는 기관이 있다. 어린이집의 물리적 공간 구성, 보육 프로그램, 어린이집 운영 전반에서 확대되고 발전된 형태의 부모 참여를 지향한다(보건복지부, 육아정책연구소, 2015).

엡스타인(Epstein, 2010)은 부모 및 가족과 함께 파트너십을 구축하여 교육과정을 운영하는 방식을 다음과 같이 제시하였다. 가정 문화 이해 및 양육(parenting), 의사소통(communicating), 자원봉사(volunteering), 가정 학습(learning at home), 의사결정(decision making), 지역사회 협력(collaborating with community)이다. 유아교육기관에서는 다양한 부모참여를 통하여 부모를 직접 지원하는 것뿐 아니라 유아와 교사 또한 교육과정 운영에서 도움을 받아 시너지 효과를 낼 수 있다는 것을 인식하고 적용해야 한다.

첫째, 교사는 가정에서의 양육 정보를 공유받아 가족의 배경, 문화, 관심사, 목표, 필요를 이해하고 이를 토대로 유아의 견해, 다양성을 받아들여 교육과정에 반영할 수 있다. 유아교육기관에서는 가정에서 부모가 유아에게 적합한 환경을 조성하도록 지원하고, 양육에 대한 정보를 제공하고 이를 기관과 공유할 수 있도록 기회를 마련해야 한다. 유아는 가족의 지지를 바탕으로 유아교육기관에 잘 적응할 수 있고, 가족과 기관 모두를 존중하는 태도를 형성할 수 있다. 부모는 육아에 대한 이해과 자신감을 향상시킬 수 있고 유아가 다니는 기관에 따라서 가정에서 역할이 어떻게 변화해야 하는지 인식할 수 있다. 또한, 다른 학부모의 어려움도 인식하면서 지지의 기반을 마련한다.

둘째, 교사는 가족과 다양한 방법으로 명확하게 의사소통할 수 있는 능력을 갖추어야 한다. 부모 네트워크를 활용하고, 교육과정 진행에 있어 가족의 견해를 이끌어 내고 이해하려는 노력이 필요하다. 또한, 유아교육기관 프로그램과 유아의 발달 및 성취에 대해 기관과 가정이 양방향으로 효과적인 의사소통을 할 수 있도록 노력해야 한다. 가정통신문 등을 활용하여 부모와의 의사소통에 활용할 수 있는데, 부모의 입장에서 자료의 가독성과 접근성, 명확성을 고려하여 제공해야 한다. 최근

코로나 19로 인하여 유아교육기관에서 원격수업이 이루어지고 있으므로 기존의 편지 형태의 가정통신문을 전달하기에는 어려움이 있다. 그러므로 유아교육기관 홈페이지, SNS, 이메일, 스마트폰 어플리케이션, e-알림장 등 부모가 접근할 수 있는 방식으로 다양한 채널을 활용하여 소통하고자 하는 노력이 필요하다.

셋째, 교육과정 내에 부모 조력과 지원 프로그램을 마련하고, 부모 자원봉사를 모집하고 행사에 참여하도록 제안한다. 봉사 방식을 다양하게 하고 일정을 유연하게 제공하여 맞벌이 가정 부모도 참여 가능하도록 배려가 필요하다. 단순히 업무를 지원하는 측면에서 나아가 자원봉사 역할을 수행하는 학부모는 기관의 목표와 유아의 학습 및 발달을 다양한 방식으로 지원할 수 있고, 자유롭게 참여할 수 있도록 기관의 조율이 필요하다. 다양한 기술과 재능, 직업을 가진 부모 및 자원봉사자와의 교류를 통하여 유아는 성인과 의사소통하는 기술을 향상시킬 수 있을 것이다. 자원봉사에 참여하는 부모는 유아교육기관의 운영 상황과 교사에 대해 보다 이해할 수 있게 되고, 기관에서 자원봉사의 역할이 소중하다는 인식을 통해 교육과정 운영을 지원하는 중요한 역할임을 인식한다. 교사의 역할은 기관과 유아에 대한 부모의 관심과 참여를 바탕으로 부모의 재능을 발휘할 수 있도록 지원하는 것이다.

넷째, 가정 학습은 교육과정과 연계하여 가정에서 유아를 어떻게 도울 수 있을지 정보와 아이디어를 제공하는 것으로, 기관에서는 정기적으로 유아가 기관에서 경험하고 있는 놀이와 학습의 내용에 대해 가정에서 알 수 있도록 방법과 일정에 대한 정보를 제공해야 한다. 유아는 가정에서 교육과정과 연계된 학습을 통하여 교육과정과 일상생활을 연결하는 경험을 할 수 있는데, 가정에서 격려, 경청, 반응, 칭찬, 지도, 토론, 모니터링 등의 방식으로 유아의 학습을 지원할 수 있다. 또한, 유아는 기관에서의 놀이와 활동을 가정에서 심화시키고 이를 통해 기술과 능력이 발달하며, 새로운 것을 배워 나가는 학습자로서의 자기 개념을 향상시킨다. 가정에서는 교육 프로그램에 대한 이해를 토대로 교사에 대한 감사를 느끼고, 학습자로서 유아의 역량에 대한 인식이 증진된다. 교사는 교육과정-가정 연계 시 가족의 시간을 존중하여 구성하고, 한부모 및 다문화 등 다양한 형태의 가족이 가정 학습의 동기를 부여받고 학습의 의지를 강화하기 위한 방법을 고안하여 제공해야 한다.

다섯째, 부모회, 운영위원회 등 부모가 참여하는 단체에서 유아교육기관 정책 및 주요 의사결정 과정에 참여한다. 학부모 대표가 리더 역할을 수행하기 위한 교육 제공, 모든 학부모와 원활한 의사소통을 할 수 있도록 지원할 수 있다. 유치원운영위원회에서도 위원의 자질과 직무수행능력의 향상을 위한 연수를 제공하도록 「유아교육법」(제19조의6)에 제시되어 있다. 유아교육과정 운영을 위한 공동의 목표를 수립하고 서로의 견해를 나누고 정책 결정 과정에 참여하는 의사결정 파트너십을 발휘할 수 있도록 제반 여건을 마련해야 한다. 유아는 기관의 중요한 결정에 부모가 함께 참여하고, 유아 자신의 권리가 보호된다는 것을 인식할 수 있으며, 학부모의 입장에서는 주인 의식을 가지고 자녀의 교육에 영향을 미치는 정책을 결정하기 위해 노력을 기울인다. 교사는 유아교육기관 정책 개발 및 결정에 있어 부모의 관점을 인식하고 운영위원회의 구성원으로서 학부모를 존중한다. 부모-교사가 동등한 입장에서 민주적 의사결정 절차를 거치고 교육과정을 만들어 나간다.

여섯째, 지역사회 자원과 서비스를 활용하여 교육기관의 프로그램을 진행하는데 도움을 받고, 부모참여와 유아 활동을 지원할 수 있다. 지역사회로부터 유아교육기관 운영 관리의 전반적 문제 해결 지원을 받을 수 있고, 멘토링이나 컨설팅 등 커뮤니티 프로그램을 연계하여 진행할 수 있다. 건강가정지원센터 등 유관기관과 협력하여 가족서비스와 통합된 교육과정을 운영할 수도 있다. 지역사회와 커뮤니티는 특별한 기관에 국한되는 것이 아니라 유아를 둘러싼 모든 이웃을 의미한다. 교육의 질 향상에 관심이 있고 영향을 주고받는 모든 사람으로 구성되며, 교육부에서도 "모든 아이는 우리 모두의 아이"라는 슬로건하에 지역기관에서도 육아의 책임을 분담하고자 노력하고 있다. 유아는 기관 내외 지역사회의 풍부한 교육과정을 제공받는 혜택을 누리면서 미래의 사회와 교육에 대해 경험하고, 직업에 대한 인식을 확장할 수 있다. 학부모는 지역사회 활동을 통하여 다른 가족과 교류하고, 지역사회에서 유아교육기관의 역할에 대해 인식하며, 지역사회가 기관에 어떠한 역할을 제공하는지 알 수 있게 된다. 교사는 질 높은 교육과정 운영을 위하여 지역사회 자원에 대한 인식을 가지고 도움이 필요한 유아 및 가족을 지역사회와 연계시켜 주는 교각의 역할을 할 수 있다. 예비교사를 양성하는 것도 사회공헌과 미래 유아교육을 위한 노력의 일환으로 인식하여 교육실습 강화를 위해 일조하는 것도 의미 있는 일일 것이다.

2. 지역사회 공동체를 통하여 협력적 관계 맺기

'OECD 교육 2030'에서는 교사–영유아–또래–학부모–지역사회가 상호작용하는 협력적 주체성을 언급하면서 지역사회의 역할을 강조한다(최수진 외, 2019). 유아교육과정은 학부모, 교사, 또래, 지역사회 등 사회문화적 맥락을 고려하여 운영되어야 하고 물리적 환경 중 하나인 지역사회 기반은 유아에게 좋은 교육적 자원이다. 일반적으로는 영유아교육기관은 교육과정을 운영하면서 교육주제와 관련 있는 지역사회기관에 현장학습을 가는 등 지역사회 자원을 연계 및 활용한다. 또한, 지역사회기관의 전문가 및 자원봉사자가 재능과 지식을 정기적으로 기부하거나 예술단체가 학교의 유휴 공간에 입주하여 예술교육을 지원하는 등 지역사회가 영유아교육기관에 직접 참여 및 기여할 수 있다. 또는 자발적인 마을도서관이나 마을학교를 주민자치로 설립 · 운영하는 등 지역사회 구성원이 영유아의 돌봄과 학습을 지원하는 제3의 공간을 자치적으로 마련하고 운영할 수 있다.

최근 서울시교육청에서는 교육을 학교 밖 어린이의 삶의 현장으로 확대하기 위해 '마을결합형학교 교육과정'을 운영하고 있다. '마을결합형학교'는 마을을 담은 학교로서, 지역사회의 인적 · 물적 자원을 학교교육에 다양한 방식으로 활용하는 열린학교이다. 학교교육과정에 마을교육과정이 포함되면서 교육과정 운영주체는 학생, 교원, 학부모에 추가로 마을주민이 포함되며, 마을교육전문가도 정규교육과정이나 방과후학교의 강사로 활동한다. 학습 장소는 교실에서 마을 공간으로 확장되고, 교육내용은 교과지식에 마을의 삶이 포함된다(임종근, 2020). 학교와 마을이 함께 협력적 주체성을 발현하는 교육 공동체를 이루기 위해 마을을 어린이의 배움터로 활용하며, 어린이가 주체성을 갖는 교육과정을 운영함으로써 어린이, 학교, 마을이 함께 성장하는 행복한 교육 공동체를 지향해 간다.

마을교육 공동체의 대표적인 모델로 OECD 선정 세계 5대 유아교육과정 중 하나인 레지오 에밀리아 접근법을 들 수 있다. 2장에서 살펴본 바와 같이 레지오 에밀리아 접근법은 부모와 지역사회의 적극적인 참여로 프로그램이 진행된다. 지역 정부의 교육에 대한 헌신을 바탕으로 유아에 대한 투자는 중요한 문화적 · 사회적 투자라는 점을 모토로 하여 지자체 예산의 약 40%를 교육 부문에 할당하는 등 유아교육을 중시하는 사회문화적 배경을 가지고 있다. 지역사회 시민과 부모의 지속적인 참여와 관심은 레지오 에밀리아 학교의 철학을 반영하는 것으로 '유아, 교사, 부모, 학교와 그 학교가 속한 지역사회 간의 관계 시스템'을 추구한다. 지방자치단체, 교사, 페다고지스타, 교직원, 부모, 자문위원회 등으로 구성된 학교 공동체는 학교교육의 목표에 대해 정기적으로 논의하고 이에 따라 연간 프로그램은 유아의 흥미, 관심, 교육 기회를 고려하여 유아와 교사에 의해 실행된다(OECD, 2004).

누리과정에서도 지역사회는 유아의 다양한 경험을 지원하는 풍부한 자원이므로 유치원과 어린이집에서 유아들이 지역사회의 여러 기관이나 장소를 직접 경험하면서 지역사회에 관심을 가질 수 있도록 지원해야 한다고 제시되어 있다(교육부, 보건복지부, 2019). 지역사회 특성에 따라 문화예술단체와 시설, 공공기관 및 지역 인사 등을 활용하여 유아의 경험을 확장할 수 있는 기회를 마련하고 지원할 수 있으며, 이 과정은 교육과정과 통합하여 운영해야 한다. 유치원과 어린이집을 지원하는 공공기관과의 상호 협의를 통해 누리과정 운영이 원활히 이루어질 수 있도록 조력해야 한다.

다음은 이화어린이연구원에서 2013년부터 지속되고 있는 '빨간염소 프로젝트(Donating a Red Goat') 사례로 유아교육기관, 부모, 지역사회가 파트너십을 발휘하여 마을교육 공동체가 함께 만들어 가는 교육과정이라고 할 수 있다(OMEP resourcebank, 2020). 만 5세 유아가 생산활동을 통해 수익을 창출하고, 국제 구호 NGO인 Save the Children을 통해 빨간염소를 구입하여 아프리카 가정과 어린이들을 지원하는 프로젝트이다. 이 프로젝트를 통해 유아들은 바람직한 생산, 소비, 분배에 대해 알게 되며, 더 나아가 가난, 생존, 아동권리 등을 포함한 사회적 이슈에 관심을 가지고, 문제를 해결하기 위해 해결책을 고안하고 이를 실천하게 된다.

도입 단계에서는 졸업한 어린이가 물려준 종잣돈을 확인하고 선배들이 했던 일을 알아본 뒤 다시 수익을 창출하여 어려운 사람들에게 기부하기로 하였다. 기부의 의미와 필요성에 대해 알아보고 기부하고 싶은 곳을 각자 조사하는 과정을 통하여 도움이 필요한 많은 곳이 있음을 알게 된 유아들은 학급 토론을 통해 Save the Children이 주최하는 프로젝트인 '빨간염소 보내기'에 지속적으로 참여하기로 하였다. 유아들은 스스로 만들 수 있는 제조품 아이디어를 내고, 해당 학급 및 전체 기관의 가정으로부터 천, 단추, 퍼즐 조각, 고장난 놀잇감, 빈 병 등을 기부받았다. 재료를 살펴보며 만들 수 있는 품목을 정하고, 추수감사 예배 후 남은 과일로 만들 수 있는 것에 대한 아이디어도 모아 보았다.

전개 단계에서 유아들은 자신이 만들고 싶은 재료를 선택하여 원하는 상품을 만들었다. 남은 과일로는 잼이나 차를, 소품으로는 브로치와 머리띠 등을 만들고 부족한 재료가 있다면 직접 구매를 하기도 하는 등 학급 구성원 모두가 제작에 참여하였다. 바자회의 이름을 정하고 간판과 홍보 포스터 제작 및 판매대와 거스름돈을 마련하는 등 바자회 준비를 하면서 유아들은 자연스럽게 상품의 생산과 판매를 위한 많은 노력이 필요함을 알게 되었다. 바자회를 개최하여 기관의 모든 유아와 가족을 초대하였다. 재료를 모으는 과정에서 물품을 기부하며 참여했기 때문에 다른 학급의 부모와 가족 구성원 역시 이 프로젝트에 관심이 높고 기꺼이 구매에 참여하였다. 후배 유아들은 바자회를 둘러보며 자신이 성장하여 프로젝트에 참여하고 생산활동에 기여할 것이라는 기대를 가지게 되었다.

마무리 단계에서는 바자회가 종료된 후 정산을 통하여 총 수익금을 알아보고, 유아들이 정한 곳에 기부를 하였다. 연말에는 기관 전체가 참여하는 음악회를 통하여 바자회의 준비 과정, 판매 수익, 기부 결과를 공개하였다. 참여했던 유아들은 발표를 통하여 성취감을 느끼고, 기관 전체 가족들은 프로젝트에 참여하며 공동체 의식을 발전시키는 기회가 되었다. 기부 후 남은 금액을 만 4세 동생들에게 종잣돈으로 물려주며, 내년에도 이 돈을 활용하여 사회를 위해 공헌할 수 있기를 기대하였다.

3. 학습 공동체를 통한 교사들의 관계 맺기

교사는 교육과정 파트너십을 기획하고 조율하는 중요한 역할을 한다. 실제로 유아교육현장에서 교사들은 공식적인 회의를 통하여 교육과정을 계획, 실행, 재수정, 보완해 나가며, 비공식적으로도 동료 교사와 함께 교육과정 운영에 대해 논의하고 도움을 받는다. 교사가 교육과정을 운영함에 있어 어려움에 부딪혔을 때 조언을 받기도 하고, 원장(감)과의 협의와 컨설팅을 통하여 교사로서 성장해 나가며, 고경력자 교사와 저경력자 교사 간 자연스러운 멘토링이 이루어지기도 한다. 또한, 원내 장학이나 교육청 컨설팅 등 지원을 통해 지속적으로 교육과정 개선을 위해 노력한다.

교육과정 파트너십 측면에 있어서 교사는 유아, 부모 및 가정, 지역사회 등 여러 구성원들과 협력하며 교육과정 운영에 도움을 받고 함께 만들어 나간다. 유아교육기관의 교직원은 교육과정 실행 주체로서, 각 학급의 교육과정 책임자는 담임교사이지만, 동료 교사 및 원장/감 등 운영자와의 협력을 통해 교육철학을 실현하고 함께 구축해 나가며 교사로서의 전문성을 향상시킨다. 교원 역량 강화를 위해서 전문성 신장을 위한 외부 기관 연수, 원내 자율 장학, 수업 컨설팅, 수업 연구, 동료 장학 및 자기 장학 등의 방법이 활용되어 왔다.

'2019 개정 누리과정'이 개정되면서 각 유아교육기관은 자율성을 바탕으로 놀이중심교육을 적극적으로 실천하게 된다. 놀이중심교육을 올바르게 이해하여 실천하고 교사가 자율성을 가지고 교육과정을 운영하기 위해서는 무엇보다 스스로 판단하고 실행하는 전문성이 필요하다. 교사 학습 공동체나 교사연구모임 등은 현장사례중심으로 교사의 현실적 문제를 파악하고 해결해 나가는 과정으로 이루어져 교사의 역량 강화에 도움이 된다. 원내외 다양한 배경을 가진 교사와 함께 사례를 공유하고 토론하는 과정을 통하여 의사소통 기술을 향상시키고, 협력적 조직문화를 형성할 수 있다.

교사학습 공동체(teacher learning community)에 대한 정의는 다음과 같다. 서경혜(2015)는 교사의 전문성 신장과 학생들의 학업 증진을 위해 끊임없이 연구하고, 비판적으로 탐구하며, 협력적으로 실천하는 교사들의 결속체라고 정의하였다. McLaughlin과 Talbert(2006)는 교사학습 공동체란, 교사들이 그들의 교수능력과 학생들의 학업 증진을 위해 그들의 실천을 공동으로 반성하고, 관련된 자료를 함께 검토하고 연구하면서 교직문화 개선을 위해 협력적으로 실천하는 집단으로 정의하였다.Sergiovanni와 Starratt(2007/2008)은 교사학습 공동체를 교사들이 함께 그들의 교육적 실천에 대해 비판적으로 반성하고 이를 개선하고자 그들의 지식과 경험을 공유하고, 협력적으로 학습히며, 학생들의 학업을 향상시키고자 노력하는 협력적인 공동체로 정의하였다. 교사학습 공동체에 대한 정의를 종합하여 유아교육기관에 적용하면, 교사들이 함께 협력적으로 학습하는 과정을 통해 교육적 실천에 대해 반성하고 전문성 신장을 위해 연구하고 노력하는 집단이자 함께 보내는 시간 그 자체라고 할 수 있다.

이상에서 살펴본 바와 같이 교육과정은 혼자 운영할 수 없으며, 유아를 둘러싼 가족, 부모, 교사, 지역사회 등 공동체가 함께 파트너십을 발휘하여 서로의 역량을 모아야 한다. 학부모의 교육과정 운영 평가에 따라 유아교육기관의 교육자들은 교육과정 계획을 수립하고 학부모와 지역사회 인사의 의견을 바탕으로 점검하여 교육과정을 실행한다. 교육과정 운영 중에 학부모와 지역사회가 유기적으로 참여할 수 있도록 하고 지속적인 의사소통을 통하여 상호 협력한다. '2019 개정 누리과정'에서는 놀이중심 교육과정 운영이 중시되므로 유아의 놀이와 성장에 대해 주기적으로 학부모에게 알리고 가정에서도 기관의 철학과 교육목표에 부합되도록 일관된 교육을 지원해야 한다.

활 · 동

* 어느 유치원에서는 매해 연말마다 바자회를 열어왔습니다. 올해는 형님반이 된 유아들이 자발적으로 바자회를 준비하고 싶어 했습니다. 유아들이 주체가 되어 열리는 바자회, 그 과정에서 교육 공동체 각 주체들의 목소리는 어떻게 반영되었을까요? 다음 동영상 자료를 시청하고 어떤 주체들이 자신의 목소리를 내었고, 이 목소리가 어떻게 반영되어 함께 문제를 해결하였는지 찾아봅시다(교육부, 2020, p.159).

주체	공동체의 목소리를 반영하기 위한 노력

부록

<부록 I> 우리나라 유치원교육과정의 목차

차수/연도	총론 또는 해설서의 구성 체제
1차(1969) 유치원교육과정	제1부. 총론 1. 교육과정 제정의 취지 – 유치원 교육의 필요성 / 유아기의 특징 2. 교육과정 구성의 일반 목표 3. 교육과정의 편성 – 교육과정의 조직 / 교육일수와 시간 / 교육과정의 운영 제2부. 각론 – 영역별 목표와 지도 내용 – 지도상의 유의점
2차(1979) 유치원교육과정	제1장 교육 과정 구성의 일반 목표 1. 기본 방침 – 국민적 자질의 함양 / 인간 교육의 강화 / 지식 · 기술 교육의 쇄신 2. 일반 목표 – 자아실현 / 국가 발전 / 민주적 가치의 강조 제2장 유치원 교육 과정 1. 일반 목표 / 2. 구성 방침 / 3. 편제와 교육 일수 및 시간 / 4. 운영 지침 제3장 유치원 교육의 내용(발달영역별 목표와 내용)
3차(1981) 유치원교육과정	제1장 교육과정 구성의 방향 제2장 유치원 교육 과정 1. 교육 목표와 편제 / 2. 영역별 목표와 내용
4차(1987) 유치원교육과정	제1장 교육 과정 구성의 방향 제2장 유치원 교육 과정 1. 교육 목표 / 2. 편제와 시간 / 3. 운영 지침 / 4. 영역별 목표 / 5. 지도상의 유의점
5차(1992) 유치원교육과정	제1장 교육 과정의 편성과 운영 1. 성격 / 2. 구성 방침 / 3. 구성 중점 / 4. 영역과 시간 / 5. 편성 · 운영의 기본 지침 제2장 교육 과정의 영역 1. 영역별 목표 및 내용 / 2. 방법 / 3. 평가
6차(1998) 유치원교육과정	교육 과정의 성격 제1장 교육 과정의 편성과 운영 1. 구성 방향 / 2. 목표 / 3. 영역과 시간 / 4. 편성 · 운영 지침 제2장 교육 과정의 영역 1. 영역별 목표 및 내용 / 2. 교수 · 학습 방법 / 3. 평가

차수/연도	총론 또는 해설서의 구성 체제
(2007 개정) 유치원교육과정	제1장 교육과정의 이해 제2장 유치원 교육과정 개정의 배경 및 중점 제3장 유치원 교육과정의 편성 · 운영 1. 구성의 방향 / 2. 교육 목적과 목표 / 3. 영역과 시간 / 4. 편성 · 운영 지침 / 5. 교수 · 학습 방법 및 평가 제4장 신 · 구 교육과정의 비교
(2011) 5세 누리과정 (3–4세 육과정)	교육과정의 성격 제1장 5세 누리과정 1. 구성(구성 방향, 목적, 목표) 2. 영역(5개 영역별 내용 체계, 세부 내용) 제2장 만 3–4세 교육과정 1. 편성과 운영(구성의 방향, 목적과 목표, 영역과 시간, 편성 · 운영 지침, 교수 · 학습 방법 및 평가) 2. 영역(5개 영역별 성격, 목표, 내용, 지도상의 유의점)
(2012/2015) 3–5세 누리과정	제1장 누리과정의 총론 1. 구성 방향 / 2. 목적과 목표 / 3. 편성과 운영 제2장 연령별 누리과정 1. 3–5세 연령별 누리과정의 영역별 목표 2. 3–5세 연령별 누리과정의 영역별 내용
2019 개정 누리과정	제1부 누리과정의 이해 1. 제정과 개정 / 2. 국가 수준 교육과정으로서 누리과정 / 3. 개정의 취지 4. 주요 개정 내용 / 5. 구성 제2부 총론 해설 1. 성격 / 2. 구성방향 / 3. 운영 제3부 영역별 목표 및 내용 해설

※ 총론이 있는 1~6차 유치원교육과정은 총론의 목차를 기반으로 작성하였고, 해설서만으로 구성된 2007 개정 유치원교육과정 이후의 교육과정은 해설서의 목차를 기반으로 작성함

※ 5차 유치원교육과정부터 2007 개정 유치원교육과정의 해설서에는 과거 교육과정과의 비교가 상세히 제시되어 있음

〈부록 2〉 신체운동·건강 영역의 목표 수와 핵심 내용

	수	핵심 내용	
1차(1969) 유치원교육과정	3	• 자신의 몸에 대한 관심	• 튼튼하게 생활할 수 있는 습관과 태도
		• 기초적인 운동 능력	• 안전에 필요한 습관과 태도
		• 생명의 존엄성 자각	
2차(1979) 유치원교육과정	4	• 신체 각 기관 발달 촉진	• 지각 · 운동 능력 함양을 통한 기관 간 협응
		• 놀이를 통한 초보적 운동능력 신장	• 개인위생, 영양, 보건에 관한 바른 생활습관
		• 안전에 필요한 기초 지식과 능력 신장	• 사고를 예방할 능력과 태도
3차(1981) 유치원교육과정	3	• 감각기능 발달을 통한 환경 지각 능력 신장	
		• 대 · 소근육 및 감각 운동 협응력 함양	• 신체 조정 능력
		• 개인위생, 영양, 보건에 관한 바른 생활습관	•
4차(1987) 유치원교육과정	3	• 감각기능 발달과 감각 · 운동 간의 협응	• 환경 지각 능력 함양
		• 대 · 소근육 및 감각 운동 협응력 함양	• 개인위생, 영양, 보건에 관한 바른 생활습관
5차(1992) 유치원교육과정	3	• 기본 감각 · 운동기능과 신체 조절능력 함양	• 건강한 생활습관 기름
		• 안전생활에 필요한 기초 지식과 방법 익힘	
6차(1998) 유치원교육과정	4	• 신체활동과 감각 경험을 통해 신체와 주변 세계 인식	• 기본운동 능력과 기초 체력 증진
		• 건강하고 안전한 생활 습관 가짐	• 신체활동 참여를 통한 건강한 정신 기름
(2007 개정) 유치원교육과정	4	• 몸과 주변 세계에 대한 긍정적 인식 가짐	• 기본운동능력과 기초 체력 기름
		• 건강한 몸과 마음 기름	• 안전한 생활 습관 가짐
(2012/2015) 3-5세 누리과정	5	• 감각 능력 기르고 신체에 대한 긍정적 인식	• 신체조절하여 기본 운동능력 기름
		• 신체활동에 즐겁게 참여	• 건강한 생활습관 기름
		• 안전한 생활습관 기름	

	수	핵심 내용	
2019 개정 누리과정	3	• 신체활동에 즐겁게 참여	• 건강한 생활습관 기름
		• 안전한 생활습관 기름	

※ 하나의 목표 서술에 하나 이상의 목표가 내포되면 분리하여 핵심 내용에 서술함

※ (2011) 3-4세 교육과정의 영역별 목표는 2007 개정 유치원교육과정과 동일하므로 (2011) 3-4세 교육과정의 목표 분석은 생략함

※ (2011) 5세 누리과정은 영역별 목표를 제시하지 않고 생략했음

〈부록 3〉 의사소통 영역의 목표 수와 핵심 내용

	수	핵심 내용	
1차(1969) 유치원교육과정	4	• 듣는 능력과 태도	• 말하는 능력과 태도
		• 말의 차례에 따라 표준말 하는 능력과 태도	
		• 책을 즐겨 보고 이야기함	
2차(1979) 유치원교육과정	5	• 생활에 관한 어휘와 구문 이해 및 활용 능력	• 일상에 관한 사물/사상에 대한 의미 파악
		• 대화의 상대나 상황에 따라 말할 능력과 태도	• 경험한 것을 타인과 의견 교환하는 능력과 태도
		• 언어적 표현의 이해와 다양한 표현 능력	
3차(1981) 유치원교육과정	4	• 소리와 말을 지각, 변별, 발음할 능력 함양	• 일상 어휘와 문장 이해 및 활용 능력
		• 타인의 말 이해 및 의견 교환할 능력과 태도	• 글자의 기초가 되는 모양 익힘
4차(1987) 유치원교육과정	4	• 말소리 차이 변별, 발음할 능력 함양	• 일상 어휘와 문장 이해 및 활용 능력
		• 타인과 의견 교환 능력 함양	• 글자의 기초가 되는 모양 익힘
5차(1992) 유치원교육과정	3	• 타인의 말을 듣고 이해하는 능력과 태도	• 자신의 생각/느낌을 말로 표현하는 능력과 태도
		• 읽기와 쓰기에 관심 가짐	
6차(1998) 유치원교육과정	4	• 타인의 말을 듣고 이해하는 능력과 태도	• 자신의 생각/느낌을 말로 표현하는 능력과 태도
		• 읽기와 쓰기에 관심 가짐	• 바르게 듣고 말하는 태도
(2007 개정) 유치원교육과정	4	• 화자의 의도를 고려하여 듣고 이해함	• 생각과 느낌을 적절히 표현함
		• 주변 글자와 책과 친숙해져 읽기에 관심	
		• 글자의 기능 인식	• 생각과 느낌을 그림/글로 표현하는 데 관심
(2012/2015) 3-5세 누리과정	4	• 타인의 말을 듣고 이해하는 능력과 태도	• 자신의 생각과 느낌을 말하는 능력
		• 주변 글자와 책과 친숙해져 글자 모양 인식하고 읽기에 흥미	• 말과 글의 관계 알고 생각/느낌/경험을 글로 표현하는 데 관심

	수	핵심 내용	
2019 개정 누리과정	3	• 일상에서 말하고 듣기 즐김	• 읽기와 쓰기에 관심
		• 책이나 이야기 통해 상상 즐김	

※ 하나의 목표 서술에 하나 이상의 목표가 내포되면 분리하여 핵심 내용에 서술함

※ (2011) 3-4세 교육과정의 영역별 목표는 2007 개정 누리과정과 동일하므로, 2011 3-4세 교육과정의 목표 분석은 생략함

※ (2011) 5세 누리과정은 영역별 목표를 제시하지 않고 생략했음

〈부록 4〉 사회관계 영역의 목표 수와 핵심 내용

	수	핵심 내용	
1차(1969) 유치원교육과정	3	• 바람직한 개인생활	• 자주적으로 행동하는 정신과 태도
		• 바람직한 사회생활	• 원만한 인간관계와 협동정신
		• 사회모습에 대한 흥미와 관심	• 사회에 적응하고 이해하려는 태도
2차(1979) 유치원교육과정	4	• 기본예절과 규범 알고 실천하는 능력과 태도	
		• 집단생활에 적극 참여	• 더불어 즐겁게 생활하는 능력
		• 자신감 갖고 참여하기	• 창의적으로 완성하는 성취 의욕 함양
		• 아름다운 사실과 현상에 감동하기	• 다양한 활동으로 창의적으로 표현
3차(1981) 유치원교육과정	3	• 기본예절과 규범 알고 실천하는 능력과 태도	•
		• 집단생활에 적극 참여	• 더불어 즐겁게 생활하는 능력
		• 민주국민의 자질과 나라 사랑 마음 기르기	•
4차(1987) 유치원교육과정	3	• 일상생활에 필요한 기본 습관과 태도	
		• 집단생활에 적극 참여	• 잘 사귀고 즐겁게 생활하는 태도
		• 나라 사랑하는 마음	•
5차(1992) 유치원교육과정	4	• 일상생활에 필요한 기본 습관과 태도	• 생각과 행동 조절 능력
		• 타인과의 관계를 유지하는 능력과 태도	• 지역사회에 대한 관심
		• 환경을 아끼고 보존하는 마음	
6차(1998) 유치원교육과정	4	• 예절, 질서, 아껴 쓰는 생활습관	• 긍정적 자아 개념/ 자기조절 능력
		• 나와 타인의 관계 이해와 협력 / 함께 살아가는 태도	• 사회/환경에 대한 관심과 사회적 적응력
(2007 개정) 유치원교육과정	4	• 자신을 소중히 여기고 스스로 생각하고 행동	• 감정 조절
		• 가족 간의 화목과 협력	• 예절/질서를 지켜 이웃과 더불어 생활
		• 사회현상에 대한 관심 가짐	
(2012/2015) 3-5세 누리과정	5	• 자신에 대한 소중한 마음과 자율성 기름	• 자신과 타인 감정 알고 적절히 표현 / 조절
		• 가족 간의 화목과 협력	• 타인 돕고 사회적 가치(예: 예의, 규칙) 알고 지킴
		• 동네, 우리나라, 다른 나라에 관심 갖기	

	수	핵심 내용	
2019 개정 누리과정	3	• 자신을 이해하고 존중	• 타인과 사이좋게 지냄
		• 사회의 다양한 문화에 관심	

※ 하나의 목표 서술에 하나 이상의 목표가 내포되면 분리하여 핵심 내용에 서술함

※ 2차 유치원교육과정은 사회 · 정서 발달이 통합된 영역의 내용임

※ (2011) 3–4세 교육과정의 영역별 목표는 2007 개정 누리과정과 동일하므로, 2011 3–4세 교육과정의 목표 분석은 생략함

※ (2011) 5세 누리과정은 영역별 목표를 제시하지 않고 생략했음

〈부록 5〉 예술경험 영역의 목표 수와 핵심 내용

	수	핵심 내용	
1차(1969) 유치원교육과정	5	• 느끼고 생각한 것 표현하는 기초적인 기능	• 즐거움과 보람 느끼기
		• 노래와 기악 연주의 기초적인 기능	• 음악에 맞춰 신체 표현하는 기초적인 기능
		• 다양한 자료로 만들기	• 아름다운 것에 흥미와 관심
		• 미적 정서와 창의성 함양	
2차(1979) 유치원교육과정	0	• 2차 유치원교육과정의 사회 · 정서 발달 영역 목표(4) 중 하나에 '창의적으로 완성하는 성취 의욕 함양', '아름다운 사실과 현상에 감동하기', '다양한 활동으로 창의적으로 표현'이 포함됨	
3차(1981) 유치원교육과정	0	• 3차 유치원교육과정의 정서 발달 영역 목표(3) 중 하나에 '아름다움을 보고 감동하며 경험을 창의적으로 표현하는 태도'가 포함됨	
4차(1987) 유치원교육과정	0	• 4차 유치원교육과정의 정서 발달 영역 목표(3) 중 하나에 '사실이나 현상에 대한 느낌과 생각을 창의적으로 표현하는 태도'가 포함됨	
5차(1992) 유치원교육과정	3	• 정서적 안정감과 긍정적인 태도	• 생각과 느낌을 창의적으로 표현
		• 자연과 다양한 작품에 대해 아름다움 느낌	
6차(1998) 유치원교육과정	4	• 자연과 사물의 예술적 요소 탐색 / 호기심	• 다양한 활동으로 생각과 느낌 창의적 표현
		• 예술 활동을 통한 정서적 안정감	• 자연, 사물, 작품 감상 / 감성과 심미감
(2007 개정) 유치원교육과정	3	• 자연과 예술에서 예술적 요소 찾기	• 생각과 느낌을 표현하는 과정 즐김 (음악, 춤, 조형, 미술, 통합적 활동)
		• 사물/자연/예술작품/전통 예술 감상을 통한 감성과 심미적 태도 기름	
(2012/2015) 3–5세 누리과정	3	• 자연과 환경에서 아름다움과 예술적 요소 관심 갖고 탐색함	• 생각과 느낌을 창의적으로 표현하는 것 즐김(음악, 춤, 조형, 미술, 통합적 활동)
		• 자연/예술작품 감상을 통한 감성과 심미적 태도 기름	
2019 개정 누리과정	3	• 자연, 생활, 예술에서 아름다움 느낌	• 창의적으로 표현하는 과정 즐김
		• 다양한 예술표현 즐김	

※ 하나의 목표 서술에 하나 이상의 목표가 내포되면 분리하여 핵심 내용에 서술함

※ 2차–4차 유치원교육과정은 예술경험 영역에 해당하는 영역이 없었음

※ (2011) 3–4세 교육과정의 영역별 목표는 2007 개정 누리과정과 동일하므로, 2011 3–4세 교육과정의 목표 분석은 생략함

※ (2011) 5세 누리과정은 영역별 목표를 제시하지 않고 생략했음

〈부록 6〉 자연탐구 영역의 목표 수와 핵심 내용

	수	핵심 내용	
1차(1969) 유치원교육과정	3	• 동식물 사랑하고 보호하는 마음과 태도	
		• 자연에 대한 흥미와 관심	• 보고, 생각하고, 활용하는 능력과 태도
		• 일상생활에 필요한 간단한 기능	• 생활에 적용
2차(1979) 유치원교육과정	4	• 직접 활동으로 사물, 자연, 자연현상 경험	• 자연에 대한 기본 개념 형성
		• 사회구성원으로 사회 기관 및 시설 활용	• 사회에 대한 기본 개념 형성
		• 조작적 활동을 통한 논리 · 수학적 사고 능력 발달	• 경험을 표상하는 능력 함양
3차(1981) 유치원교육과정	3	• 직접 경험을 통한 자연현상 기본 개념 이해	• 사회 현상 및 기능에 대한 기본 개념 이해
		• 조작적 활동을 통한 논리 · 수학적 사고 능력 발달	
4차(1987) 유치원교육과정	4	• 구체적 경험을 통한 자연현상 기본 개념 이해	• 사회 현상 및 기능에 대한 기본 개념 이해
		• 조작적 활동을 통한 논리 · 수학적 사고 능력 발달	• 활동/놀이를 통한 상상력과 창의력 함양
5차(1992) 유치원교육과정	3	• 환경/자연 현상에 대한 과학적 사고의 기초 능력과 태도	• 조작적 활동을 통한 논리 · 수학적 사고 능력 발달
		• 창의적으로 문제를 해결하는 능력과 태도	
6차(1998) 유치원교육과정	3	• 생활/자연 현상 이해하는 기초적인 탐구능력과 태도	• 구체적인 조작적 활동을 통한 논리 · 수학적 사고 능력 발달
		• 일상의 문제를 창의적으로 탐구/해결하는 태도	
(2007 개정) 유치원교육과정	3	• 사물/자연현상에 대한 호기심과 탐구 태도	• 사물/자연현상에 대한 기초지식 이해 및 탐구 능력
		• 일상의 문제를 논리 · 수학적으로 해결하기 위한 기초 능력	

	수	핵심 내용
(2012/2015) 3-5세 누리과정	3	• 사물/자연현상에 대한 호기심과 탐구 태도 • 생활 속 상황과 문제를 논리 · 수학적으로 이해하고 해결하는 능력 • 사물/생명체/자연현상 탐구를 위한 기초능력
2019 개정 누리과정	3	• 일상에서의 호기심과 탐구 • 일상 속 문제를 수 · 과학적으로 탐구 • 생명과 자연 존중

※ 하나의 목표 서술에 하나 이상의 목표가 내포되면 분리하여 핵심 내용에 서술함

※ (2011) 3-4세 교육과정의 영역별 목표는 2007 개정 누리과정과 동일하므로, 2011 3-4세 교육과정의 목표 분석은 생략함

※ (2011) 5세 누리과정은 영역별 목표를 제시하지 않고 생략했음

〈부록 7〉 각 유치원교육과정별 유치원교육과정 운영 지침 개요 (부록)

유치원 교육과정	유치원 교육과정의 운영 지침 개요
1차(1969) 유치원교육과정	• 문장으로 교육과정 운영의 취지 기술 • 지역사회 특성이나 현실을 반영한 교육과정 운영을 통한 창의적 · 융통적 운영
2차(1979) 유치원교육과정	• 15개 항목으로 통합해서 기술
3차(1981) 유치원교육과정	• 13개 항목으로 기술 • 계획(3항목), 지도(7항목), 평가(3항목)로 나누어 기술
4차(1987) 유치원교육과정	• 17개 항목으로 기술 • 계획(4항목), 지도(8항목), 평가(5항목)로 나누어 기술
5차(1992) 유치원교육과정	• 시 · 도 교육청(4항목), 유치원(5항목)으로 나누어 기술
6차(1998) 유치원교육과정	• 시 · 도 교육청(6항목), 지역 교육청(3항목), 유치원(5항목)으로 나누어 기술
(2007 개정) 유치원교육과정	• 시 · 도 교육청(2항목), 지역교육청(2항목), 유치원(7항목)으로 나누어 기술 • 2011: 5세 누리과정에는 기술X, 3–4세 교육과정에만 2007과 동일하게 기술
(2011) 5세 누리과정 (3–4세 교육과정)	• 시 · 도 교육청(2항목), 지역교육청(2항목), 유치원(7항목)으로 나누어 기술 • 2011: 5세 누리과정에는 기술X, 3–4세 교육과정에만 2007과 동일하게 기술
(2012/2015) 3–5세 누리과정	• 6개 항목으로 통합해서 기술
2019 개정 누리과정	• 8개 항목으로 통합해서 기술 (편성에 관한 2개 항목을 제외하고 운영에 관한 6개의 항목만 분석)

〈부록 8〉 2019 개정 누리과정 고시문

교육부 고시 제2019-189호

유아교육법 제13조 제2항에 의거하여 유치원 교육과정을 다음과 같이 고시합니다.

2019년 7월 24일

교육부장관

부 칙

1. 이 교육과정은 2020년 3월 1일부터 시행합니다.
2. 교육부 고시 제 2015-61호 유치원 교육과정(2015.2.24.)은 2020년 2월 29일로 폐지합니다.

누리과정의 성격

누리과정은 3~5세 유아를 위한 국가 수준의 공통 교육과정이다.

가. 국가 수준의 공통성과 지역, 기관 및 개인 수준의 다양성을 동시에 추구한다.
나. 유아의 전인적 발달과 행복을 추구한다.
다. 유아 중심과 놀이 중심을 추구한다.
라. 유아의 자율성과 창의성 신장을 추구한다.
마. 유아, 교사, 원장(감), 학부모 및 지역사회가 함께 실현해가는 것을 추구한다.

제1장 총론

Ⅰ. 누리과정의 구성방향

1. 추구하는 인간상

누리과정이 추구하는 인간상은 다음과 같다.

가. 건강한 사람
나. 자주적인 사람
다. 창의적인 사람
라. 감성이 풍부한 사람
마. 더불어 사는 사람

2. 목적과 목표

누리과정의 목적은 유아가 놀이를 통해 심신의 건강과 조화로운 발달을 이루고 바른 인성과 민주 시민의 기초를 형성하는 데에 있다.

이를 실현하기 위한 목표는 다음과 같다.

가. 자신의 소중함을 알고, 건강하고 안전한 생활 습관을 기른다.
나. 자신의 일을 스스로 해결하는 기초능력을 기른다.
다. 호기심과 탐구심을 가지고 상상력과 창의력을 기른다.
라. 일상에서 아름다움을 느끼고 문화적 감수성을 기른다.
마. 사람과 자연을 존중하고 배려하며 소통하는 태도를 기른다.

3. 구성의 중점

누리과정 구성의 중점은 다음과 같다.

가. 3~5세 모든 유아에게 적용할 수 있도록 구성한다.

나.추구하는 인간상 구현을 위한 지식, 기능, 태도 및 가치를 반영하여 구성한다.

다. 신체운동 · 건강, 의사소통, 사회관계, 예술경험, 자연탐구의 5개 영역을 중심으로 구성한다.

라. 3~5세 유아가 경험해야 할 내용으로 구성한다.

마. 0~2세 보육과정 및 초등학교 교육과정과의 연계성을 고려하여 구성한다.

Ⅱ. 누리과정의 운영

1. 편성 · 운영

다음의 사항에 따라 누리과정을 편성 · 운영한다.

가. 1일 4~5시간을 기준으로 편성한다.

나. 일과 운영에 따라 확장하여 편성할 수 있다.

다. 누리과정을 바탕으로 각 기관의 실정에 적합한 계획을 수립하여 운영한다.

라. 하루 일과에서 바깥 놀이를 포함하여 유아의 놀이가 충분히 이루어지도록 편성하여 운영한다.

마. 성, 신체적 특성, 장애, 종교, 가족 및 문화적 배경 등으로 인한 차별이 없도록 편성하여 운영한다.

바. 유아의 발달과 장애 정도에 따라 조정하여 운영한다.

사. 가정과 지역사회와의 협력과 참여에 기반하여 운영한다.

아. 교사 연수를 통해 누리과정의 운영이 개선되도록 한다.

2. 교수 · 학습

교사는 다음 사항에 따라 유아를 지원한다.

가. 유아가 흥미와 관심에 따라 놀이에 자유롭게 참여하고 즐기도록 한다.
나. 유아가 놀이를 통해 배우도록 한다.
다. 유아가 다양한 놀이와 활동을 경험할 수 있도록 실내외 환경을 구성한다.
라. 유아와 유아, 유아와 교사, 유아와 환경 간에 능동적인 상호작용이 이루어지도록 한다.
마. 5개 영역의 내용이 통합적으로 유아의 경험과 연계되도록 한다.
바. 개별 유아의 요구에 따라 휴식과 일상생활이 원활히 이루어지도록 한다.
사. 유아의 연령, 발달, 장애, 배경 등을 고려하여 개별 특성에 적합한 방식으로 배우도록 한다.

3. 평가

평가는 다음 사항에 중점을 두고 실시한다.

가. 누리과정 운영의 질을 진단하고 개선하기 위해 평가를 계획하고 실시한다.
나. 유아의 특성 및 변화 정도와 누리과정의 운영을 평가한다.
다. 평가의 목적에 따라 적합한 방법을 사용하여 평가한다.
라. 평가의 결과는 유아에 대한 이해와 누리과정 운영 개선을 위한 자료로 활용할 수 있다.

제2장 영역별 목표 및 내용

I. 신체운동 · 건강

1. 목표

실내외에서 신체활동을 즐기고, 건강하고 안전한 생활을 한다.

1) 신체활동에 즐겁게 참여한다.
2) 건강한 생활습관을 기른다.
3) 안전한 생활습관을 기른다.

2. 내용

내용범주	내용
신체활동 즐기기	신체를 인식하고 움직인다.
	신체 움직임을 조절한다.
	기초적인 이동운동, 제자리 운동, 도구를 이용한 운동을 한다.
	실내외 신체활동에 자발적으로 참여한다.
건강하게 생활하기	자신의 몸과 주변을 깨끗이 한다.
	몸에 좋은 음식에 관심을 가지고 바른 태도로 즐겁게 먹는다.
	하루 일과에서 적당한 휴식을 취한다.
	질병을 예방하는 방법을 알고 실천한다.
안전하게 생활하기	일상에서 안전하게 놀이하고 생활한다.
	TV, 컴퓨터, 스마트폰 등을 바르게 사용한다.
	교통안전 규칙을 지킨다.
	안전사고, 화재, 재난, 학대, 유괴 등에 대처하는 방법을 경험한다.

Ⅱ. 의사소통

1. 목표

일상생활에 필요한 의사소통 능력과 상상력을 기른다.

1) 일상생활에서 듣고 말하기를 즐긴다.
2) 읽기와 쓰기에 관심을 가진다.
3) 책이나 이야기를 통해 상상하기를 즐긴다.

2. 내용

내용범주	내용
듣기와 말하기	말이나 이야기를 관심 있게 듣는다.
	자신의 경험, 느낌, 생각을 말한다.
	상황에 적절한 단어를 사용하여 말한다.
	상대방이 하는 이야기를 듣고 관련해서 말한다.
	바른 태도로 듣고 말한다.
	고운 말을 사용한다.
읽기와 쓰기에 관심 가지기	말과 글의 관계에 관심을 가진다.
	주변의 상징, 글자 등의 읽기에 관심을 가진다.
	자신의 생각을 글자와 비슷한 형태로 표현한다.
책과 이야기 즐기기	책에 관심을 가지고 상상하기를 즐긴다.
	동화, 동시에서 말의 재미를 느낀다.
	말놀이와 이야기 짓기를 즐긴다.

Ⅲ. 사회관계

1. 목표

자신을 존중하고 더불어 생활하는 태도를 가진다.

1) 자신을 이해하고 존중한다.
2) 다른 사람과 사이좋게 지낸다.
3) 우리가 사는 사회와 다양한 문화에 관심을 가진다.

2. 내용

내용범주	내용
나를 알고 존중하기	나를 알고 소중히 여긴다.
	나의 감정을 알고 상황에 맞게 표현한다.
	내가 할 수 있는 것을 스스로 한다.
더불어 생활하기	가족의 의미를 알고 화목하게 지낸다.
	친구와 서로 도우며 사이좋게 지낸다.
	친구와의 갈등을 긍정적인 방법으로 해결한다.
	서로 다른 감정, 생각, 행동을 존중한다.
	친구와 어른께 예의바르게 행동한다.
	약속과 규칙의 필요성을 알고 지킨다.
사회에 관심 가지기	내가 살고 있는 곳에 대해 궁금한 것을 알아본다.
	우리나라에 대해 자부심을 가진다.
	다양한 문화에 관심을 가진다.

Ⅳ. 예술경험

1. 목표

아름다움과 예술에 관심을 가지고 창의적 표현을 즐긴다.

1) 자연과 생활 및 예술에서 아름다움을 느낀다.
2) 예술을 통해 창의적으로 표현하는 과정을 즐긴다.
3) 다양한 예술 표현을 존중한다.

2. 내용

내용범주	내용
아름다움 찾아보기	자연과 생활에서 아름다움을 느끼고 즐긴다.
	예술적 요소에 관심을 갖고 찾아본다.
창의적으로 표현하기	노래를 즐겨 부른다.
	신체, 사물, 악기로 간단한 소리와 리듬을 만들어 본다.
	신체나 도구를 활용하여 움직임과 춤으로 자유롭게 표현한다.
	다양한 미술 재료와 도구로 자신의 생각과 느낌을 표현한다.
	극놀이로 경험이나 이야기를 표현한다.
예술 감상하기	다양한 예술을 감상하며 상상하기를 즐긴다.
	서로 다른 예술 표현을 존중한다.
	우리나라 전통 예술에 관심을 갖고 친숙해진다.

Ⅴ. 자연탐구

1. 목표

탐구하는 과정을 즐기고, 자연과 더불어 살아가는 태도를 가진다.

1) 일상에서 호기심을 가지고 탐구하는 과정을 즐긴다.
2) 생활 속의 문제를 수학적, 과학적으로 탐구한다.
3) 생명과 자연을 존중한다.

2. 내용

내용범주	내용
탐구과정 즐기기	주변 세계와 자연에 대해 지속적으로 호기심을 가진다.
	궁금한 것을 탐구하는 과정에 즐겁게 참여한다.
	탐구과정에서 서로 다른 생각에 관심을 가진다.
생활 속에서 탐구하기	물체의 특성과 변화를 여러 가지 방법으로 탐색한다.
	물체를 세어 수량을 알아본다.
	물체의 위치와 방향, 모양을 알고 구별한다.
	일상에서 길이, 무게 등의 속성을 비교한다.
	주변에서 반복되는 규칙을 찾는다.
	일상에서 모은 자료를 기준에 따라 분류한다.
	도구와 기계에 대해 관심을 가진다.
자연과 더불어 살기	주변의 동식물에 관심을 가진다.
	생명과 자연환경을 소중히 여긴다.
	날씨와 계절의 변화를 생활과 관련짓는다.

〈부록 9〉 제4차 어린이집 표준보육과정 고시문

보건복지부 고시 제2020 - 75호

「영유아보육법」제29조 제2항, 「영유아보육법 시행규칙」 제30조 및 별표8의4에 의한 「제3차 어린이집 표준보육과정 고시(보건복지부 고시 제2013-8호, 2013.1.21., 일부개정)」을 다음과 같이 개정 · 발령합니다.

2020년 4월 9일

보건복지부 장관

「제3차 어린이집 표준보육과정 고시」 개정

「제3차 어린이집 표준보육과정 고시」를 다음과 같이 개정한다.

고시명 "제3차 어린이집 표준보육과정 고시"를 "제4차 어린이집 표준보육과정 고시"로 한다.

제4차 어린이집 표준보육과정을 다음과 같이 한다.

부 칙

이 고시는 2020년 9월 1일부터 시행한다.

표준보육과정의 성격

어린이집 표준보육과정(이하, '표준보육과정'이라 함)은 0~5세 영유아를 위한 국가 수준의 보육과정이며 0~1세 보육과정, 2세 보육과정, 3~5세 보육과정(누리과정)으로 구성한다.

가. 국가 수준의 공통성과 지역, 기관 및 개인 수준의 다양성을 동시에 추구한다.
나. 영유아의 전인적 발달과 행복을 추구한다.
다. 영유아 중심과 놀이 중심을 추구한다.
라. 영유아의 자율성과 창의성 신장을 추구한다.
마. 영유아, 교사, 원장, 부모 및 지역사회가 함께 실현해 가는 것을 추구한다.

제1장 총론

Ⅰ. 표준보육과정의 구성 방향

1. 추구하는 인간상

표준보육과정이 추구하는 인간상은 다음과 같다.

가. 건강한 사람
나. 자주적인 사람
다. 창의적인 사람
라. 감성이 풍부한 사람
마. 더불어 사는 사람

2. 목적과 목표

표준보육과정의 목적은 영유아가 놀이를 통해 심신의 건강과 조화로운 발달을 이루고, 바른 인성과 민주 시민의 기초를 형성하는 데에 있다.

이를 실현하기 위한 목표는 다음과 같다.

가. 0~2세 보육과정 목표

1) 자신의 소중함을 알고, 건강하고 안전한 환경에서 즐겁게 생활한다.
2) 자신의 일을 스스로 하고자 한다.
3) 호기심을 가지고 탐색하며 상상력을 기른다.
4) 일상에서 아름다움에 관심을 가지고 감성을 기른다.
5) 사람과 자연을 존중하고 소통하는 데 관심을 가진다.

나. 3~5세 보육과정 목표

1) 자신의 소중함을 알고, 건강하고 안전한 생활 습관을 기른다.
2) 자신의 일을 스스로 해결하는 기초능력을 기른다.
3) 호기심과 탐구심을 가지고 상상력과 창의력을 기른다.
4) 일상에서 아름다움을 느끼고 문화적 감수성을 기른다.
5) 사람과 자연을 존중하고 배려하며 소통하는 태도를 기른다.

3. 구성의 중점

표준보육과정 구성의 중점은 다음과 같다.

가. 영유아는 개별적인 특성을 지닌 고유한 존재임을 전제로 구성한다.
나. 0~5세 모든 영유아에게 적용할 수 있도록 구성한다.
다. 추구하는 인간상 구현을 위한 지식, 기능, 태도 및 가치를 반영하여 구성한다.

라. 표준보육과정은 다음의 영역을 중심으로 구성한다.

1) 0~1세 보육과정과 2세 보육과정은 기본생활, 신체운동, 의사소통, 사회관계, 예술경험, 자연탐구의 6개 영역을 중심으로 구성한다.

2) 3~5세 누리과정은 신체운동 · 건강, 의사소통, 사회관계, 예술경험, 자연탐구의 5개 영역을 중심으로 구성한다.

마. 0~5세 영유아가 경험해야 할 내용으로 구성한다.

바. 초등학교 교육과정과의 연계성을 고려하여 구성한다.

Ⅱ. 표준보육과정의 운영

1. 편성 · 운영

다음의 사항에 따라 표준보육과정을 편성 · 운영한다.

가. 어린이집의 운영 시간에 맞추어 편성한다.

나. 표준보육과정을 바탕으로 각 기관의 실정에 적합한 계획을 수립하여 운영한다.

다. 하루 일과에서 바깥 놀이를 포함하여 영유아의 놀이가 충분히 이루어지도록 편성하여 운영한다.

라. 성, 신체적 특성, 장애, 종교, 가족 및 문화적 배경 등에 따른 차별이 없도록 편성하여 운영한다.

마. 영유아의 발달과 장애 정도에 따라 조정하여 운영한다.

바. 가정과 지역사회와의 협력과 참여에 기반하여 운영한다.

사. 교사 연수를 통해 표준보육과정의 운영을 개선할 수 있도록 한다.

2. 교수 · 학습

교사는 다음 사항에 따라 영유아를 지원한다.

가. 영유아의 의사 표현을 존중하고 민감하게 반응한다.
나. 영유아가 흥미와 관심에 따라, 놀이에 자유롭게 참여하고 즐기도록 한다.
다. 영유아가 놀이를 통해 배우도록 한다.
라. 영유아가 다양한 놀이와 활동을 경험할 수 있도록 실내외 환경을 구성한다.
마. 영유아와 영유아, 영유아와 교사, 영유아와 환경 사이에 능동적인 상호작용이 이루어지도록 한다.
바. 각 영역의 내용이 통합적으로 영유아의 경험과 연계되도록 한다.
사. 개별 영유아의 요구에 따라, 휴식과 일상생활이 원활히 이루어지도록 한다.
아. 영유아의 연령, 발달, 장애, 배경 등을 고려하여 개별 특성에 적합한 방식으로 배우도록 한다.

3. 평가

평가는 다음 사항에 중점을 두고 실시한다.

가. 표준보육과정 운영의 질을 진단하고 개선하기 위해, 평가를 계획하고 실시한다.
나. 영유아의 특성 및 변화 정도와 표준보육과정의 운영을 평가한다.
다. 평가의 목적에 따라 적합한 방법을 사용하여 평가한다.
라. 평가의 결과는 영유아에 대한 이해와 표준보육과정 운영 개선을 위한 자료로 활용할 수 있다.

제2장 0~1세 영역별 목표 및 내용

Ⅰ. 기본생활

1. 목표

건강하고 안전한 일상생활을 경험한다.

1) 건강한 일상생활을 경험한다.
2) 안전한 일상생활을 경험한다.

2. 내용

내용범주	내용
건강하게 생활하기	• 도움을 받아 몸을 깨끗이 한다. • 음식을 즐겁게 먹는다. • 하루 일과를 편안하게 경험한다. • 배변 의사를 표현한다.
안전하게 생활하기	• 안전한 상황에서 놀이하고 생활한다. • 안전한 상황에서 교통수단을 이용해 본다. • 위험하다는 말에 주의한다.

Ⅱ. 신체운동

1. 목표

감각으로 탐색하고 신체활동을 즐긴다.

1) 감각 탐색을 즐긴다.
2) 신체활동을 즐겁게 경험한다.

2. 내용

내용범주	내용
감각과 신체 인식하기	• 감각적 자극에 반응한다. • 감각으로 주변을 탐색한다. • 신체를 탐색한다.
신체활동 즐기기	• 대소근육을 조절한다. • 기본 운동을 시도한다. • 실내외 신체활동을 즐긴다.

Ⅲ. 의사소통

1. 목표

의사소통 능력의 기초를 형성한다.

1) 일상생활에서 듣고 말하기를 즐긴다.
2) 읽기와 쓰기에 관련된 관심을 가진다.
3) 책과 이야기에 관심을 가진다.

2. 내용

내용범주	내용
듣기와 말하기	• 표정, 몸짓, 말과 주변의 소리에 관심을 갖고 듣는다. • 상대방의 이야기를 들으면서 말소리를 낸다. • 표정, 몸짓, 말소리로 의사를 표현한다.
읽기와 쓰기에 관심 가지기	• 주변의 그림과 상징에 관심을 가진다. • 끼적이기에 관심을 가진다.
책과 이야기 즐기기	• 책에 관심을 가진다. • 이야기에 관심을 가진다.

Ⅳ. 사회관계

1. 목표

나를 인식하고, 친숙한 사람과 관계를 맺는다.

1) 나를 고유한 존재로 안다.
2) 안정적인 애착을 형성하고, 또래, 교사와 함께 지낸다.

2. 내용

내용범주	내용
나를 알고 존중하기	• 나를 인식한다. • 나의 욕구와 감정을 나타낸다. • 나와 친숙한 것을 안다.
더불어 생활하기	• 안정적인 애착을 형성한다. • 또래에게 관심을 가진다. • 다른 사람의 감정과 행동에 관심을 가진다. • 반에서 편안하게 지낸다.

Ⅴ. 예술경험

1. 목표

아름다움을 느끼고 경험한다.

1) 자연과 생활에서 아름다움에 관심을 가진다.
2) 예술적 경험을 표현한다.

2. 내용

내용범주	내용
아름다움 찾아보기	• 자연과 생활에서 아름다움을 느낀다. • 아름다움에 관심을 가진다.
창의적으로 표현하기	• 소리와 리듬, 노래로 표현한다. • 감각을 통해 미술을 경험한다. • 모방 행동을 즐긴다.

Ⅵ. 자연탐구

1. 목표

주변 환경과 자연에 관심을 가진다.

1) 일상에서 탐색을 즐긴다.
2) 주변 환경을 탐색한다.
3) 생명과 자연에 관심을 가진다.

2. 내용

내용범주	내용
탐구 과정 즐기기	• 주변 세계와 자연에 대해 호기심을 가진다. • 사물과 자연 탐색하기를 즐긴다.
생활 속에서 탐구하기	• 친숙한 물체를 감각으로 탐색한다. • 물체의 수량에 관심을 가진다. • 주변 공간과 모양을 탐색한다. • 규칙성을 경험한다.
자연과 더불어 살기	• 주변의 동식물에 관심을 가진다. • 날씨의 변화를 감각으로 느낀다.

제3장 2세 영역별 목표 및 내용

Ⅰ. 기본생활

1. 목표

건강하고 안전한 생활습관의 기초를 형성한다.

1) 건강한 생활습관의 기초를 형성한다.
2) 안전한 생활습관의 기초를 형성한다.

2. 내용

내용범주	내용
건강하게 생활하기	• 자신의 몸을 깨끗이 해 본다. • 음식에 관심을 가지고 즐겁게 먹는다. • 하루 일과를 즐겁게 경험한다. • 건강한 배변 습관을 갖는다.
안전하게 생활하기	• 일상에서 안전하게 놀이하고 생활한다. • 교통수단을 안전하게 이용해 본다. • 위험한 상황에 대처하는 방법을 경험한다.

Ⅱ. 신체운동

1. 목표

감각을 활용하고, 신체활동을 즐긴다.

1) 감각을 활용하고, 신체를 인식한다.
2) 신체활동을 즐긴다.

2. 내용

내용범주	내용
감각과 신체 인식하기	• 감각 능력을 활용한다. • 신체를 인식하고 움직인다.
신체활동 즐기기	• 대소근육을 조절한다. • 기본 운동을 즐긴다. • 실내외 신체활동을 즐긴다.

Ⅲ. 의사소통

1. 목표

의사소통 능력과 상상력의 기초를 형성한다.

1) 일상생활에서 듣기와 말하기를 즐긴다.
2) 읽기와 쓰기에 관심을 가진다.
3) 책과 이야기에 재미를 느낀다.

2. 내용

내용범주	내용
듣기와 말하기	• 표정, 몸짓, 말에 관심을 갖고 듣는다. • 상대방의 이야기를 듣고 말한다. • 표정, 몸짓, 단어로 의사를 표현한다. • 자신의 요구와 느낌을 말한다.
읽기와 쓰기에 관심 가지기	• 주변의 그림과 상징, 글자에 관심을 가진다. • 끼적이며 표현하기를 즐긴다.
책과 이야기 즐기기	• 책에 관심을 가지고 상상한다. • 말놀이와 이야기에 재미를 느낀다.

Ⅳ. 사회관계

1. 목표

나를 알고, 다른 사람과 더불어 생활하는 경험을 한다.

1) 나를 알고 긍정적으로 여긴다.
2) 다른 사람과 즐겁게 지내기 위한 태도를 기른다.

2. 내용

내용범주	내용
나를 알고 존중하기	• 나와 다른 사람을 구별한다. • 나의 감정을 표현한다. • 내가 좋아하는 것을 한다.
더불어 생활하기	• 가족에게 관심을 가진다. • 또래와 함께 놀이한다. • 다른 사람의 감정과 행동에 반응한다. • 반에서의 규칙과 약속을 알고 지킨다.

Ⅴ. 예술경험

1. 목표

아름다움을 느끼고 즐긴다.

1) 자연과 생활에서 아름다움을 느끼고 관심을 가진다.
2) 예술을 통해 자유롭게 표현한다.

2. 내용

내용범주	내용
아름다움 찾아보기	• 자연과 생활에서 아름다움을 느끼고 즐긴다. • 아름다움에 관심을 갖고 찾아본다.
창의적으로 표현하기	• 익숙한 노래와 리듬을 표현한다. • 움직임과 춤으로 자유롭게 표현한다. • 미술 재료와 도구로 표현해 본다. • 일상생활 경험을 상상놀이로 표현한다.

Ⅵ. 자연탐구

1. 목표

주변 환경과 자연을 탐색하는 과정을 즐긴다.

1) 일상에서 탐색하는 과정을 즐긴다.
2) 주변 환경에 관심을 가지고 탐색한다.
3) 생명과 자연에 관심을 가진다.

2. 내용

내용범주	내용
탐구 과정 즐기기	• 주변 세계와 자연에 대해 호기심을 가진다. • 사물과 자연을 반복하여 탐색하기를 즐긴다.
생활 속에서 탐구하기	• 친숙한 물체의 특성과 변화를 감각으로 탐색한다. • 물체의 수량에 관심을 가진다. • 주변 공간과 모양을 탐색한다. • 규칙성에 관심을 가진다. • 주변 사물을 같고 다름에 따라 구분한다. • 생활 도구에 관심을 가진다.
자연과 더불어 살기	• 주변의 동식물에 관심을 가진다. • 날씨와 계절의 변화를 감각으로 느낀다.

제4장 3~5세 영역별 목표 및 내용

p.9~14 누리과정과 동일함

이 고시는 2020년 9월 1일부터 시행한다.

참고문헌

참고문헌

경기도교육청(2017). 교육과정 문해력 이해자료. 경기도교육청.

교육과학기술부(2009). 유아교육 선진화를 위한 종합적인 발전 방안 마련-5개 정책분야, 25개 핵심과제 선정 · 추진-. 2009.12.8. 보도자료.

교육과학기술부(2013). 유아교육발전 5개년 계획(안). 교육과학기술부 유아교육과.

교육복지정책국 유아교육정책과(2018). 유아교육발전 기본계획(2018~2022) -공공성 강화를 통한 유아교육 혁신방안-. 교육복지정책국 유아교육정책과.

교육부(2020). 학부모의 부담 경감을 위해 2021학년도 유아학비와 보육료 지원 확대. 2020.12.23. 보도자료.

국립국어원(2021). 표준국어대사전. https://stdict.korean.go.kr/search/searchResult.do 에서 2021년 8월 23일 검색.

권낙원, 김민환, 한승록, 추광재(2011). 교사를 위한 교육과정론. 서울: 공동체.

권낙원, 민용성, 한희정, 최화숙, 이재철(2011). 교육과정. 서울: 동문사.

김대영, 우옥희(2016). 교육과정 담론에 나타난 포스트모더니즘 인식론에 대한 비판. 한국교육학연구, 22(4), 23-41.

김대현(2017). 교육과정의 이해. 서울: 학지사.

김대현, 김석우(2020). 교육과정 및 교육평가. 서울: 학지사.

김명순(2019). 유아교육 본질과 놀이중심교육과정. 2019년 유치원 전임관리자 직무연수 자료. 한국교원대학교유아교육원.

김미숙, 서예원, 안해정, 이쌍철, 이호준(2019). OECD ESP 사회정서역량 조사 국제공동연구: 한국 학생의 사회정서역량 실태와 학교특성 분석. 2019 한국교육학회 연차학술대회 한국교육개발원 자료집.

김은영, 김근진, 윤지연(2017). 영유아 사교육 실태와 개선방안(Ⅲ). 연구보고 2017-10. 육아정책연구소.

김진영, 이진욱(2015). 영 교육과정에 대한 예비교사들의 인식 분석. 학습자중심교과교육연구, 15(11), 349-371.

김훈태(2016). 교사를 위한 인간학: 발도르프 교육의 인간 이해. 서울: 교육공동체 벗.

김희진(2017). 유아교육기관에서의 부모교육과 지원. 서울: 파란마음.

김희진(2018). 유아교육기관에서의 영유아 평가: 발달과 교육적 지원을 위한 첫걸음. 서울: 파란마음.

김희진, 박은혜, 이지현(2018). 영유아교육기관에서의 관찰. 서울: 창지사.

박기용(2018). 듀이의 경험 개념에 기초한 예비교사의 통합교과 수업설계경험의 의미 탐색. 통합교육과정연구, 12(3), 73-95.

박승철, 이원재, 강정화, 이영선(2015). 교육과정, 수업, 평가 운영 실태 및 일체화 연구. 경기도교육연구원.

박윤경, 김미혜, 김병수(2017). 교육과정 문해력의 개념 정립을 위한 시론. 교육연구논총, 38(4), 27-50.

박은혜(2002). 지식 기반 사회에서의 유아 교사의 지식. 서울: 창지사.

박은혜, 신은수(2012). 2011 국제 표준교육분류 0단계(ISCED 0)에 기초한 누리과정의 유아교육제도로서의 의미. 유아교육학논집, 16(2), 341-356.

배율미, 조유진(2014). 유아교사의 교사-부모 의사소통에 대한 인식 연구: 의사소통 어려움과 자기효능감을 중심으로. 유아교육학논집, 18(1), 323-340.

백남진(2013). 교사의 교육과정 해석과 교육과정 잠재력. 교육과정연구, 31(3), 202-225.

보건복지부, 육아정책연구소(2015). 열린어린이집 가이드라인. 보건복지부.

보건복지부, 한국보육진흥원(2020). 2020 어린이집 평가 매뉴얼. 보건복지부, 한국보육진흥원.

서경혜(2015). 교사학습공동체: 집단전문성 개발을 위한 한 접근. 서울: 학지사.

서울대학교 교육연구소(1995). 교육학 용어사전. 2020년 10월 20일 http://book.naver.com에서 검색.

서울대학교 교육연구소(1999). 교육학 대백과 사전. 서울: 하우동설.

서울특별시유아교육진흥원(2020b). 2020 유치원평가 가이드북. 서울특별시교육청유아교육진흥원.

서울학부모지원센터(2020). http://parents.sen.go.kr에서 2021.5.2. 검색.

성원경, 박은혜(2007). 실습 전 · 후 및 초임시기의 유치원 교사 지식 구성에 관한 연구. 한국교원교육연구, 24(2), 31-59.

안유빈(2015). 한 교사의 유아평가에 대한 자문화기술지. 한국유아교육연구, 17(1), 77-100.

안지혜(2012). 교사-부모 의사소통에서 교사가 경험한 어려움과 극복에 관한 연구. 한국보육학회지, 12(2), 21-46.

에듀쿠스(2018). 교사 수준 교육과정. 서울: 북랩.

에듀쿠스(2018). 앎과 삶을 담은 교사수준 교육과정. 서울: 북랩.

오욱환(2017). 유아교육과 보육, 불평등의 묘판. 서울: 교육과학사.

원정림(2010). 과학교수에서의 가르칠 수 있는 순간(teachable moment): 정의, 특징, 의미를 중심으로. 서울대학교 대학원 석사학위 논문.

유니세프한국위원회(2020). 유엔아동권리협약 해설자료. 유니세프한국위원회.

유니세프한국위원회(2021). 유엔아동권리협약 개요. https://www.unicef.or.kr/child-rights/outline에서 2021년 1월 10일 검색.

유영식(2018). 교육과정 문해력. 서울: 테크빌교육.

육아정책연구소(2016). 영유아의 사교육 노출, 이대로 괜찮은가? 육아정책 Brief.

육아정책연구소(2019). 2019 육아정책 심포지엄 “아동 행복, 육아 행복 실현을 위한 생애주기별 육아정책의 방향과 과제. http://repo.kicce.re.kr/bitstream/2019.oak/2271/2/SP1905.pdf 에서 2021년 7월 31일 검색.

육아정책연구소(2021). 2021 유아교육보육통계. 육아정책연구소.

윤종혁, 김은영, 최수진, 김경자, 황규호(2016). OECD '교육 2030: 미래 교육과 역량'을 위한 현황 분석과 향후과제. 한국교육개발원. 현안보고 OR 2016-10.

이경진, 김경자(2005). 실행을 중심으로 본 교육과정의 의미와 교사의 역할. 교육과정연구, 23(3), 57-80.

이기숙, 강수경(2012). 유아교육기관평가. 서울: 창지사.

이기숙, 김정원, 이현숙, 전선옥(2008). 영유아교육과정. 서울: 공동체.

이성호(2013). 교육과정 및 교육평가. 서울: 양서원.

이정환, 김희진(2017). 영유아 교육의 교수학습방법. 서울: 파란마음.

이주한(2013). 교육의 역사와 철학의 탐구. 서울: 창지사.

이중삼, 최규화(2020). 한번 실패하면 끝장... 불안한 사회구조가 사교육 낳는다. 베이비뉴스, 2020년 2월 7일 https://www.ibabynews.com 검색.

이채영(2020). 유아교육기관에 대한 불만과 처리과정에 관한 어머니의 인식. 이화여자대학교 대학원 석사학위논문.

이현옥, 박희숙(2014). 유아교과교재 연구 및 지도법. 서울: 공동체.

이화여자대학교사범대학부속이화유치원(2017). 국가수준 교육과정 바로알기. 서울: 창지사, 대한어린이교육협회.

임유나(2019). 국가교육과정 문서의 대강화와 상세화에 관한 일고. 2019한국교육학회 연차학술대회 자료집, 1-22.

임종근(2019). 교육을 교육하다: 미래교육을 위한 8가지 키워드. 서울: 에듀니티.

저출산 · 고령사회위원회(2020). 제4차 저출산 · 고령사회 기본계획(안). 관계부처합동.

정계숙(2011). 유아교사의 어머니-교사 간 의사소통의 어려움에 대한 지각 관련 변인 연구. 유아교육학논집, 15(3), 143-164.

정광순(2012). 교사의 교육과정 문해력. 통합교육과정연구, 6(2), 109-132.

정광순(2013). 교사의 교육과정 문해력 기르기. 교육과정 정책 이해 관리자 연수자료. 경상남도교육청.

정광순, 조상연, 김세영, 김현규, 신태현(2016). 교육과정-수업-평가의 일체화를 위한 교사의 교육과정 신장방안 연구. 경기도교육청.

정윤경(2004). 발도르프 교육학: 교육의 역사와 철학 시리즈 16. 서울: 학지사.

정혜욱, 김은영, 윤진주, 송정아, 안정원, 정혜원(2019). 놀이 중심 교육과정에서의 교사 역할 바로 알기. 서울: 창지사.

조운주, 최일선, 김은영(2011). 유치원 교원 평가를 위한 포트폴리오 모형 및 평가준거 개발. 한국교원교육연구, 28(1), 37-63.

지속가능발전포털(2020). 국가지속가능발전목표(K-SDGs) 세부목표와 지표. 2020년 12월 10일 http://ncsd.go.kr 검색.

최무연(2018). 교육과정 문해력, 배움을 디자인하다: 교육과정 · 수업 · 평가를 이해하는 가장 완벽한 방법. 남양주: 행복한미래.

최수진, 김은영, 김혜진, 박균열, 박상완, 이상은(2019). OECD 교육 2030 참여 연구: 미래지향적 역량교육의 실행 전략 탐색. 한국교육개발원 연구보고 RR 2019-06.

최일선, 조운주(2020). 유아교육 평가의 이론과 실제. 서울: 창지사.

통계청(2021). 2021년 출생통계. 통계청 보도자료.

한국교육개발원(2019a). 'OECD 교육 2030' 프로젝트, 학교교육에서 역량교육의 의미와 방향을 다시 세우다. KEDI Brief 21호.

한국교육개발원(2019b). 2030년에 성인이 될 학생에게 필요한 미래 핵심역량 재정립. 보도자료. 2020년 12월 10일 https://www.kedi.re.kr 검색.

홍후조(2016). 알기 쉬운 교육과정(2판). 학지사.

Andreas Schleicher(2019). OECD 교육 2030 학습틀로 본 한국교육분석. 2030 미래교육 한-OECD 국제교육컨퍼런스 자료집. 37-80. 대통령직속국가교육회의.

Arnett, J., Chapin, L., & Brownlow, C. (2018). Human development: A cultural approach. Melbourne: Pearson Australia.

Australian Government Department of Education(2010). Educators' guide to the early years learning framework for Australia. https://www.dese.gov.au/national-quality-framework-early-childhood-education-and-care/resources/educators-guide-early-years-learning-framework-australia

Ben-Peretz, M. (1990). 교사, 교육과정을 만나다(정광순, 김세영 공역). 서울: 강현출판사(원서 1990년 출판).

Berk, L. E. (2015). 아동발달(이종숙, 신은수, 안선희, 이경옥 공역). 서울: 시그마프레스(원서 2013년 출판).

Beyer, L. & Apple, M. (1998). *The Curriculum: Problems, Politcs, and Possibilti es*. Albany, NY: State University of New York Press.

Bower, J. M., Kraayenoord, C. V., & Carroll, A. (2015). Building social connectedness in schools: Australian teachers' perspectives. *International Journal of Educational Research*, *70*, 101-109.

Brainerd, C. J. (2003). Jean Piaget, learning research, and American education. In B. J. Zimmerman

& D. H. Schunk (Eds.), *Educational psychology: A century of contributions* (pp. 251–287). Mahwah, NJ: Erlbaum.

Bredekamp, S. (1987). NAEYC position statement on developmentally appropriate practice in programs for 4–and 5–year olds. Washington, DC: National Association for the Education of Young Children.

Crain, W. C. (2011). *Theories of development: concepts and applications* (Vol. 6). Boston, MA: Prentice Hall.

Curtis, D. & Carter, M. (2007). Learning together with young children: A curriculum framework for reflective teachers. St Paul, MN: Readleaf Press.

Dahlberg, G., Moss, P., & Pence, A. (2016). 포스트모던 유아교육: 새로운 이해와 실천을 열어가기–평가의 언어–. (김희연, 신옥순, 염지숙, 유혜령, 정선아 공역). 서울: 창지사(원서 2013년 출판).

Davidson, E. S. & Benjamin, L. T. (1987). *A history of the child study movement in America. In Historical foundations of educational psychology*. Boston, MA: Springer.

Decker, c. A. & Decker, J, R. (2005). *Planning and Administering Early Childhood Programs*(8th). NJ: Pearson Merrill Prentice Hall.

DeLuca, C. & Hughes, S. (2014). Assessment in early primary education: An empirical study of five school contexts. *Journal of Research in Childhood Education*, *28*(4), 441 – 460.

Department for education(2017). *Statutory framework for the early years foundation stage: Setting the standards for learning, development and care for children from birth to five*. https://assets.publishing.service.gov.uk/government/uploads/system/uploads/attachment_data/file/596629/EYFS_STATUTORY_FRAMEWORK_2017.pdf

Dewey, J. (2002). 아동과 교육과정; 경험과 교육. (박철홍 역). 서울: 문음사(원서 1983년 출판).

Edwards, C. P. (2002). Three approaches from Europe: Waldorf, Montessori, and Reggio Emilia. *Early Childhood Research and Practice*, *4*(1), 1 – 14.

Edwards, C. P. (2003). "Fine designs" from Italy: Montessori education and the Reggio Emilia approach. *Montessori Life*, *15*(1), 34 – 39.

Edwards, C., Gandini, L., & Forman, G. (Eds.).(2012). *The hundred languages of children: The Reggio Emilia experience in transformation* (3rd ed.). California: Prager.

Elbaz, F. (1983). *Teacher Thinking: A Study of Practical. Knowledge*. New York, Nichols.

Epstein, J. L. (2010). School/family/community partnerships: Caring for the children we share. *Phi Delta Kappan*, *92*(3), 81–96.

Hart, R. (1992). *Children's Participation from Tokenism to Citizenship*. UNICEF. https://www.unicef–irc.org/publications/pdf/childrens_participation.pdf

Highscope (2021). *The highscope curriculum*. http://highscope.org 에서 2021.2.2. 검색.

Hyun, E. & Steinerg, S. R. (2006). *Teachable moments: Re-conceptualizing curricula understandings* (Vol. 297). New York: Peter Lang.

Hyson, M (2008). Enthusiastic and Engaged Learners: Approaches to Learning in the Early Childhood Classroom. Teachers College National Association Columbia University for the Education of New York and London.

Jordan, B. (2009) 'Scaffolding Learning and Co-constructing Understandings' in Anning, A., Cullen, J., and Fleer, M., *Early Childhood Education Society and Culture 2nd edition*, London: Sage pp. 39-52.

Kinard, T. A. (2015). preschool. Flying over the school: Superhero play-friend or foe? In H, Bohar, K. Charner, & D. G. Koralek (Eds.), *Spotlight on young children: Exploring play*.(pp. 46-55). National Association for the Education of Young Children.

Kitching, A. E. & Ferreira, R. (2012). Towards an understanding of nurturing and restraining relational patterns in school communities. *Journal of Psychology in Africa*, *22*(2), 187-200.

Lockl, K. & Schneider, W. (2002). Developmental trends in children's feeling-of-knowing judgements. *International Journal of Behavioral Development*, *26*(4), 327-333.

McLaughlin, M. W. & Talbert, J. E. (2006). *Building school-based teacher learning communities: Professional strategies to improve student achievement* (Vol. 45). New York: Teachers College Press.

Miller, E. & Almon, J. (2009). *Crisis in the kindergarten: Why children need to play in school*. Alliance for Childhood (NJ3a).

Minstry of education, New Zealand (2017). *Te Whāriki: He whāriki mātauranga mōngāmokopuna o Aotearoa*. Early childhood curriculum. Wellington: the Ministry of Education, New Zealand.

Montana office of public instruction (2018). *Montana preschool program guidelines: A resource for teaching children ages 3 through 5*. http://opi.mt.gov/Portals/182/Page%20Files/Early%20Childhood/Docs/Pre-School_Guidleines_2018.pdf?ver=2018-09-04-151547-427

Montessori, M. (2013). *The montessori method*. Transaction publishers.

NAEYC (2021). *Developmentally appropriate practice*. www.naeyc.org 에서 2021. 1. 4. 검색.

Nordlund, C. N. (2013). Waldorf education: Breathing creativity. *Art Education*, *66*(2), 13-19.

OECD (2004). *Starting strong curricula and pedagogies in early childhood education and care: Five curriculum outlines*. http://www.oecd.org/education/school/31672150.pdf

OECD (2012). *Starting Strong III: A Quality Toolbox for Early Childhood Education and Care*, OECD Publishing. http://dx.doi.org/10.1787/9789264123564-en

OECD (2015). *Transformative competencies for 2030*. https://www.oecd.org/education/2030-project/

teaching–and–learning/learning/transformative–competencies/Transformative_Competencies_for_2030_concept_note.pdf

OECD (2016). *A discussion paper on a draft analytical framework: Curriculum analysis for Education 2030*. 제3차 비공식 작업반 회의 자료: EDU/EDPC(2016)11.

OECD (2018). Bridging curriculum design and implementation. 8th Informal Working Group (IWG) Meeting 29–31 October 2018 OECD Conference Centre, Paris, France

OECD (2019a). *Transformative competencies for 2030*. https://www.oecd.org/education/2030–project/teaching–and–learning/learning/transformative–competencies/Transformative_Competencies_for_2030_concept_note.pdf

OECD (2019b). *Education at a glance 2019*. Paris: OECD Publishing.

OECD (2019c). *OECD future of education and skills 2030* – Concept note: Student agency for 2030. http://www.oecd.org/education/2030–project/teaching–and–learning/learning/transformative–competencies/Transformative%20Competencies%20for%202030.pdf에서 2020년 9월 6일 검색.

OECD (2021). *The OECD Learning Compass 2030*. http://www.oecd.org

Olsson, L. M. (2009). *Movement and experimentation in young children's learning: Deleuze and Guattari in early childhood education*(p. 2009). New York: Routledge.

Olusoga, Y. (2009) 'We Don't Play Like That Here: Social, Cultural and Gender Perspectives on Play' in Brock, A., Dodds, S., Jarvis, P. and Olusoga, Y. *Perspectives on Play: Learning for Life*. London: Pearson Education. pp. 40–64

OMEP resourcebank(2020). http://www.eceresourcebank.org 에서 2020년 10월 2일 검색.

Ornstein, A. C. & Hunkins, F. P., (2018). *Curriculum: Foundations, principles, and issues 7th ed*. Harlow: Pearson Education.

Otsuka, K. & Jay, T. (2017). Understanding and supporting block play: video observation research on preschoolers' block play to identify features associated with the development of abstract thinking. *Early Child Development and Care, 187*(5–6), 990–1003.

Purdon, A. (2016). Sustained shared thinking in an early childhood setting: an exploration of practitioners' perspectives. *Education 3-13, 44*(3), 269–282.

Rathunde, K. (2001). Montessori education and optimal experience: A framework for new research. *NAMTA Journal, 26*(1), 11 – 43.

Reynolds, A. J., Magnuson, K. A., & Ou, S. R. (2010). Preschool–to–third grade programs and practices: A review of research. *Children and Youth Services Review, 32*(8), 1121–1131.

Schneider, W. & Lockl, K. (2002). *The development of metacognitive knowledge in children and adolescents*. In T.

J. Perfect & B. L.Schwartz (Eds.), Applied metacognition (pp. 224-257). New York, NY: Cambridge University Press.

Schunk, D. H. (2016). 학습이론: 교육적 관점. 노석준, 최병연, 차현진, 장경원, 오정은, 소효정 공역 (원서 2015 출판).

Sergiovanni, T. & Starratt, R. (2007). *Supervision: A redefinition*. Boston, MA : McGraw-Hill

Shulman, L. S. (1986). Those who understand: Knowledge growth in teaching. *Educational researcher*, *15*(2), 4-14.

Siege, A. W. & White, S. H. (1982). The child study movement: Early growth and development of the symbolized child. In Advances in child development and behavior (Vol. 17, pp. 233-285). JAI.

Siraj-Blatchford, I. (2009). Conceptualizing progression in the pedagogy of play and sustained shared thinking in early childhood education: a Vygotskian perspective. *Education and Child Psychology*, *26*(2), 77-89.

Siraj-Blatchford, I., Sylva, K., Muttock, S., Gilden, R., & Bell, D. (2002). *Researching Effective Pedagogy in the Early Years (REPEY) DfES Research Report 365*. HMSO London: Queen's Printer.

Skolverket (2019). *Curriculum for the preschool: Lpfö18*. Stockhom: Skolverket.

Stacey, S. (2015). 발현적 교육과정-이론에서 실제로의 적용-. 정선아, 윤은주 공역(원서 2009 출판).

Sylva, K., Ereky-Stevens, K., Pastori, G., Slot, P. L., & Lerkkanen, M. K. (2016). *Integrative Report on a culture-sensitive quality & curriculum framework*. http://ecec-care.org/

Tan, E. T. & Goldberg, W. A. (2009). Parental school involvement in relation to children's grades and adaptation to school. *Journal of Applied Developmental Psychology*, *30*(4), 442-453.

Teaching Strategies (2011). *Guide to the creative curriculum system for preschool*. Washington, DC: Teaching Strategies.

Teaching Strategies (2021). *The Creative Curriculum*. https://teachingstrategies.com/solutions/teach/에서 2021년 3월 3일 검색.

Thijs, A. & Van Den Akker, J. (2009). *Curriculum in development*. Enschede, the Neterlands: SLO.

Whitebread, D. & Neale, D. (2020). Metacognition in early child development. *Translational Issues in Psychological Science*, *6*(1), 8.

교육과정 관련 참고문헌

- 1차(1969)

문교부(1969). 유치원 교육과정(1969. 2. 19, 문교부령 제207호).

- 2차(1979)

문교부(1979). 유치원 교육과정(1979. 3. 1, 문교부 고시 제424호).

- 3차(1981)

문교부(1981). 유치원 교육과정(1981. 12. 31, 문교부 고시 제442호).

문교부(1981). 유치원 교사를 위한 유아 교육 지도 자료집 3월~2월.

문교부(1984). 유치원 교육과정 해설집: 사회성 발달 영역.

문교부(1984). 유치원 교육과정 해설집: 신체 발달 영역.

문교부(1984). 유치원 교육과정 해설집: 언어 발달 영역.

문교부(1984). 유치원 교육과정 해설집: 인지 발달 영역.

문교부(1984). 유치원 교육과정 해설집: 정서 발달 영역.

- 4차(1987)

문교부(1987). 유치원 교육과정(1987. 6. 30. 문교부 고시 제87-9호).

문교부(1988). 유치원 교육과정 해설.

문교부(1989). 유치원 교사를 위한 유아 교육 지도 자료집 1~10권.

- 5차(1992)

교육부(1992). 유치원 교육과정(1992. 9. 30. 교육부 고시 제1992-15호).

교육부(1994). 유치원 교육과정 해설.

교육부(1995). 유치원 교육 활동 지도 자료 1~10권.

- 6차(1998)

교육부(1998). 유치원 교육과정(1998. 6. 30. 교육부 고시 제1998-10호).

교육부(1998). 유치원 교육과정 해설.

교육부(2000). 유치원 교육 활동 지도 자료 1~12권.

• 7차(2007)

교육인적자원부(2007). 유치원 교육과정(2007. 12. 19. 교육인적자원부 고시 제2007-153호).

교육과학기술부(2008a). 유치원 교육과정 해설(Ⅰ): 총론.

교육과학기술부(2008b). 유치원 교육과정 해설(Ⅱ): 건강 생활 · 사회 생활.

교육과학기술부(2008c). 유치원 교육과정 해설(Ⅲ): 표현 생활 · 언어 생활 · 탐구 생활.

교육과학기술부(2009). 유치원 지도서 1~13권.

• 누리과정(2011)

교육과학기술부(2011). 유치원 교육과정(2011. 9. 5. 교육과학기술부 고시 제2011-30호).

교육과학기술부(2012). 5세 누리과정 교사용 지도서 1~11권.

교육과학기술부, 보건복지부(2012). 5세 누리과정 교사용 지침서.

교육과학기술부, 보건복지부(2012). 5세 누리과정 해설서.

• 누리과정(2012/2015)

교육과학기술부(2012). 유치원 교육과정(2012. 7. 10. 교육과학기술부 고시 제2012-16호).

교육과학기술부(2013). 3세 누리과정 교사용 지도서 1~10권.

교육과학기술부(2013). 4세 누리과정 교사용 지도서 1~11권.

교육과학기술부(2013). 5세 누리과정 교사용 지도서 수정 · 보완서.

교육과학기술부, 보건복지부(2013). 3-5세 연령별 누리과정 교사용 지침서.

교육과학기술부, 보건복지부(2013). 3-5세 연령별 누리과정 해설서.

교육부(2015). 유치원 교육과정(2015. 2. 24. 교육부 고시 제2015-61호).

• 개정 누리과정(2019)

교육부(2019). 유치원 교육과정(2019. 7. 24. 교육부 고시 제2019-189호).

교육부, 보건복지부(2019). 2019 개정 누리과정 놀이실행자료.

교육부, 보건복지부(2019). 2019 개정 누리과정 놀이이해자료.

교육부, 보건복지부(2019). 2019 개정 누리과정 해설서.

저자소개

박은혜

- 이화여자대학교 사범대학 교육학과(학령전 교육전공) 학사
- 이화여자대학교 대학원 유아교육과 석사
- 미국 애리조나 주립대학 유아교육과 박사
- 미국 뉴욕 주립대학(제네시오 소재) 유아교육 전공 교수 역임
- 현) 이화여자대학교 사범대학 유아교육과 교수

김희진

- 이화여자대학교 사범대학 교육학과(학령전 교육전공) 학사
- University of Illinois at Urbana–Champaign 유아교육 석사
- Purdue University 유아교육 박사
- 현) 이화여자대학교 사범대학 유아교육과 교수

성원경

- 이화여자대학교 사범대학 교육학과(학령전 교육전공) 학사
- 이화여자대학교 교육대학원 유아교육과 석사
- 이화여자대학교 대학원 유아교육과 박사
- 현) 우송대학교 유아교육과 교수

이성희

- 이화여자대학교 사범대학 유아교육과 학사
- 이화여자대학교 대학원 유아교육과 석사
- 이화여자대학교 대학원 유아교육과 박사
- 현) 공주대학교 사범대학 유아교육과 교수

박선혜

- 이화여자대학교 사범대학 유아교육과 학사
- 이화여자대학교 대학원 유아교육과 석사
- 이화여자대학교 대학원 유아교육과 박사
- 현) 강남대학교 사범대학 유아교육과 교수

증보
영유아교육과정

초 판 1쇄 발행 2021년 9월 3일
증 보 2쇄 발행 2024년 9월 6일

지 은 이 | 박은혜 · 김희진 · 성원경 · 이성희 · 박선혜
펴 낸 이 | 김기섭
편 집 인 | 이혜란
펴 낸 곳 | 창지사 www.changjisa.com
08589 서울시 금천구 가산디지털 1로 83 파트너스타워 1차 9층
전화 (02)719-2211~3
팩스 (02)701-9386
등 록 | 1977년 4월 28일 · 제1-421호

ISBN 978-89-426-1849-1 (93370)

값 21,000원